ICT Leads the Future of Education

信息化引领教育未来

曾天山 祝新宇◎主编

教育科学出版社
·北京·

本书系 2015 年度教育部–中国移动科研基金项目"义务教育阶段学校信息化发展状况监测、评估指标与方法实证研究"（项目编号：MCM20150610）的研究成果。

前　言

新技术创造教育新生态

习近平总书记 2015 年在致国际教育信息化大会的贺信中明确提出，因应信息技术的发展，推动教育变革和创新，构建网络化、数字化、个性化、终身化的教育体系，建设"人人皆学、处处能学、时时可学"的学习型社会，培养大批创新人才。2019 年在致国际人工智能与教育大会的贺信中，他进一步要求，积极推动人工智能和教育深度融合，促进教育变革创新，充分发挥人工智能优势，加快发展伴随每个人一生的教育、平等面向每个人的教育、适合每个人的教育、更加开放灵活的教育。总书记的科学论断揭示了"技术赋能教育，创新引领未来"的时代主题。随着人类生产技术从利用自然力转向机器生产、从互联网技术跨越到人工智能，社会发展形态由分散经营的农业社会进入规范标准的工业社会、精准个性化的信息社会，教育相应地形成了松散型教育、制度化教育和弹性教育的样态。从教育发展历史来看，每一次技术的进步，都会促进教育变革，尤其是新技术革命成为变革教育系统的"神器"，促进了以学生发展为本的新型教学关系的形成，加快了学校系统性变革，从而构建了新时代教育的新生态。

教育是技术应用的"慢行业"。随着技术在各行各业的广泛应用，它正在改变着传统的工作、学习和生活方式，推动着社会的发展。相对而言，技术在人力密集型的教育行业的应用是有限的，对靠颠覆式创新起家的互联网企业来说，其在购物、打车、支付、订餐等行业的成功经验和商业模式难以复制到教育领域。教育的根本任务是培养人，是立德树人。作为一个传统的行业，教育从古代的精英教育，到今天的普及教育，已运行数千年，有其完整的运行逻辑。这个极度传统又极度重要的行业，接受技术改造格外困难。多年来，教育并没有发生根本性的变化，被武装起来的线上教育，基本上没怎么撼动线下教育，还没有实现从量变到质变的跨越。无论是机器教学、电化教学、计算机辅助教学，还是"互联网＋教育"以及人工智能，都很难颠覆现有的教育体系。在全球性疫情的特殊情况下，一方面，教育信息化的重要作用得到了凸显，推动了智能学习系统、虚实融合学习环境、智能教育助理等智能系统和工具的开发与供给，智能教育环境建设已现端倪：初步实现机器智能与人类（教师）智慧相融合，指向学习者的高级思维发展、创新能力培养。另一方面，在线教学软硬件的不足也得到暴露，展现了未来的改进空间。同时，尽管各级各类教育中信息化的应用水平不同，但数字技术展现出强劲活力，展示了技术支持教育发展的无限可能，有力地促进了个性化学习的发展。

技术改变传统教育服务模式。人工智能要求传统教育的整体改革，构建包括智能学习、交互式学习在内的新型教育体系。技术赋能教育，与教育相关的语音语义识别、图像识别、增强现实（augmented reality, AR）/虚拟现实（virtual reality, VR）、机器学习、量子计算、区块链等技术深度融入教育体系，逐渐改变既有的教育教学理念、模式、内容和方法，实现教学理念重塑、结构重组、流程再造和模式重建，促进了教育改革创新，全面提升教育发展水平。从发展阶段看，技术在教育领域的应用可分为教育工具与技术的改变、教学和管理模式的改变、学校形态的改变三个阶段。教材、电化教育、PPT 课件等都是工具与技术层面的变革，慕课、翻转课堂等是教学模式的变革，大数据支撑了教育治理模式的变革，而具有高速率、低延迟、高容量特点的 5G 技术，促进了智慧学习支持环境的构建，加强了信息化技术共同体和学科建设，加快了人才培养模式、教学方法变革，推动了泛在、灵活、智能的教育教学新环境和应用模式建设。此外，人工智能技术也被认为是解决师资、教育内容等问题的重要手段，通过人工智能来替代教师的部分低价值劳动、促进学生个性化学习，最终目的是实现精准教学，提高学习效率。技术一步步从支撑教育发展走向引领教育发展，成为教育发展的内生变量。

共创人机协同、跨界融合的教育新生态。如前所述，技术在教育领域的应用可分为三个阶段：工具与技术的改变、教学和管理模式的改变、学校形态的改变。计算机本质上是符号操作器，最精密的计算机也不过是"解决特定问题的智能计算器"。尽管它在高度结构化的情境下擅长学习，可以在围棋比赛中击败最优秀的人类选手，但其内部表征方式毕竟还是为其特殊的任务定制的，它不能自创理论、主动变通和迁移。人工智能无法取代教师，只能武装教师。更准确地说，只能取代照本宣科的"经师"，而不能替代有情怀、有智慧、有魅力的"人师"。人脑不是"有血有肉"的计算机，人类解决复杂问题的综合智慧很难被超越，人机需要协同。为此，必须先解决教育内容数字化的问题，之后才能实现教育过程自动化和教育方式智能化。一方面，我们应以开放心态与协同机制促进信息化融入教育教学；另一方面，要尊重教育，敬畏规律，始终坚守"教育性"为第一特性，从内容、用户、教学创新三个方面去努力。要坚持内容为王，敬畏知识，尊重而非迎合用户，整合先进教学理论，经由技术和内容载体实现创新。

反观当前流行的学习类 APP（移动互联网应用程序）设计，大多数难以摆脱知识为主的讲授模式、刺激—反应—及时反馈（强化）的行为主义操作练习模式、积分奖励以及游戏竞争的外部动机激励模式，即使是人工智能的应用，也仅仅是将机械练习进化为自适应练习。从内在的教育理念和教学方法来看，当前学习类 APP 中的创新并不多见，它们甚至在某种程度上强化了应试教育。因此，学习并整合先进的教育教学理论，经由技术和内容载体来实现创新的学习过程，是学习类 APP 敬畏教育的主要体现，它关乎产品的创新，更关乎产品的生命力。要依据未来的学校形态与教育结构，思考技术的应用，把学校建成新型的学习中心，充分利用 5G 技术背景下教育资源获取的便利性、即时性、共享性特点，建立国家优质教育资源中心和新型的学分银行制度，打通学校与学校、学校与社会教育机构、学校与家庭的壁垒，实现"能者为师""课程为王"的构想。

如果在学校形态和教育结构变革的背景之下，利用 5G、大数据、人工智能等现代技术，一套新的教育生态系统、一种面向未来的教育模式，就完全可能成为现实。借助业已建立起来的在线学习基础，积极推进智能时代的课堂教学变革以及整体的育人方式改革，推动传统教育形态发生颠覆性变化，营造未来全面育人的教育新环境，这是新时代学校转型之需要，是教育研究者和实践者的时代责任。

曾天山

（教育部教育信息化专家）

目　录

第一章　从印刷术到人工智能 / 001

第一节　农耕时代的书本教育 / 001

第二节　工业革命后的视听教育 / 003

第三节　信息时代的网络教育 / 007

第四节　人工智能时代的智能教育 / 012

第二章　信息化成为教育系统性变革的内生变量 / 018

第一节　信息化对教育发展具有革命性影响 / 018

第二节　信息化是实现公平而有质量教育的
　　　　有效手段 / 030

第三节　信息化是学习型社会建设的加速器 / 038

第四节　信息化与创新人才培养同频共振 / 043

第三章　学校环境下的混合教学 / 049

第一节　从面授教学到混合教学 / 049

第二节　混合教学催生课堂教学革命 / 052

第三节　职业院校的混合教学 / 063

第四节　高等院校的混合教学 / 067

第四章　社会环境下的无边界学习 / 077

第一节　"互联网 +"环境下的无边界学习 / 077

第二节　实现"一对一",开展个性化、定制化学习 / 084

第三节　无边界学习让学习者实现终身学习 / 090

第四节　学无边界，重塑未来教育 / 100

第五章　基于大数据的教育治理模式现代化 / 106

第一节　大数据与教育治理模式现代化的内涵 / 106

第二节　教育治理模式现代化的特征 / 111

第三节　大数据在教育中的应用案例 / 119

第六章　多元供给的服务模式 / 145

第一节　信息化引领教育市场供给侧结构性改革 / 145

第二节　"互联网 + 教育"创造教育信息化服务
供给新业态 / 160

第三节　"停课不停学"时期的教育信息化服务 / 167

第七章　教育信息化在进步中应对挑战 / 173

第一节　信息化促进落后地区基础教育质量提升 / 173

第二节　"互联网 +"驱动职业教育现代化 / 185

第三节　信息化激活高等教育 / 187

第八章　人工智能时代的教育新生态 / 195

第一节　智能时代蓄势待发 / 195

第二节　人工智能为教育带来新机遇与新挑战 / 204

第三节　智能教育的推进路径 / 209

后　记 / 216

第一章 从印刷术到人工智能

每一次技术进步都是人类自身能力的延伸，每一次技术创新都推动着社会变革，随之又对教育提出新的要求，引发教育系统的深刻变革。印刷术的发明和应用，使得教育走上大众化发展道路。幻灯片、广播、电视等视听媒体的发明和应用，使得教学时空得以延展，教育规模得以扩大，教学效果得以优化，学习方式变得多样化。计算机、网络等技术的发明和应用，使得无边界学习变成现实，教育公平得以推进，教育治理科学化水平不断提升。大数据、人工智能等技术的发明和应用，更是引起教育系统的结构性变革，教育将成为伴随每个人一生的教育、平等面向每个人的教育、适合每个人的教育、更加开放灵活的教育。

第一节 农耕时代的书本教育

一、时代背景

从某种意义上讲，从教育产生的第一天起，教育技术就诞生了，"教育技术始于原始社会口耳相传的教学方法"。文字的发明，使得人类的知识、经验和智慧得以有效记录、保存和传递，从而扩大了知识传播的范围和受教育者规模。印刷术的发明，进一步加快了知识传播的速度，拓宽了知识传播的广度，促使人类社会对年青一代系统化传授科学文化知识和技能的时代来临。

在家庭、团体和部落中向他人学习构成了人类的第一次教育革命。大约在 250 万年前，在现今埃塞俄比亚境内出现了一些人类最早使用的石器，这表明学习是代代相传的，父母把使用这些工具切割动物和磨碎动物骨头的技能教给自己的孩子。这一时期的日常生活围绕着生存和培养下一代运转。

随着粮食的稳定生产和部落的发展，人类开始进入农耕时代，城市逐渐形成。当时的社会要求人们学习一系列新的知识，涉及农业、贸易、法律、社会、技术和宗教等方面。文字和学校的逐渐产生，使教育变得系统化和制度化。第一批教授写作的学校大约出现在公元前 2500 年，在美索不达米亚平原的古巴比伦，这些学校被称为"碑室"。这个时期的教育一直为享有特权的世俗人士和宗教人士占有，因为当时的教科书是手工抄写的，数量极其有限。

随着印刷术的发明，教科书第一次被大规模印制出来。这些教科书覆盖不同的学科领域，适合不同年龄段的学生及在学生发展的不同阶段使用。近似现代形式的书籍逐渐出现。因此，学习者可以更加自由地阅读和学习，而不是必须去学校才能接受教育。在学校教育中，教师主要通过讲授教科书的方式实现知识和经验的传递。这种以纸质教科书为主要知识呈现工具，以教师为中心的教学模式，在人类教育史上存在相当长一段时间。直到幻灯片、广播、电影等近现代媒体技术的出现，纸质教科书的垄断地位才逐渐被撼动。

二、技术特征

农耕时代的教育离不开纸质教科书，而教科书的发展离不开印刷术。印刷术是中国古代的伟大发明，它经历了一个漫长的发展历程，从拓碑、印章到雕版印刷和活字印刷，历时几百年，不断地完善和发展。公元 11 世纪中叶，宋代毕昇发明了活字印刷术，把印刷术推上了一个崭新阶段，也奠定了现代活字印刷的基本工序。活字印刷技术涉及材料和工艺两个方面。材料主要是纸和墨。东汉蔡伦改进和完善了造纸技术，有力地促进了造纸业的发展。而造纸业和制墨技术的发展，又促进了印刷术的推广应用，加速了中国科技文化发展的进程。以活字印刷术为代表的技术发明，既是当时科学文化发展的需要，也引起了教育的重大变革，改变了口耳相传的知识传播方式，推进了纸质教科书的普及，进而极大地改变了教育活动的形态，使教育逐渐走向大众化时代。

三、辅助教育

从印刷机发明到公元 1500 年，有 2.7 万—2.9 万本书出版。与 1400 年欧洲的手稿写作量相比，产量增加了 60 倍。[①] 印刷术的发明使得教科书被大规模印制，教师不再是传播知识的唯一途径，学习者不用去学校就能接受教育，人类由此走向教育大众化时代。

印刷术加快了知识传播的速度。印刷术的发明应用，把人们从拓碑、印章和雕版的繁杂劳动中解放出来，大大提高了印刷书籍的速度，为受教育者提供了较多的学习资料和系统的教材，加快了知识文化的传播速度。

印刷术促使教育走上大众化的道路。印刷术的发明应用，让知识的保存和传播变得简单，人类社会的知识量和信息量不断增加，接受教育不再是特权人士独享的权利。人们不仅可以进入学校接受教育，还能通过自主阅读纸质教科书获得知识。

印刷术促进了学校班级授课制的推行。印刷术的发明应用，使教科书从沉重的甲骨、木简形式发展为材质轻、使用方便的纸质教科书，为集体授课奠定了良好的教学内容基础。

第二节　工业革命后的视听教育

一、时代背景

18 世纪，蒸汽机的发明和应用引发了工业革命，这标志着传统农业社会向现代工业社会转变。19 世纪末 20 世纪初，随着电的发明和应用，规模化生产应运而生。幻灯片、录音机、电影、电视等科学技术被逐渐应用到教育领域，不仅扩大了教育规模，而且提升了教学效率，提高了教学质量。20世纪 20 年代初，在美国兴起的视觉教育运动开启了全球的电化教育进程。

20 世纪初，由于社会分工的需要，人们越来越重视实用课程和新型有效的教学方法，反对"书本学习"，提倡结合生活实际、注重学生个体的

---

① 塞尔登，阿比多耶．第四次教育革命：人工智能如何改变教育 [M]. 北京：机械工业出版社，2019：10.

"新教育"。但是，学校制度、课程和教学方法仍然沿袭旧传统，形式主义占统治地位，教育与社会实际生活严重脱节。随着工业化生产大发展，资本家急需大批有知识和技能的劳动者，因而非常重视教育的改进。随着照相机、幻灯片、无声电影等新视觉技术的发展和在教育中的应用，视觉教育运动应运而生。1906年，美国一家公司出版了《视觉教育》一书，介绍如何拍摄照片、如何制作与使用幻灯片，这是历史上第一次使用"视觉教育"术语。[①]1928年，德奥里斯（Anna Verons Dorris）出版了第一本关于视觉教育的教科书《学校中的视觉教育》，并断言视觉经验对学习的影响比其他各种经验都大得多。[②]随着有声电影及广播录音技术等视听媒体技术的发展和在教育中的应用，视觉教育逐渐发展为视听教育，并在第二次世界大战时期成熟。当时，美国政府摄制了工业培训电影457部，为军队购买了5.5万部电影放映机，在影片上的投资费用达10亿美元。[③]将教学电影用于作战人员和军工技术人员的培训取得了显著成效，提高了人们对学校教育使用视听媒体的兴趣和热情。20世纪50年代，电视因其具有制作周期短、传播和复制容易等优点而被迅速应用到教育领域。在美国掀起的这场视听教育运动中，戴尔（Edgar Dale）提出的"经验之塔"理论被视为视听教育的主要理论依据。[④]

受美国视听教育运动的影响，我国也开始尝试利用幻灯片、电影、广播等视听媒体作为教学工具开展社会教育和学校教育，由此拉开了我国发展电化教育的序幕。1919年，我国开始进行幻灯片教学实验。1936年，国民政府教育部和金陵大学联合举办"电化教育人员培训班"，标志着我国"电化教育"学科正式诞生，"电化教育"名称被正式启用。新中国成立后，我国电化教育的发展掀开了新篇章。1949年，我国成立了电化教育处，负责领导全国教育技术工作。当时我国使用无线电广播开展外语教育、文化补习、函授等社会教育，学校也积极利用视听媒体尝试教育改革。1978年，我国发布第一个电化教育发展规划《关于电化教育工作的初步规划（讨论稿）》。1979年，中央广播电视大学正式成立。1997年，国家教委颁布《全国电化教育

① 陈亚军，庄科君.现代教育技术（第2版）[M].北京：高等教育出版社，2019：13.
② 同①.
③ 同①.
④ 李正超.现代教育技术 [M].北京：北京师范大学出版社，2015：90—92.

"九五"计划》。该计划指出，"九五"期间，大力发展学校电化教育，提高电化教育水平，切实推进教学改革；努力提高电视教育节目质量，加强卫星电视教育网络建设，办好教育电视台站；重点建设配套的电教教材，逐步形成电教教材系列；深入开展电化教育的科学研究工作。

二、技术变革

心理学家特瑞克勒（D. G. Treichler）指出，正常人从外界获取的所有信息中，视觉信息占83%，听觉信息占11%，味觉信息占1%，嗅觉信息占3.5%，触觉信息占1.5%。[①] 可见，视觉在学习中占有极其重要的地位，其次是听觉。幻灯片、广播、电影、电视等视听媒体在教育中的应用，使教学过程变得更为形象、具体、直观、生动且富有情趣，有效地激发了学生的思维，改善了学习效果。

（一）视觉媒体及其教学应用

视觉媒体是指承载并传输视觉信息的物质载体，利用视觉媒体可以获取和展示图形与图像。幻灯机、投影仪、视频展示台、扫描仪、高拍仪、数码照相机等是常见的视觉媒体设备。

视觉媒体是在教育技术发展历程中最早被采用的媒体，也是迄今为止应用时间最长的媒体。视觉媒体具有直观性、静态性、灵活性和便捷性的特点。在教学过程中，视觉媒体能够提供鲜明、清晰的视觉画面，使教学变得直观、生动，有助于学生记忆和理解教学内容。

（二）听觉媒体及其教学应用

听觉媒体是指承载并传输声音信息的物质载体。听觉媒体是根据人的听觉特点，以电声技术为基础，借助声音信息来表现实物特征的媒体。利用听觉媒体可以录制和播放声音信号。录音机、CD唱机、MP3播放器和数码录音笔是常用的听觉媒体设备。

听觉媒体具有即时性、重现性、便捷性和广泛性的特点。教师可以根据教学需要播放音频内容，还可以自行录制音频教材，其制作简单、复制方便、使用方式灵活多样并能长期保持和反复使用。

---

① 陈亚军，庄科君.现代教育技术（第2版）[M].北京：高等教育出版社，2019：42.

（三）视听媒体及其教学应用

视听媒体是一种视听结合的媒体，是承载并传输视觉与听觉信息的物质载体。利用视听媒体可以获取和播放音频和视频。摄像机、VCD 播放器、DVD 播放器、MP4 播放器和 MP5 播放器等是常用的视听媒体设备。

视听媒体具有视听结合、突破时空限制、时效性强、灵活多样的特点。在教学过程中，视听媒体能够动态呈现教学内容，从而有效辅助教学。

三、增效教育

加拿大著名传播学家麦克卢汉（Marshall McLuhan）在《理解媒介——论人的延伸》中指出："媒体是人体的延伸，笔是手的延伸，书是眼的延伸，广播是耳的延伸，电视是眼和耳的延伸。"[1]视听媒体带来的人体延伸，一点点撬动着传统课堂教学，使得教学时空得以突破、教育规模得以扩大、教学效果得以优化、学习方式变得多样化。

视听媒体突破学校教育的时空限制。视听媒体突破了传统教育在时间和空间上的种种限制，丰富了人们获取知识和信息的渠道，也缩小了城市学校与农村学校的办学差距，使学生在任何地方都能聆听或看到全国最优秀的教师讲课。

视听媒体促使教育走上规模化发展的道路。视听媒体能够延伸教室的时空，支持多人同时学习，使得教育规模得以扩大。1979 年，中央广播电视大学和 28 所省级广播电视大学成立，共招收 41.7 万余名学生[2]，扩大了高等教育规模，有效缓解了人才紧缺的矛盾。

视听媒体优化了教学效果。视听媒体既能展示形象逼真的画面、符号等视觉信息，又能传递优美动听的音乐、语言、音效等听觉信息。视听媒体在教学过程中能够对学生进行多感官刺激，使学习内容更加直观、形象，有助于弥补学生直接经验的不足，优化教学效果。

视听媒体使学习方式不再单一。除了在教室里接受视听教学，学生还可以利用视听媒体开展自学，根据自己的学习需求和学习进度找到合适的教学内容进行学习。

---

[1] 李正超.现代教育技术 [M].北京：北京师范大学出版社，2015：90~92.

[2] 国家开放大学.从广播电视大学到国家开放大学 [N].中国教育报，2012-07-30 (3).

第三节 信息时代的网络教育

一、时代背景

以信息技术为代表的科学技术迅猛发展，对人类的生产方式、生活方式、思维方式以及学习方式等产生了重大影响。葛洛蒂指出，在信息时代，世界是一个数字化的世界。它有四根支柱：一是自然界的一切信息都可以通过数字表示；二是计算机只是用数字 1 和 0 来处理所有数据；三是计算机是通过数字 1 和 0 来实现信息处理的；四是计算机通过跨空间运送数字 1 和 0 来把信息传送到全世界。社会正在发生巨大变革，从原子到比特的飞跃已是势不可当。[①] 随着计算机技术、卫星通信技术、多媒体技术、互联网技术的发展以及它们在教育领域的应用，学校教育时空被不断拓展，学生学习主体地位逐渐凸显，教育资源极大丰富并唾手可得，个性化学习和终身学习成为现实，全球教育体系呈现网络化、数字化、个性化、终身化的典型特征。

1946 年，第一台电子计算机在美国问世。1969 年，因特网在美国创建。计算机和网络技术在教育领域的应用，掀起了人类教育史上的又一次革命。以计算机和网络的运用为标志的教育信息技术革命在 20 世纪 90 年代迎来了黄金时代。1993 年 9 月，美国提出国家信息高速公路计划，加大对信息基础设施建设的投资，推动信息技术在社会各领域的广泛应用。许多国家随后纷纷推出了本国信息技术的开发和推广计划，形成了席卷全球的信息化浪潮。从 1996 年到目前为止，美国先后六次制定了国家教育技术计划[②]（见图 1-1），为不同时期美国教育技术的发展指明了方向，提供了应对策略。第一、二次教育技术计划都对教师信息素养提出了较高要求，目的是帮助学生达到高层次的学业标准；第三次教育技术计划注重共同发展的理念，强调学生的变化与需求；2010 年发布的教育技术计划提出，利用技术推动 21 世纪学习模式发展，通过新技术构建有利于学生个性发展的学习模式。前四次教育技术计划都给教学指明了方向并提出解决棘手问题的策略，在教学领域产生了积极的影响，但是并未就教育公平问题提出相应的解决策略，所以，

---

① 李克东.数字化学习（上）：信息技术与课程整合的核心 [J].电化教育研究，2001（8）：46-49.
② 刘婷.中美教育技术政策简析及启示 [J].中小学电教，2019（11）：78-80.

教育公平是后期亟须解决的关键问题。基于此，2016年发布的教育技术计划要求利用技术创建新型教学与学习环境，让学习随时随地发生；2017年发布的教育技术计划提出由有经验的教师利用技术提升教育效能，旨在实现教学与技术相互融合。从多个版本计划中不难发现，技术在教育领域中占据重要地位。现今在学习过程中学生的中心、主体地位不断得到强调，为此，学习者应该利用技术工具进行多角度、多方位的学习，从多个教学平台获取学习数据，根据实时反馈，进一步提升学习效果。

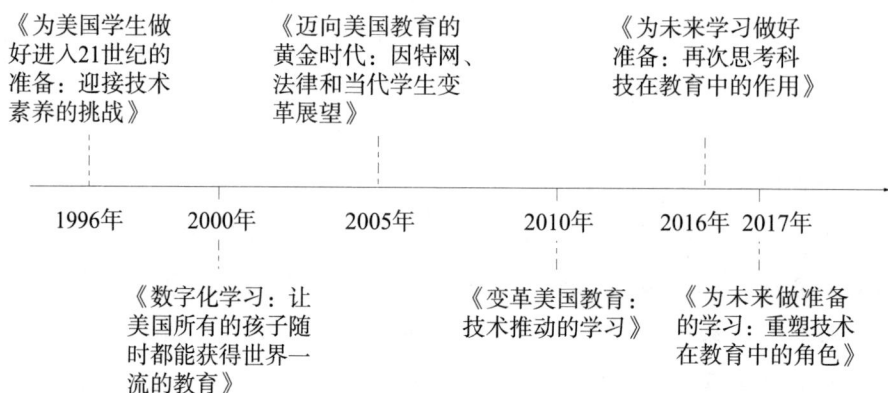

图1-1 美国制定的国家教育技术计划

2012年以来，法国教育部逐步制定和部署"数字化校园"战略。2015年，法国正式确立了"数字化校园"战略规划，该战略规划是法国有史以来最大的教育数字化计划，旨在有效利用数字技术培养学生21世纪数字素养。法国总统弗朗索瓦·奥朗德发布了一系列数字教育计划，目标是在2016年秋季学期开始时使信息技术成为主流教学手段，他还宣布500所中小学被优先纳入"数字化校园"战略规划。① 教育部和地方管理机构联合动员财政资源来确保战略规划的顺利实施，未来三年将会为数字教育发展投入10亿欧元的公共投资。该战略规划确定了实现信息技术变革教与学实践的四大支柱，即培训、设备、资源和创新，并据此提出了一系列配套项目，具体包括：①国家优先考虑教师培训；②为教师和学生提供设备和资源；③鼓励为数字

---

① 李伟，盛创新，张惠颜. 基于绩效视角的美国、新加坡、法国最新教育信息化政策比较 [J]. 软件导刊（教育技术），2019（6）：89-93.

一代开发数字教育创新和技术孵化项目。①

1994 年，中国教育和科研计算机网（China Education and Research Network，简称 CERNET）开通，标志着我国网络教育应用的开端。②1998 年，教育部部长陈至立指出："教育技术是教育改革的制高点和突破口。"同年，教育部发布《面向 21 世纪教育振兴行动计划》，明确提出实施"现代远程教育工程"，形成开放式教育网络，构建终身学习体系。从此，中国的教育信息化建设从电化教育时代逐渐迈入以计算机、互联网等信息技术为依托的计算机辅助教育教学和网络教育时代。1999 年，中共中央、国务院发布的《关于深化教育改革全面推进素质教育的决定》中提出"大力提高教育技术手段的现代化水平和教育信息化程度"。2000 年，全国中小学信息技术教育工作会议明确提出，以信息化带动教育的现代化。③2002 年，教育部颁布的《全国教育事业第十个五年计划》将"教育信息化工程"作为"十五"期间的六项教育工程之一提了出来。2007 年，国务院颁布的《国家教育事业发展"十一五"规划纲要》第一次明确提出"以教育信息化带动教育现代化"。2010 年，国务院颁布的《国家中长期教育改革和发展规划纲要（2010—2020 年）》中明确提出，把教育信息化纳入国家信息化发展整体战略，加快教育信息基础设施建设，加强优质教育资源开发与应用，构建国家教育管理信息系统。2012 年，教育部出台《教育信息化十年发展规划（2011—2020 年）》，在继续强调发挥信息技术对教育的革命性影响的基础上，进一步明确了信息技术与各学科教学深度融合的努力方向，由强调技术应用转向突出技术支撑的优质教育资源和信息化教学环境建设。信息技术在教育中的全局性、基础性地位的巩固，为教育服务供给方式的转变提供了便利条件。2015 年，国务院印发《关于积极推进"互联网＋"行动的指导意见》，对未来的教育信息化工作做出了规划，以"互联网＋"为背景，鼓励学校确立优质、普惠的教育信息化服务理念，指引教育转型与升级。

---

① 李伟，盛创新，张惠颜. 基于绩效视角的美国、新加坡、法国最新教育信息化政策比较 [J]. 软件导刊（教育技术），2019（6）：89-93.

② 黄荣怀，曾兰芳，余冠仕. 我国教育技术的发展趋势简析 [J]. 中国电化教育，2002（9）：13-16.

③ 陈至立. 抓住机遇，加快发展，在中小学大力普及信息技术教育：在全国中小学信息技术教育工作会议上的报告 [N]. 中国教育报. 2000-11-06（1）.

二、技术突破

信息技术在学校的存在，经历了从媒体到环境的发展变迁历程。20 世纪 90 年代后期开始的以基础设施为中心的教育信息化建设，使得我国多媒体教学设施得到了迅速的发展与普及。多媒体教室、多媒体网络教室成为信息技术在学校的典型存在方式，也成为多媒体教学的主要阵地。在这一时期，信息技术被看作教学中各种媒体和工具的使用，它只是作为一种辅助工具协助教师进行课堂教学。

进入 21 世纪以后，技术的更新迭代使得学校中技术的发展步伐加快。面向基础设施建设的"校校通"工程于 2000 年正式启动，以多种形式实现与互联网的连通。《教育信息化"十五"发展规划（纲要）》提出，"加强教育信息化平台环境和资源体系建设"。截至 2002 年底，全国中小学约有计算机 584 万台，平均每 35 人一台，全国中小学建立校园网和局域网约 26000 个。[①] 我国中小学的信息基础设施初具规模，信息技术已成为中小学校运行和发展的基础。从 2005 年开始，教育信息化建设强调营造信息化的学习环境或教学环境，具备"数字化校园"特征的信息化学习环境逐渐成为基础教育信息化建设的主流。移动互联网技术的迅猛发展，使得各种形态的数字化学习环境的构建成为可能，智能手机、平板电脑等移动设备进入校园，网络教学平台不断升级迭代以满足实际教学需求。新兴的云计算、大数据、物联网及社交网络等技术，又促使学习环境从数字化走向智能化。过去 20 年间信息技术在学校教育中的角色变化如图 1-2 所示，数字革命时代技术的迭代更新为教育变革和发展提供了强有力的支撑，为教育发展营造了丰富和有意义的数字化、智能化学习环境。[②]

---

① 教育部科学技术司. 2002—2003 年教育信息化发展概况 [EB/OL]. (2003−08−12)[2020−06−20]. http://www.moe.gov.cn/srcsite/A16/s7062/200308/t20030812_82372.html?from=groupmessage&isappinstalled=0.

② 顾小清，王春丽，王飞. 回望二十年：信息技术在教育改革与发展中的历史使命及其角色 [J]. 电化教育研究，2017（6）：9−19.

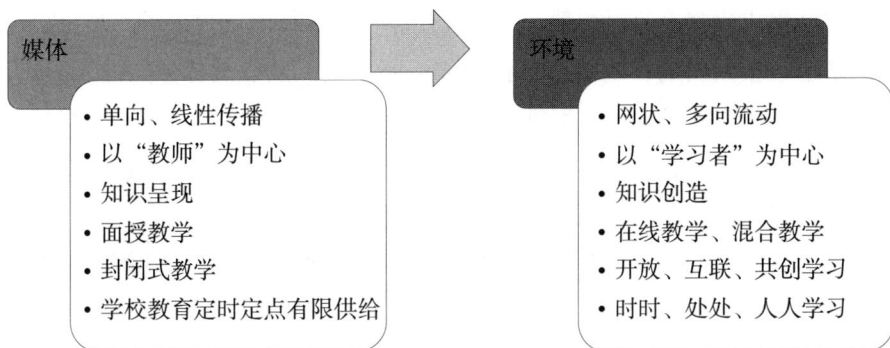

媒体	环境
• 单向、线性传播 • 以"教师"为中心 • 知识呈现 • 面授教学 • 封闭式教学 • 学校教育定时定点有限供给	• 网状、多向流动 • 以"学习者"为中心 • 知识创造 • 在线教学、混合教学 • 开放、互联、共创学习 • 时时、处处、人人学习

图 1-2 信息技术在学校教育中的角色变化

三、赋能教育

互联网技术、移动通信技术的发展，使人类获取知识的方式和渠道发生了深刻变革，知识传播的方式正在由传统的单向传递转为多向互动。学校围墙被逐渐打破，学习的边界变得模糊，教师的权威地位受到威胁，同时优质资源共享的步伐逐渐加快，学习的时空逐渐拓展，学生的学习主体地位愈发突出，学习服务的提供更加精准和个性化。

互联网将小课堂推向大世界。以在线资源、在线课程为主的互联网教育让优质教育资源可以跨越校门、地域甚至国界，教育受众可以从封闭在学校课堂里的数十人扩大到遍布世界各地的亿万人。通过"一根网线"，不同地域、不同种族、不同年龄、不同水平的受众可以根据自己的兴趣爱好选择最合适的课程。互联网教育以其开放、共享、便捷的特性让学习逐渐迈向无边界。

信息技术点亮每个人的教育梦想[①]。随着计算机技术、互联网技术等在教育中的融合应用，全社会的智力资源实现了广泛互联和优化配置，人人可以享有优质教育资源。分布式学习环境突破了时空界限，来自不同国家、不同地域的学生可以就同一个学习问题碰撞思维、分享智慧，每个学生均可获得施展才华和发挥潜能的机会。

---

① 熊才平，丁继红，葛军，等.信息技术促进教育公平整体推进策略的转移逻辑 [J].教育研究，2016 (11)：39-46.

信息化让教育治理更智慧。在近现代教育媒体技术出现之前,教育决策都是基于经验做出的。随着信息技术的不断发展以及在教育中的深入应用,依赖于个体和群体经验的决策机制不再适用。同时,随着数字校园、智慧校园的建设和发展,各种信息化管理系统的建设,以及在线学习平台的部署和应用,教育行业逐渐积累起海量的教育数据。通过对这些教育大数据的挖掘和分析,研究者可以找出教育教学发展的客观规律,从而帮助政策制定者做出科学的教育决策。

第四节　人工智能时代的智能教育

一、时代背景

随着大数据资源的迅猛增长、机器学习算法的持续改进和设备运算能力的极大提升,人工智能正迎来第三次发展浪潮。人工智能正在众多领域发挥作用并表现出巨大潜力,如在医疗卫生、交通出行、生态环境监测等领域的应用。美国于 2016 年率先行动,出台了人工智能国家战略;英国、法国、日本、新加坡和中国等也紧随其后,纷纷出台了本国的人工智能发展战略。各国普遍认为,人工智能是未来教育变革的重要动力,将对人才培养、学科设置、课程教学等产生重要影响。

自 20 世纪 90 年代后期以来,伴随着国际范围内围绕"深蓝计算机战胜国际象棋大师"的激烈讨论,美国将发展人工智能上升到国家战略。2016 年,美国出台《国家人工智能研究和发展战略计划》。这是全球第一份人工智能国家战略。这份计划与同年出台的《为人工智能的未来做好准备》《人工智能、自动化与经济》成为美国国家人工智能战略正式开启的标志。2016 年和 2017 年,英国相继发布《机器人技术和人工智能》和《在英国发展人工智能产业》。2017 年,法国发布《法国人工智能战略》。2016 年和 2017 年,日本分别发布《日本振兴战略 2016——面向第 4 次产业革命》和《人工智能技术战略(草案)(人工智能技术战略会议总结)》。2017 年,新加坡发布"人工智能新加坡"国家级项目。2017 年 3 月,"人工智能"首次被写入中国政府工作报告。随后,中国先后发布了《新一代人工智能发展规划》

《促进新一代人工智能产业发展三年行动计划（2018—2020年）》《人工智能标准化白皮书（2018版）》。可以看出，各国政府都高度重视人工智能的发展，都将人工智能纳入国家发展战略，通过顶层设计推动人工智能技术在各行各业的深入、广泛应用。

在教育领域，各国通过设立人工智能相关机构、开展人工智能相关项目，加强对人工智能教育应用政策的顶层设计。例如，中国教育部成立了人工智能科技创新战略专家委员会，指导和协调《高等学校人工智能创新行动计划》的实施。美国国家科学技术委员会将人工智能上升到国家战略层面，为美国的人工智能发展制定了宏伟蓝图；该委员会下属的机器学习与人工智能分委员会，专门负责协调人工智能的研发工作。英国政府与企业合作，成立了人工智能委员会，主要协调和发展英国的人工智能产业；同时，构建了人工智能发展框架。法国政府成立了"法国人工智能中心"，加强企业界和学术界在人工智能领域的合作，为个人和机构的人工智能科研项目提供资金支持。日本政府成立了人工智能技术战略委员会，负责管理文部科学省、总务省、经济产业省等三个国家部门下属的五个国家研究中心，为完善人工智能教育基础设施、促进高技能人才培养、维护公共教育数据和加快教育科技公司孵化提供平台支持。新加坡实施"人工智能新加坡"项目，资助世界各地的人工智能研究人员在新加坡开展课题研究。

基于政府层面的宏观协调和整体布局，各国对人工智能教育应用政策进行了细化[①]（见表1-1）。例如，中国将培养和引进高端人才作为人工智能发展的重点，加强人工智能人才储备；同时，改革教育体系尤其是高等教育体系，完善人工智能的学科布局。美国在初等和中等教育阶段（K-12）要求学生学习计算机科学，并通过STEM教育项目开展人工智能教育，要求学生具备人工智能时代要求的公民数据素养和计算思维技能。英国同样重视通过将人工智能与STEM教育相结合，帮助学生分析、解释大数据，让学生能融合多学科知识解决人工智能领域的实际问题；同时，通过伦理培训，让学生以"善"的方式运用人工智能技术，避免造成不可预测的后果。法国注重加强学生在人工智能领域的专业训练；同时，制定新的人工智能发展方

---

① 段世飞，龚国钦.国际比较视野下的人工智能教育应用政策[J].现代教育技术，2019（3）：11-17.

案，开设相关的人工智能课程，为适应人工智能的快速发展而进行学科和学位改革。日本通过大学与企业的人工智能项目合作，培养具备计算机专业背景和掌握编程技术的高水平人才。新加坡则针对人工智能专业研究生的培养实行双导师制，同时开展人工智能学徒项目以提升学生的人工智能技术应用能力。

表 1-1　国内外人工智能教育应用政策比较

国家	政府层面	教育层面
中国	成立人工智能科技创新战略专家委员会，指导和协调计划的实施	加快培养、引进人工智能高端人才，完善人工智能的学科布局
美国	成立机器学习与人工智能分委员会，提供人工智能政策咨询，监督人工智能研发	要求 K-12 学生学习计算机科学，通过 STEM 教育项目开展人工智能教育
英国	成立人工智能委员会，协调和发展人工智能产业；构建人工智能框架，指导人工智能决策	将人工智能与 STEM 教育相结合，通过伦理培训帮助学生合理运用人工智能技术
法国	创建法国人工智能中心，支持人工智能科研项目和企业项目	加强人工智能领域的专业训练；制定人工智能发展方案，开设人工智能课程
日本	成立人工智能技术战略委员会，负责五个国家研究中心	鼓励大学与企业开展人工智能项目合作
新加坡	实施"人工智能新加坡"项目，资助人工智能研究人员开展课题研究	人工智能专业研究生培养实行双导师制，开展人工智能学徒项目

二、技术革命

1950 年，艾伦·图灵提出著名的图灵测试。[1]6 年后，在美国达特茅斯学院举行的会议上，与会专家发起利用机器模拟人类智能的议题并提出"人工智能"（artificial intelligence）概念。此后，人工智能历经了三次发展浪潮：在第一次浪潮中，发展了计算智能，但因为视觉、自然语言符号的不确定性和有限的计算能力，人工智能很快步入低谷；20 世纪 80 年代，专家系统和人工神经网络取得新进展，人工智能发展迎来第二次浪潮；20 世纪 90 年代，深

---

[1]　万赞.从图灵测试到深度学习：人工智能 60 年 [J].科技导报，2016（7）：26-33.

度学习的提出与发展掀起了人工智能发展的第三次浪潮，人工智能上升至认知智能，并逐渐在课堂教学、个性化学习、考试评价、教育管理与决策等教育场景中得到应用。

人工智能是自然科学、社会科学、技术科学相互交叉融合后产生的综合学科，涉及计算机科学、信息科学、心理学、哲学、认知神经科学、生理学等多个学科。在教育领域中应用的人工智能关键技术主要包括知识表示、机器学习与深度学习、模式识别、自然语言处理、情感计算、智能机器人、智能代理等，具体如表 1-2 所示。[①]

表 1-2　人工智能关键技术及典型应用

	关键技术	主要内涵	典型应用
1	知识表示和处理	机器如何描述知识，包括知识的表达、存储和搜索等	在教学专家系统、智能决策支持系统中，利用知识表示和处理技术解决复杂的决策问题
2	机器学习与深度学习	计算机从数据和信息中获取知识，也称作数据挖掘	从在线系统产生、离线积累的各类教育数据中，提取有用信息，归纳发现知识，帮助管理决策
3	模式识别	机器对环境和客体特征数据进行自动处理和判读，实现模式识别	基于语音识别技术开发应用语音识别系统，支持人机语言交互学习方式
4	自然语言处理	让机器理解和处理人类的自然语言	语言口语评测；语料库在教育中的应用；面向语言教学研究的应用，如计算机辅助语言教学等
5	情感计算	计算机能检测、识别和理解人的情感，模拟人类的情感表达	课堂教学中对学生面部表情、姿势的实时捕捉与识别，为教师教学策略调整提供帮助
6	智能机器人	让机器软硬件系统能够像人类那样行动	教学中的教育机器人辅助答疑、辅导，智能学伴机器人辅助学生学习
7	智能代理	一种以主动服务方式自动完成一组操作的机动计算机程序	利用智能代理构建智能教学系统，基于分布式、迁移性特点充分利用学习资源，有助于实现个性化、智能化学习

[①] 刘邦奇，王亚飞.智能教育：体系框架、核心技术平台构建与实施策略 [J]. 中国电化教育，2019 (10)：23-31.

三、创新教育

人工智能时代对人才提出了新的需求，工业时代建立起来的教育系统已经远不能满足新时代人才培养的要求。智能时代人才培养目标的变化倒逼着教育系统做出全面、深刻的转型和升级。"人工智能＋教育"的跨界融合，定将引起教育系统的结构性变革，而不是渐进性的修修补补。

人工智能重构教育生态系统，实现"更加灵活开放的教育"。以大数据、云计算、人工智能为代表的信息技术在教育中的应用，将实现信息共享、数据融通、业务协同、智能服务，推动教育整体运作流程改变，进而构建出一种新的具有灵活、开放、终身特点的个性化教育生态体系。学习不再固定在教室和学校，而是回归社会和生活，发生在任何有学习需求的地方。学习也不再按照规定的流程进行，而是信息系统根据学习者的认知水平和实际需求，智能地提供个性化的学习方案和服务。学校将成为一个虚实融合的个性化发展空间。在这个空间中，学习资源可以跨越国界，师生角色随时可以转换，学习可以随时随地发生；学校将成为一个知识网络和人际网络相融合的社会性知识开放学习环境，通过社会知识网络助力个体知识建构和群体智慧汇聚。

人工智能可以消除数字鸿沟，实现"平等面向每个人的教育"。人工智能技术可以突破时空限制，使每个人不分性别、不分城乡、不分地域、不分贫富、不分民族、不分年龄都能接受良好的教育。人类将通过与人工智能技术的协同配合，降低获取知识、享受优质教育的门槛，构建无边界学习，让教育弱势群体跨越经济、文化、语言的隔阂，乃至生理的障碍，助力教育均衡发展和教育质量的全面提升。

人工智能助力个性化学习，实现"伴随每个人一生的教育、适合每个人的教育"。人工智能在教育中的深度应用，能够构建以学习者为中心、基于学习者的个性化差异、适应其学习偏好的学习方式。人机协同教学将为每个学生提供最适切的学习服务；情绪识别技术将帮助教师真正读懂学生，进而为学生匹配最合适的学伴和导师；可穿戴设备和自然交互技术提供的类似真实情景的沉浸式学习环境，让学生能与各行各业的专家进行深度对话、合作完成作品；学习分析技术、多模态分析技术等能将学生的学习过程如实记录并进行智能分析，为每个学生提供个性化的学习画像以及学习改进方案。

人工智能变革教育治理，通过人机联合决策实现智慧治理。5G、大数据、人工智能支持的智能教育环境，可为教育的科学决策提供数据支持，让数据说话，实现智慧决策；可实时监控教育运行状况，提高安全管理水平，实现事件发生之前的安全预警；可实现远程督导，以及全方位、随时、远程的监控。教育治理将从政府机构的行政控制转向多元主体的协商共治，将从静态治理转向动态治理与适应性治理，将从前置审批转向事前、事中、事后全过程监管，将从标准化、流程化管理转向构建以生命个体为中心的教育治理，将从依靠信息技术辅助决策转向人机联合治理。

第二章　信息化成为教育系统性变革的内生变量

21世纪以来，以信息技术为核心的技术革命席卷全球，构成了一幅波澜壮阔的历史景观。信息化能力已成为衡量一个国家或地区综合实力的重要指标。教育作为提升国家竞争力的重要途径，其与信息技术的深度融合、创新发展将成为世界教育发展的必然趋势。

从信息技术与教育结合之日起，教育信息化的发展道路并非一帆风顺，而是经历了"兴起—分歧—融合"的螺旋式上升过程。时至今日，越来越多的人认为，信息技术与教育教学的关系应该从"技术辅助教学"向"相互渗透、深度融合"乃至"流程再造、创新发展"转变。这种认识上的转变充分反映出，人们已经意识到信息技术是推动教育结构性变革的内生性力量。

第一节　信息化对教育发展具有革命性影响

世界上很多国家都已意识到教育信息化是实现教育现代化的重要驱动力。教育信息化的发展水平是一个国家或地区教育综合实力的重要标志。谁在信息技术与教育融合发展的潮流中落伍，谁就会被时代所淘汰；谁能充分发挥信息技术对教育的革命性作用，谁就能占据教育变革的制高点。

一、没有信息化就没有教育现代化

(一) 以信息化促进教育现代化是世界各国的共同选择

纵观人类发展历史，每次技术的重大创新都将推动社会变革。蒸汽机的诞生催生了以机器代替手工工具的第一次工业革命，人类由此迈入工业文明；电力的广泛应用引发了第二次工业革命，将人类社会带入现代文明；而原子能、电子计算机和空间技术，特别是以互联网技术为代表的信息技术的广泛应用，引发了新一轮科技革命和产业变革，改变了人类千百年来的生活方式和思维方式。

技术创新所引发的社会变革也同样为教育带来了革命性影响。6000 多年前，人类采用书写作为教育工具，不仅改变了信息记录方式，而且颠覆了"口耳相传"的单一知识传授方式。970 多年前，中国北宋时期发明家毕昇发明了活字印刷术，借助印刷媒介让知识来到寻常百姓家，大大地推动了教育的普及。随着信息时代的到来，以互联网、云计算、大数据、新一代人工智能技术为核心的现代信息技术已将地球变成地球村，构筑起几十亿地球人共同生活、工作和学习的虚拟家园。信息通信技术与教育的融合极大地解放了教育，让教育冲破学校围墙，形成了一个覆盖全球的网络化、数字化、智能化、个性化的教育体系。长期困扰人类的教育公平、个性化教育、构建学习型社会等重大教育问题，迎来了历史性破解机遇。

21 世纪以来，国际社会愈加重视信息技术对教育发展的革命性影响。2015 年，联合国教科文组织举办的首届国际教育信息化大会上发布的《青岛宣言》呼吁："为到 2030 年实现包容、平等、有质量的教育和终身学习的目标，我们一定要充分利用 ICT 加强教育系统建设、知识传播、信息获取、优质而有效的学习，以及提供更高效的服务。"4 年后，联合国教科文组织主办的首届国际人工智能与教育大会上发布的《北京共识》紧跟技术发展趋势，提出在《青岛宣言》的基础上进一步"通过人工智能与教育的系统融合，全面创新教育、教学和学习方式"。可见，信息技术对教育的革命性作用已经成为全球思考未来教育发展问题时关注的焦点。

为了能够把握信息技术赋予教育发展的巨大推进力，世界各国纷纷制定教育信息化发展的战略规划。美国自 20 世纪 90 年代就开始制定国家教育技术计划，每隔4—5年即根据教育发展的形势进行更新。2008年，英国提出了"下一代学习运动"战略和执行计划。法国于1998年初宣布了三年教育信息化发展方案，并逐步开展"数字化校园"战略研究。韩国于1995年制定了《建立主导世界化、信息化时代新教育体制的教育改革》方案，2011年又启动了"智慧教育战略"。日本则在2010年启动了"未来学校"推进项目。智利早在1992年就制定了"结网"计划，长期推动信息技术与教育的有效整合。

总体而言，世界很多国家早在20世纪末期就开始立足本国教育发展的实际情况，充分发掘信息技术在教育应用中的优势，积极谋划布局教育信息化的长远发展，探索本国的教育信息化发展道路，以期在新一轮的产业革命中打造更为强劲的教育竞争力。

（二）以信息化全面推动教育现代化是中国的战略抉择

通过教育信息化来推动教育变革发展不仅是世界教育发展的趋势，对中国教育的现代化也同样具有极为重要的现实意义。中国的教育事业在新中国成立后取得了巨大的成就，但要在21世纪加快教育的现代化进程，培养更多的高素质创新人才，实现中国从教育大国向教育强国转变，从人口大国迈向人力资源强国，面临着三个现实问题：一是如何满足大规模人口的教育需求；二是如何让每个人都能接受公平的教育；三是如何让每个受教育者都能享有优质的教育。

中国国家统计局的统计数据显示，截至2020年，中国学校数已超过53.71万所，全国在职专任教师数超过1792万人，在校学生超过2.89亿人。此外，截至2020年，中国总人口数已超过14亿。从学习型社会的角度看，这14亿中国人都是潜在的终身学习者。尽管中国的教育水平不是世界第一，但其教育体系所承受的人口规模压力却是世界鲜有的。

除了教育人口庞大，中国还是一个幅员辽阔、地形复杂、民族众多的经济体。区域间、城乡间的社会发展存在着客观差异。这种差异使得中国尽管实现了九年义务教育的普及，但教育的公平发展仍然面临着艰巨的挑战。当中国某些东部沿海城市的学生可以利用多媒体教室和各类移动终端设备开展各种丰富多彩的学习活动时，中国某些西部偏远地区农村教学点还难以为每个学生开足、开齐国家规定的课程。

此外，中国社会对优质教育的需求也极为迫切。就国家需求而言，中国政府在 2010 年提出"到 2020 年，基本实现教育现代化，基本形成学习型社会，进入人力资源强国行列"①的目标。就社会需求而言，中国正处于一个经济发展的转型期，对高素质创新人才有着强烈的渴求。就个人需求而言，每个人都希望在社会快速发展的过程中接受更好的教育，促进个人成长，展现个人价值。

面对教育现代化发展的现实需求，紧跟世界教育发展潮流，利用信息技术优势破解教育发展难题，推动中国教育现代化发展，打造教育强国，已成为中国教育发展的战略选择。

在这一背景下，中国政府极为重视教育信息化的发展，逐步形成了从观念、战略到行动的立体格局。

在观念层面上，中国政府 2010 年在《国家中长期教育改革和发展规划纲要（2010—2020 年）》中明确指出"信息技术对教育发展具有革命性影响"，并在随后公布的各项政策中始终坚定地以促进信息技术与教育教学的深度融合为核心理念，以应用驱动、机制创新为基本方针。2018 年教育部发布的《教育信息化 2.0 行动计划》更是直接提出"将教育信息化作为教育系统性变革的内生变量，支撑引领教育现代化发展，推动教育理念更新、模式变革、体系重构，使我国教育信息化发展水平走在世界前列"的发展主张。在 21 世纪的前 20 年里，中国对教育信息化的认识已经完成了由叠加到融合、由辅助到变革、由外驱到内生的嬗变。

在战略层面上，2011 年的全国教育工作会议就已明确"以教育信息化带动教育现代化，把教育信息化纳入国家信息化发展整体战略"。2015 年第二次全国教育信息化工作电视电话会议又再次强调"以教育信息化推动教育现代化，加快我国从教育大国向教育强国迈进"。从 2011 年"以教育信息化带动教育现代化"到 2015 年"以教育信息化推动教育现代化"等表述中可以发现，我们对教育信息化战略定位的认识在深化，即认为信息技术对未来教育发展将发挥更积极主动的作用。

---

① 教育部.国家中长期教育改革和发展规划纲要（2010—2020 年）[EB/OL].（2010-07-29）[2020-03-02]. http://www.moe.gov.cn/srcsite/A01/s7048/201007/t20100729_171904.html.

在行动层面上，2012 年，中国发布了《教育信息化十年发展规划（2011—2020 年）》，随后又制定了一系列政策规划，开展了系统的卓有成效的教育信息化专项工作，从多个方面扎实推进信息技术与教育的融合发展，逐步构建起了包含基础环境、资源开发、平台搭建、教学应用等多个维度的教育信息化政策行动框架。

二、信息化是教育结构性变革的重要驱动力

随着应用的深入，人们愈加感到信息化对于教育的价值绝非是表面上的锦上添花，相反，它是教育的基础环境、教学关系、资源供给、评价管理及人才培养等方面的内在结构性变革的重要驱动力。

（一）信息化是教育环境变革的重要驱动力

信息化给教育带来的最为明显的结构性变革是教育环境的变化。教育是一项以人的成长发展为核心的社会实践活动。促进教育活动参与者之间的有效交流、沟通、互动，创设良好的教育环境是前提基础。经过不断的发展，学校逐步成为日常教育活动发生的主要场域。学校的出现让教育活动在扩大教育规模、提升教育覆盖面与提高教育质量效益上取得了平衡，使得学校教育成为现代教育的主流形态，也让以学校教室为教学中心场域的日常教育环境得以广泛确立。

而随着信息技术的发展，教育环境开始发生变革。互联网和其他通信方式，打破了信息传递和交流互动的时空限制，极大地丰富了人际沟通的渠道，让信息流动的距离和范围接近理论上的无限。当信息技术应用到教育领域后，其跨越时空的信息流通能力，首先可以让教师的教学、学生的学习、师生的互动等日常课堂教学活动不再完全受限于教室的物理空间，而是将其延伸到通信终端可正常接收信号的地方。如此一来，我们就能创设出一种与以学校为中心的实体教育环境不同的、基于信息传送网络的虚拟教育环境。

与实体环境相比，虚拟环境由于不受物理时空的限制，教育信息可以以相对较小的成本，快速、便捷、大范围地传播出去，极大地延展了教学活动的空间，扩展了受教育群体，从而促进教育的规模化、均衡化、效益化发展，有利于全面提升人类的整体受教育水平。在现实中，尽管新的教育环境尚未能取代以学校为中心的教育环境，但其发展速度、应用的成熟度、学习

者的接受度在不断地提升。根据 Class Central 的统计，到 2018 年全球在各类慕课平台上学习的学习者已突破 1 亿人，有 2000 万名新学员注册了至少一门慕课课程。截至 2018 年，中国有逾 1100 万人次获得慕课学分。[①] 随着大数据、云计算、5G、VR/AR、人工智能等信息技术的进一步发展和应用，信息化对教育环境结构性变革的推动力将更加强劲。

（二）信息化是教学关系变革的重要驱动力

信息化给教学关系带来了结构性的转变。在传统课堂教学中，教师和学生是构成教学基本关系两个最重要的群体。通过教师与学生的教学互动，知识信息才能经由教师的教学指导有效传递给学生。学生通过教学互动及自己的认知来理解和掌握知识。这种教学互动过程所借助的知识信息传递通道基本以人与人之间的直接传递为主，即一直以来教学的基本关系是"人－人"互动交流的关系。由于教师相较于学生在知识信息上占据了一定的优势，所以在"人－人"的教学关系中，教师具有相对权威和主导性，学生则对从教师那里获取知识信息具有很大的依赖性。

然而，随着互联网、多媒体、VR/AR 等信息技术的快速发展及其在教育领域的应用，"人－人"的两点一线式的教学关系正在向"人－技术－人"的三足鼎立式的教学关系转变。信息技术的介入带来了教学基本关系的两重变化。首先，学生的学习主动性得以提升。教学关系的改变导致教师不再是学生获取知识信息的唯一渠道来源，信息技术逐渐成为学生学习的另一位"看不见的教师"。通过这位"看不见的教师"，学生既可以获取补充性的知识信息以弥补自己从传统教师那里获取知识信息的不足，更可以独立地从它那里找到自己所需的或感兴趣的知识并与之进行互动。其次，教师传递知识信息的主导性下降。"看不见的教师"冲击了传统教师对知识信息的垄断性地位，教师对教学活动的主导性作用削弱。新的教学"竞争者"让传统教师必须在新的教学关系中进行角色转换，以达成新的教学关系的平衡。教师将与"看不见的教师"相互配合，从单一的教学权威向教学设计者、学习引导者、能力培育者、思维构建者等多元化的角色转变，以适应新的教学关系。当然，受限于技术自身的发展水平，在"人－技术－人"的教学关系

---

① 祝新宇. 技术与教育：深度融合不是简单叠加 [N]. 光明日报，2019-04-09（14）.

中，技术这一方力量仍然相对偏弱，但随着新一代人工智能等技术的发展与应用，教学基本关系更加深刻的结构性的变革将指日可待。

（三）信息化是教学资源供给机制变革的重要驱动力

信息化在很大程度上改变了教学资源供给的理念与方式。教学内容是除教学环境、教师、学生外，教育活动中极为重要的因素。教学内容是整个教育活动正常组织与开展的主要载体。教学资源则是教学内容的基本素材，是教学内容的构成要素。没有教学资源的支撑，教学活动将成为"无源之水、无本之木"。教学资源的供给水平在很大程度上决定了教学内容的优劣。在日常教学中，教学资源的供给往往采用"专建专用"的方式来实现，即在政府或教育行业组织制定的标准下，由一些专业机构来专门设计、开发并交由各级各类学校按照学科分类专门使用。这种供给机制确保了教学资源的专业性和权威性，但也在一定程度上限制了优质教学资源的开放和大规模的普及。

以"共建共享、互联互通"为精神的互联网技术的普及，让教学资源的供给机制开始向"共享、共建、共治"转变。"共享"让教学资源不再封闭和孤立，仅为有限时空范围内的人所独享，而是借助更开放的共享机制和丰富的传播渠道，让社会大众都能廉价便捷地获取适合自己需要的教学资源，帮助人类跨越信息鸿沟，有效支撑教育差距的缩小。"共享"基础上的"共建"则突破了教学资源由少数专业机构独建的局面，让更多的机构和社会力量乃至教师、学生个体都能积极参与资源的共同建设开发，丰富了教学资源的来源。同时，"共建"还让更多的机构或个人可以对已有的教学资源进行二次开发甚至多次开发，推动教学资源的快速迭代，不断形成更多的优质教育资源。"共治"是指集合政府、市场、学校、家庭、企业等多种力量共同参与教学资源的治理，确保资源的生成、流转、推送、更新等更加规范，更加贴合教学的需求，更加能够满足教学的个性化需要，实现海量资源的高效管理。目前，中国正在推进的"一师一优课"活动、数字教育资源公共服务体系建设等项目，即是教学资源供给机制结构性变革的一种实践探索。

（四）信息化是教育评价与管理方式变革的重要驱动力

信息化推动了数据驱动下的教育评价与管理。教育评价与管理是教育活动在正常轨道上高质量运行的重要保障。评价是为了保证教育者在活动过程中能够及时得到反馈信息并进行修正和调整，从而保证教育活动不偏离基本的教育规律，进而提高教学的效能，更好地促进人的成长发展。管理是为了使教育活动能够高效、有序组织并在发展过程中及时做出正确决断，从而保证教育在合理区间内运行。以往的教育评价与管理偏向于采用经验式的或思辨式的方法，辅之以一些定量的分析方法。这种方式较为依赖教育者的个人从业经验积累，操作上相对灵活，但缺点在于缺乏客观标准，评价或管理信息获取不够及时，规模化应用成本高、规范性差，不利于教育发展的整体性决策。

教育的信息化则让采集教育活动中各类行为的数据成为可能。这就使得我们可以借助信息技术应用过程中所沉淀下来的各类教育数据，结合教育基本规律、教育评价与管理的需求以及相应的数据挖掘和分析技术，及时地、常态化地对教育活动进行统计、分析，精准描绘出教育活动的现状，准确把握教育发展的方向，形成科学的教育决策，促进教育评价与管理从经验驱动向数据驱动转变。

（五）信息化是人才培养内涵变革的重要驱动力

信息化还导致人才培养内涵发生了重要变化。培养人才是教育的重要目标，也是教育所承担的社会使命。人才培养作为社会发展的核心竞争力之一，其内涵设定对社会发展具有重要意义。

一般而言，人才培养的内涵与社会的发展有着密切的关系。在不同的时代背景下，社会发展的需求会有差异，从而使人才培养的内涵有所不同。每一次生产力革命都会要求人才培养的内涵升级变轨，以确保培养出来的各类人才能够迅速适应社会发展需求并充满推动社会继续前进的活力。

自人类社会进入信息时代以来，各行各业不断寻求创新突破以适应新时代的发展要求。这既对人类生产力发展产生了巨大的推动作用，同时也对人类社会形态的变革，特别是对人才培养提出了新挑战。现在还在中小学念书的孩子，其未来从事的工作，可能有很多现在都还没有"被发明"。传统教育体系该如何教导下一代面对一个完全无法"准备"的未来？未来的教育，又该如何让下一代适应快速变化，随时为自己发展新的能力？社会的变革要求教育培养更多符合时代需要的高素质人才。产业不再青睐被动的知识接受者，而越来越需要具备自主学习、合作探究、知识创造、创新发展和高信息素养等多种复合能力的新型人才。如果不能迅速地跟进时代要求，及时调整人才培养的内涵，我们就会失去强有力的高素质人才的储备支撑，就无法实现人力资源强国的建设，也就无法打造创新型国家，从而在新一轮产业革命中失去前进的驱动力。

三、信息化创造教育新生态

通过信息技术与教育的深度融合、创新发展，信息化有力推动着教育内外不断发生新的变革与重塑，进而在外在环境、内在形态、支撑机制三个维度催生出教育的新样态，并最终构建起面向未来的个性化、终身化、智能化的学习型教育生态体系。

（一）虚实融合的新生态

虚实融合的新生态集中体现在教育的外在环境上。2021 年 7 月教育部等六部门印发《关于推进教育新型基础设施建设构建高质量教育支撑体系的指导意见》，对加快推进教育新基建，促进线上线下教育融合发展，推动教育数字转型、智能升级、融合创新，进行了全面部署。随着信息化基础环境的建设日渐成熟，教育开始呈现出虚实融合的发展态势。在单纯的以学校为中心的实体教学环境之外，教师和学生还可以通过在线的虚拟教育环境完成一定的教学活动。在历经早期的广播电视教学到现在基于互联网乃至移动互联网的线上教学后，在线教育的规模愈发壮大，形式与内容愈加丰富。据一些市场咨询机构调查统计，2019 年中国在线教育用户规模达到 2.61 亿人，预计 2020 年中国在线教育用户规模将达 3.09 亿人。[①] 当虚拟的教学环境茁壮发展并取得人们认可的时候，传统的实体教学环境也在做相应的调整，努力地与虚拟教育环境相互渗透、融合。虚拟的教学环境也因其不具有实体教学环境所具备的实时情感交流等功能，而向实体教学环境靠拢乃至与之合作。因此，在实体和虚拟两大类教学环境并行的同时，实体加虚拟的混合式教学环境应运而生。

除了环境的虚实融合，日常的教学活动也在发生着同样的变化。技术应

---

① 艾媒未来教育产业研究中心. 2019—2020 年中国在线教育行业发展研究报告 [EB/OL].（2020−02− 13）[2020−03−15]. https://www.iimedia.cn/c400/68955.html.

用的不断深入及其所带来的环境变化相互叠加，导致了传统教学活动与线上教学活动的结合。2015 年，《地平线报告》创始人约翰逊在接受媒体采访时表示，无论是在线课堂还是传统课堂，都应该有网络学习和面对面学习，所以混合学习将是未来的主流学习方式。[①]翻转课堂的出现即是传统课堂教学与在线学习活动相互结合的产物。即使是一开始以颠覆传统教学的面貌出现的慕课，也在近 10 年的发展过程中，探索与传统学校合作的认证学习。这种颠覆与顺应表明了教学活动的虚实融合至少在当前是合理的。

环境与教学方式的改变使得教学中的人际互动交流也出现了虚实融合的趋势。在传统教学中互动交流往往是实时的、面对面的同步互动交流，在在线教学中则是时空隔离、实时 / 非实时、同步 / 异步的互动交流，即师生间或学生间的互动交流经常需要经过技术中转。当传统实体教学与在线虚拟教学融合成混合式教学后，教学互动交流也同时实现了直达与中转的糅合。

此外，信息化还导致教学内容的虚实融合。实物化的教具和教材是传统教学必不可少的教学内容载体。而在现代信息技术支持下，教学内容的载体形式变得电子化、数字化。目前，世界上一些教育发达国家已经着手在教学资源的数字化发展基础上，同步推进数字课程教材建设。因此，虽然今天实物化教材、教具在学校教育中仍然具有重要作用，但数字化教学资源与课程教材的普及应用，已让教学内容的虚实融合成为不可逆转的趋势。

（二）数字驱动的新生态

数字驱动是信息化的基本特征，也是创造教育新生态的内在基础和前提条件。数字驱动旨在以数字化推动教育教学活动的内在进步与发展，其贯穿在教育教学活动的各个主要环节。

一是教学资源的数字化。进入 21 世纪以后，随着互联网技术的普及，数字化的教学资源迎来了爆炸式的增长。教学资源的数字化既是实现知识信息在线传播的必然要求，也是发挥全媒体、跨媒体、多媒体、虚拟仿真等多种技术优势，让教学内容更加形象、生动、灵活、高效地呈现的前提条件，更是利用大数据、云计算、人工智能进一步提高教学内容的精准性的坚实基

---

① 黄蔚，段林林. 教育将如何面对明天的地平线 [EB/OL]. (2015–09–22) [2020–03–15]. http://www.xinhuanet.com//politics/2015–09/22/c_128254673.htm.

础。信息时代教学内容的快速迭代升级已离不开教学资源的数字化。

二是教学行为的数字化。教学行为的数字化包含实体和虚拟两类教学行为的数字化。在计算机图形技术的加持下，结合已有的教学评估方法，我们已经可以对一些日常发生的实时教学行为进行有效识别、采集、记录、统计及分析，并以此为基础对教学进行实证性观测，让传统的教学分析也能基于数据展开。而在线的虚拟教学行为数据在师生使用相关系统的过程中就能被记录、沉淀下来，并被根据需要进行抽取和分析。近年来，基于在线学习系统的学习行为分析技术发展迅速，为提升在线教育质量提供了有力支撑。

三是数字驱动下的教学评价。以往的教学评价多是借助教师的经验加上一定的定量测试来判断教学的情况。随着教学行为的数字化及相关评价技术方法的日渐完善，基于数据分析的教学评价已与传统评价方法相结合，对教学情况进行更有效、更为精准的判断。

四是大数据驱动的教育管理决策。从管理的角度看，由于教育管理数据的采集、记录、积累较教学活动都更为完备，因而基于大数据的教育管理发展相对较快。在大数据驱动下，教育管理者不仅可以对整个教育体系进行准确有效的管理，还能显著提升管理的效能。例如，仅 2016 年就有 502 万人次通过全国中小学生学籍信息管理系统完成了省内转学、113 万人次完成了跨省转学，大大节约了时间、人力和经济成本。从决策的角度看，由于有了更加全面、鲜活、实时的数据支撑，配合使用相对成熟的模型算法，我们已经能对教育教学活动的历史规律和未来趋势进行更加精准的分析，提高了教育决策的准确度。

五是教育教学活动中人的数字化发展。人的数字化发展包含人的数字素养提升和深层思维能力的增强两个方面。欧盟于 2013 年制定了适用于全体欧洲公民的数字素养框架 DigComp，2015 年以来对 2013 年框架又连续进行了修订，相继推出了 2.0 版和 2.1 版的数字素养框架。美国新媒体联盟连续发布年度《地平线报告》，其中把数字素养作为可解决的挑战之一。2018 年，联合国教科文组织提出了包括 7 个素养领域和 26 个具体指标的《数字素养全球框架》。中国也在《教育信息化 2.0 行动计划》中将师生的信息素养作为重要内容之一。人的数字素养提升关乎人类在信息时代和未来智能时代的生存能力与国家、社会的竞争力，已成为国际上关注的重要教育内容。人的深层思维能力的增强则要求在信息技术的支持下，更加注重从"以教为中心"向"以学为中心"的转变，不断挖掘提升学习者的学习自主性，促进人的深度学习能力及高阶思维能力的培养，使得未来的人才不仅具有基本的知识技能，而且具有更加丰富的创新思维与创新能力。

（三）跨界聚合的新生态

跨界聚合是实现教育开放性与聚集性并存的教育新生态的支撑机制。通过互联网，我们一方面可以突破时空的限制，跨越经济、文化、语言的隔阂，乃至生理的障碍，把知识信息传递给每个人；另一方面，互联网又因其广泛联结了海量的各类教育资源、信息及其背后的各类组织机构、人群，从而可以不断汲取其中的优质资源并形成资源的聚合。

开放性与聚集性的并存为教育的跨界聚合提供了条件。首先是教育智力的聚合。在信息技术应用于教育之前，教师、教育专家、教育行政部门、教育企业、家长等不同教育相关群体，由于局限于不同的时空场域并缺乏有效的信息联通，难以相互了解、相互支持，而成为教育的智力孤岛。在信息化的支持下，教育行政部门可以对办学情况逐步实现实时的数据化统计分析并据此做出决策；学校可以通过网络得到各类优秀教育专家的集体或个别化指导；教师可以依托社交网络形成教学研究共同体，对优秀教师的教学经验进行分享和改进；学生通过"一根网线"就能得到最好的教师辅导；……教育智力因技术突破了原有的障碍，从割裂开始走向聚集，使教育智力的价值最大化。

其次是教育供给的聚合。在传统的教育体系中，教育资源的供给一般是在政府的主导下，由专门的教育机构及人员，按照教育政策的要求专门制作并投放到学校中。而随着教育资源的数字化发展和对多样化、个性化资源的海量需求，仅仅依靠政府主导的专门供给难以满足教育的实际需要。因此，在政府主导下，开放教育资源的开发与供给渠道，吸纳更多的社会专业机构和教育一线人员共同参与资源开发，构建多元参与、共建共享的大资源供给体系，逐渐聚合起教育供给的新机制，已成为当前教育资源供给的重要保障。

最后是教育服务的聚合。在传统的教育活动中，由于教育环境、教学内容体系、教学方式等基本较为稳定，教育的服务内容因此也相对较为单一，主要是为以班级等为主要组织形式的学生群体提供在校期间的育人活动。而信息化带来的教育的基础环境、教学关系、资源供给、评价管理及人才培养内涵的结构性变化，使得教育服务在育人的横向和纵向两大维度上都发生了新的拓展。横向上，我们不仅要对一定规模的学生群体进行教育，还需借助信息技术的支持为每个人提供个性化的学习服务。纵向上，我们不仅要对学生在校期间的教育负责，还要适应学习型社会的发展需求，向每个人提供随时随地可得的终身化的教育服务。因而，信息技术与教育深度融合后，教育的各种因素最终将聚合成实现因材施教、学有所教的个性化、终身化的教育服务体系。

第二节　信息化是实现公平而有质量教育的有效手段

公平而有质量的教育是全世界都在努力追求的目标。由于经济、政治、文化发展的差异性，世界各地教育发展的水平依然存在巨大的差距。根据联合国教科文组织统计研究所（UIS）的数据，世界上仍有约 2.63 亿名儿童和青少年失学。[①] 现代信息技术的应用则使这些边远、贫困及教育欠发达地区的孩子通过互联网习得基本的知识技能，让全球每个学习者享有更高质量的教育成为可能，给予了他们实现自身教育权利的希望。

一、信息化的教育没有"边缘区"

信息化能够实现以较低的成本将既有的教育资源数字化，并依托互联网、卫星网、广播电视网、移动通信网等公共信息网络，便捷高效地向信号所能覆盖之地无缝传送数字化教育资源，较快实现教育资源的共享。可以说，信息化使教育资源的宝库向不同地区、不同经济条件、不同学习阶段、不同学习水平的学习者公平地敞开，不断消除教育的边缘地带，极大促进了教育的公平发展。

---

① 联合国教科文组织. 全球五分之一少年儿童处于失学状态 [EB/OL]. (2018−02−28) [2020−03−16]. https://zh.unesco.org/news/quan-qiu-wu-fen-zhi-yi-shao-nian-er-tong-chu-yu-shi-xue-zhuang-tai.

（一）信息化的教育没有时空上的"边缘区"

云南文山壮族苗族自治州富宁县各甫小学三年级 16 名学生迎来晨读上最激动人心的时刻。他们的身影出现在教室前的电子白板上，站定后，学生们开始齐声朗诵《小雪花》。屏幕另一头，是当天直播课的主讲教师——江西省宁都县黄石中心小学语文教师何袁亿，以及全国各地 100 多个班级。

信息化打开了学校的围墙，给边疆民族地区的孩子们带来了新鲜气息。2019 年秋季学期，富宁县 15 所学校试点加入网络公益课程"互加计划"，涉及科学鱼、彩虹花晨读、韵律舞蹈等 18 门课程。

"在我们这儿，乡村孩子们可以跟河南的老师一块晨读，跟浙江的老师做科学实验，还有县城里的老师带着孩子们一起学英语、练书法。"富宁县教体局副局长刘弟成说。[①]

各甫小学的晨读故事反映的是信息化对教育时空的横向拓展。在同一个时间点上，我们可以通过信息技术让地球上不同地区的人，不仅突破学校的围墙，还跨越地理上的阻隔，同步开展教育教学活动；让一名普通在校学生不仅能在课堂接受教师面对面授课，还能通过网络与优秀教师进行互动交流；大洋彼岸的学生可以超越地域和国界，通过在线课程的学习完成大学教育；无论身处炎热的撒哈拉沙漠，还是寒冷的北极圈，任何一个学习者都能通过移动终端和网络获取自己所需的学习内容……

信息化对教育时空还具有纵向拓展的作用。每个人都能在自己的成长过程中，随时随地通过信息终端设备在各种实时、非实时的互动交流中获取自己所需的教育。学校教育固然是每个人人生中的重要经历，是当前最主要的教育形式，但若将它放置于一个人的一生中考量，学校教育所占时间是有限的。人的成长发展显然不能仅仅依赖学校教育，还需要大量的校外学习。信息化具有开放、共享、互动、互联、互通等特性，为满足人随时随地的个性

---

① 王家源.“等不是办法，干才有希望"：云南省文山壮族苗族自治州教育脱贫纪实 [EB/OL]. (2020–01–19) [2020–03–16]. http://www.moe.gov.cn/jyb_xwfb/moe_2082/zl_2018n/2018_zl84/202001/t20200119_416011.html.

化、终身化学习需求，扫除校外学习的边缘区提供了强有力的支持。

（二）信息化的教育没有人群上的"边缘区"

> 即时网络学校计划是由联合国难民事务高级专员办事处和沃达丰（Vodafone）基金会联合倡议的项目。该计划向刚果、肯尼亚、南苏丹和坦桑尼亚 20 所中小学中超过 4 万名学生和 600 名教师提供援助，到 2018 年惠及超过 6 万名学生。该计划通过卫星或移动网络提供互联网服务，利用太阳能电池和备用发电机供电，并通过预下载和在线资源提供动态数字内容，将偏远孤立的社区与世界连接起来。肯尼亚一项评估的初步数据显示，初等教育证书考试的出勤率提高了 3 个百分点，参与率提高了 36%。[①]

教育是提升人口素质和文明程度的重要手段，是阻断贫困代际传递，削弱地域、文化、思想、种群等社会偏见，消弭人间隔阂与发展鸿沟，构建人类命运共同体的利器，也是人类社会发展的重要稳定器。当今世界，因地理、经济、文化、人种、性别等因素所导致的教育鸿沟依然存在，传统教育由于受到传播方式、效益成本等方面的限制，很难让每个人尤其是弱势群体都能实现应有的教育权利，难以发挥出教育推动社会公平的真正价值。信息技术在教育中的应用则让地球上每个人，不论高低贵贱，都能通过"一根网线"免费地或以较低的费用，平等接触到各类数字教育资源，大大降低了教育的获得门槛，扩大了教育的覆盖面，极大地消除了教育在不同人群中的边缘区。

（三）信息化的教育没有知识上的"边缘区"

> 2020 年，为实现新冠肺炎疫情下的"停课不停学"，中国面向全国高校免费开放全部优质在线课程和虚拟仿真实验教学资源。截至 2020 年 2 月 2 日，教育部组织 22 个在线课程平台免费开放在线课程

[①] 联合国教科文组织. 全球教育监测报告 2019[EB/OL].[2020-03-16]. https://unesdoc.unesco.org/ark:/48223/pf0000372322/PDF/372322chi.pdf.multi.

2.4 万余门，覆盖了本科 12 个学科门类、专科高职 18 个专业大类。①

同期，上海市教委组建了高层次教师团队（包括 1000 多名优秀教师、200 余名技术保障人员）录制视频课程。每位授课教师及其团队，至少负责一个单元的教学成套资源，包括授课视频、习题作业等。上海中小学 12 个年级，每周有在线教育视频课共计 380 节，其中小学 11 个学科共 159 节，初中 17 个学科共 123 节，高中 13 个学科共 98 节。这些视频课涵盖中小学所有课程，包括体育、音乐、美术、劳动技术等。②

在 2020 年全球面临新冠肺炎疫情威胁的情况下，191 个国家实施全国范围的停课，受影响的学生人数一度接近 16 亿。以中国为代表的一些教育信息化水平相对较高的国家为了将疫情对正常教育教学的影响降到最低，开始积极推动以在线学习为主要手段的"停课不停学"活动。实际上，这已不是中国第一次利用信息技术来大规模替代常规教育活动。2003 年"非典"横行之际，疫情严重的北京市曾以网校的形式保证学生的学习不因疫情而中断。不过，疫情之后的一些调查显示，受制于当时互联网技术水平、教育理念、技术融合能力、教学适应性等因素，仅有不到半数的人对网校的教学效果给予正面积极评价。经过十几年的信息化应用，此次"停课不停学"让很多人耳目一新。得益于数字教育资源相较于传统课程教材在存储形式和成本上的巨大优势，以及传播展现上的便捷、多样性特点，此次"停课不停学"所依托的在线教育资源数量庞大、内容极其丰富，已经能够基本覆盖现有课程体系的绝大部分学科与知识点，确保了学生在家学习的基本需求。数字教育资源对现有课程知识体系实现了全覆盖，还有大量的满足个性化、终身化学习需求的非学校教育体系内的教育资源。可以说，信息化已经呈现出对人类已知信息的超强覆盖能力和更加丰富的表现力，有效缩小了人类知识信息存

---

① 教育部. 教育部印发指导意见：疫情防控期间做好高校在线教学组织与管理工作 [EB/OL]. (2020–02–05) [2020–03–16]. http://www.moe.gov.cn/jyb_xwfb/gzdt_gzdt/s5987/202002/t20200205_418131.html.

② 上海云开学！百余万娃同上网课　海内外蜂拥围观 [EB/OL]. (2020–03–03) [2020–03–16]. https://www.edu.cn/xxh/zt/fk/202003/t20200303_1714688.shtml.

储、传递、表达的空白区，极大增强了人类的知识信息储备，为优质教育资源的沉淀与生成奠定了坚实基础。

二、让"山里孩子"共享优质教育

信息化不仅可以消除教育的边缘区，扩大教育的覆盖面，实现某些地域、人群的教育由"0"到"1"的转变，赋予每个人公平的教育机会，还能扩大优质教育的辐射面，让每个人所享有的教育再由"1"变为"∞"，从而实现教育全覆盖之上的人人同享好教育。

（一）教育也需要扶贫

在世界范围内，由于经济、文化、地理环境的差异以及自然灾害、战乱等因素的影响，教育发展的不均衡是一个长期存在的事实。保障全球范围内人们的基本教育权利，乃至让大多数的儿童接受更好的教育，消除教育上的"贫困"，是各大国际组织一直致力于解决的教育议题。

2019 年 10 月，世界银行与联合国教科文组织合作，启动"学习贫困"项目。据估计，在全世界范围内，中低收入国家中 53% 的儿童、低收入国家中 80% 的儿童在小学毕业时不能阅读和理解简单的故事，即世界银行所定义的学习贫困。此项目的目标是到 2030 年，将全球学习贫困率降低到 50% 以下，也就是说，将 10 岁还无法正常阅读的孩子的比例至少降低一半。[①]

中国作为教育大国，也同样面临着教育的"贫困"问题。截至 2014 年 3 月，中国尚有 40% 的义务教育学校、4700 多万名学生分布在贫困地区，涉及 1100 多个贫困县。[②] 这些地区大多数学校教学条件相对不足，生活设施与基本教学环境相对较差，一些村小和教学点的师生比远达不到办学的基本要求，师资严重不足，日常教学运转非常艰难，学生辍学率也相对较高。

如何让这些接受了教育，但还处于较低教育水平的孩子也能与教育发达地区的孩子一样享受优质教育，帮助他们点亮人生成长的梦想，是一项非常

---

① 王燕. 2019 全球教育关键词 [N]. 中国教育报，2020-01-17（3）.

② 刘延东. 为贫困地区孩子开启健康成长、实现梦想的幸福之门：在全面改善贫困地区义务教育薄弱学校基本办学条件电视电话会议上的讲话 [EB/OL]. （2014-03-24）[2020-03-20]. http://www.moe.gov.cn/jyb_xwfb/moe_176/201403/t20140324_166083.html.

棘手的工作。对于拥有世界最大规模教育的中国而言，这项工作显得尤其困难。首先是优质教育资源有限，难以满足大量"山里孩子"对优质教育资源的需求。其次是优质教育环境的规模化建设较为困难，要覆盖全部"山里孩子"，成本巨大，难以实施。再次是优秀的教师无法简单地"复制""粘贴"或"迁移"到"山里孩子"面前。最后是优质教育如何与"山里孩子"的实际状况适配，真正为"山里孩子"提供适合的好教育也是一个难题。而信息技术所带来的教学平台的开放性、规模化传播的低成本、教育资源的数字化等优势，为"山里孩子"的教育"扶贫"带来了希望。

（二）用好"一根网线"和"一块屏幕"

在传统教育人眼中，要解决人人共享优质教育的问题似乎难于上青天。但在信息技术的支持下，凭借"一根网线"和"一块屏幕"，这一棘手问题似乎有了解决的方案。

> 这近乎是两条教育的平行线。
>
> 一条线是：成都七中去年 30 多人被伯克利大学等国外名校录取，70 多人考进了清华大学、北京大学，一本率超九成，号称"中国最前列的高中"。
>
> 另一条线是：中国贫困地区的 248 所高中，师生是周边大城市"挑剩的"，有的学校考上一本的学生仅有个位数。
>
> 直播改变了这两条线。200 多所学校的学生借助直播，全天候跟随成都七中平行班同学一起上课、做作业、考试。有的学校出了省状元，有的学校本科升学率涨了几倍、十几倍。[①]

这是曾在媒体上火热一时的关于"一块屏幕改变命运"的报道，讲述了成都七中网校通过多年的信息化探索，利用自己的优质教育辐射、带动周边乃至很多偏远地区学校共同发展的故事。尽管利用"一根网线"和"一块屏幕"来实现优质教育共享的实际效益尚存一些争议，但用好"一根网线"和"一块屏幕"让"山里孩子"接受城里的优质教育早已经过多年的摸索和

---

① 程盟超. 教育的水平线 [N]. 中国青年报，2018–12–12（9）.

实践，并形成了诸如"三个课堂"等有效的网络教育模式。

"三个课堂"是指"专递课堂""名师课堂"和"名校网络课堂"。"专递课堂"主要采用网上专门开课、利用互联网推送优质教育资源等形式，解决农村薄弱学校和教学点缺少师资、开不出开不足开不好国家规定课程的问题。"名师课堂"主要通过组建网络研修共同体等方式，解决部分学校教师教学能力不强、专业发展水平不高的问题。"名校网络课堂"主要通过网络学校、网络课程等形式，解决区域、城乡、学校之间教育质量存在差距的问题，系统性、全方位地推动优质教育资源在区域或全国范围内共享，满足学生对个性化发展和高质量教育的需求。在"三个课堂"的基础上，我们还探索出诸如"双师课堂"等网络教学模式的新变体。"双师课堂"是将线下教学中一位主讲教师的教学工作拆分，由两位教师共同完成：主讲教师在线上远程授课，完成原来线下教师的授课工作；辅导教师在线下管理班级秩序，为学生答疑解惑，完成原来线下教师的服务工作。"双师课堂"在一定程度上实现了线上讲授一对多与线下管理一对一的结合，实现了还原面授体验与放大名师效应的结合，实现了突破地域师资限制以及与线下运营相结合。"双师课堂"等一些教学模式的出现，使"一根网线 + 一块屏幕"的教学新模式的教学效能得到扩大，让更多的"山里孩子"真正享有了同城里孩子一样的优质教育。

三、为构建人类教育命运共同体奠基

以互联网为代表的信息技术不仅使世界联结得更加紧密，让人类文明的互鉴交流更为便捷，同时也打破了教育的国界，让教育的跨文化、跨国界、跨地区交流互鉴更为频繁，为构建人类教育命运共同体奠定了重要基础。

（一）不出国门学遍世界

2008 年"慕课"①这一概念被提出之后，便开始了其近 4 年的理论与实践的酝酿期。2011 年，凭借美国名校的影响力，慕课开始进入一个爆发式成长的阶段。随着 2012 年"慕课元年"的到来，"公平""开放""颠覆""破坏""革命""海啸"等各种热词出现，一下子让慕课迅速扩张，成为当时最

---

① 慕课为 MOOC（massive open online courses）的中文音译，意为大型开放式在线课程。

为炙热的在线教育改革先锋。

慕课的兴起不仅给世界在线教育带来了革命性影响，对正在探索教育信息化发展道路的中国也产生了巨大冲击，让更多的中国学生不用走出国门就能学习世界名校的课程。2013 年 5 月，北京大学和清华大学宣布加入哈佛大学和麻省理工学院发起的在线教育平台 edX[①]。7 月，复旦大学、上海交通大学与 Coursera[②] 签约建立合作伙伴关系，和耶鲁大学、麻省理工学院、斯坦福大学等世界一流大学一起共建、共享全球最大的网络课程系统。2013—2019 年，仅仅用 6 年时间，中国慕课的数量和应用规模就达到了世界第一，在线学习者超 2 亿人次。

站在早期远程教育、网络教学等开放教育先驱的肩膀上，慕课掀起的在线教育革命让"公平""开放""共享"的网络教育观念深深扎根在人们的心中。慕课上汇集的门类丰富、学科齐全的海量的课程资源，让大量无法走出国门的中国学生打破了国家、地域、学校的限制，获得了更多学习世界先进知识技能的机会，开阔了学习的视野，这极大地推动了世界优质教育资源向中国的输入。

（二）中国教育迈向国际

以慕课为代表的在线教育蓬勃发展，不仅带动了全球教育的变革，加深、加快了世界各国教育之间的交流、互动，更是激发出中国在线教育变革创新的巨大活力。在 2012 年全球"慕课元年"之后，2013 年中国也迎来了自己的"慕课元年"。自此，中国的在线教育开始迅速发力。如今，中国的在线开放课程总量已居世界第一，中国在线教育进入全球前列。

随着中国在线教育的飞速发展，中国的优质教育资源也开始通过互联网迈出国门，中国教育与世界教育联结得更加紧密。到 2019 年 4 月，中国已有 1000 余所高校开设慕课，其中 200 余门优质慕课先后登陆美国、英国、法国、西班牙、韩国等国的著名课程平台。[③] 在 2019 年举行的"中国－东盟教育交流周"上，泰国暹罗大学校长波伦凯·蒙孔瓦尼岩表示"利用慕课，泰国的学生就可以在线学习中文"。北京外国语大学副校长闫国华则认为，

---

① edX 是世界三大慕课平台之一，由美国哈佛大学和麻省理工学院于 2012 年 4 月联手创建。

② Coursera 是世界三大慕课平台之一，由美国斯坦福大学两名计算机科学教授创办。

③ 张烁. 中国慕课，大有可为 [N]. 人民日报，2019-04-11（8）.

随着科技的发展，中泰高校未来的合作将更加便利，双方可以利用通信技术和平台发展同步课堂。① 通过这些优质课程的线上传播，中国与世界各国进一步加深了教育的国际合作。中国的一些先进的教育智慧、理念、模式、内容得以跨山越海，更多国家的学生以更经济、更便捷的方式，不出国门就能第一时间获得中国的优质教育，这为教育欠发达国家提升教育水平提供了新的方法路径。

中国在线教育在走向世界的同时，还积极为中国文化的输出架起了桥梁。2019年，慕课行业权威第三方评论网站 Class Central 根据6万名慕课学习者的评价，从18个国家和地区的53所高校的超过13000门慕课中评选出2019年度全球 TOP100 的免费慕课。清华大学慕课"清华汉语"再度荣登榜单，成为该榜单上唯一来自中国大陆的课程。② "清华汉语"的入榜不仅意味着中国在线课程被世界学习者所接受和认可，更重要的是它为世界上所有想要了解中国文化、中国传统、中国思想、中国知识的人提供了更直接、便捷的通道，为世界更深入地了解中国智慧、中国道路提供了路径。

信息化背景下的教育国际互动交流，不仅让中国人拓展了视野，同时也让世界更了解中国。相信随着这种互动交流的加深，中国将更好地融入世界的大发展中，世界也将更多地从中国教育中汲取营养，这将助推人类教育命运共同体乃至人类命运共同体的构建！

第三节 信息化是学习型社会建设的加速器

学习型社会，也被称为学习社会或学习化社会，是20世纪60年代美国学者哈钦斯提出的理论。20世纪70年代，联合国教科文组织提出"向学习化社会前进"的目标。进入21世纪以后，世界全面步入知识经济时代，为提高社会、组织乃至个人的生存能力与竞争能力，学习显得尤为迫切和必要。2015年，在联合国教科文组织举办的首届国际教育信息化大会上，习近

---

① 张东. 中国东盟高教合作形式多样 [EB/OL]. (2019−07−24) [2020−03−21]. http://www.moe.gov.cn/jyb_xwfb/moe_2082/zl_2019n/2019_zl57/201907/t20190726_392323.html.

② "清华汉语"慕课再登 Class Central 全球慕课 TOP100[EB/OL]. (2019−09−19) [2020−03−22]. https://news.tsinghua.edu.cn/info/1003/18094.htm.

平主席提出："建设'人人皆学、处处能学、时时可学'的学习型社会，培养大批创新人才，是人类共同面临的重大课题。"

一、推动"人人皆学"

从当前人类社会发展要求和整体教育格局看，"人人皆学"包含两个方面的含义：一是满足学校教育体系里的每个在校生的学习需求；二是满足学校教育之外的整个社会中每个人的各类学习需求。因此，"人人皆学"意味着"生生皆学"与"全民皆学"。

（一）确保"生生皆学"

"生生皆学"包含两个层面的意思。首先是确保每个学生按需可学的权利。信息技术的发展可以为人人按需获得教育提供技术的支撑。中国从 2012 年开始以"三通两平台"建设推进学校的网络化教育。随着互联网的普及，部分乡村地区视频会议室、直播录像室、多媒体教室等硬件设施不断完善。名校名师课堂下乡、家长课堂等活动逐渐推广开来，为乡村教育发展提供了新的解决方案，也促进了我国各地区教育均衡发展。其次是在教育资源上，国家不仅持续推进"一师一优课、一课一名师"等优质教育资源建设，还统筹整合国家、地方和学校相关教学资源并提供给全国学生，仅 2019 年就确定部级优课 10005 堂。[1] 此外，各地方、学校和社会教育机构等提供的种类众多、数量丰富的教学资源，都可以无差别地提供给全国学生。2020 年初，新冠肺炎疫情暴发后，国家中小学网络云平台为学生居家学习提供了有效的支持和服务。

（二）推动"全民皆学"

"全民皆学"的含义是不囿于学校里的学习，而是面向社会和家庭，为所有公民提供受教育的机会。从义务教育阶段到非义务教育阶段，从学校扩展到社会、家庭，让那些已经不再接受学校教育的公民也能有学习的机会。"全民皆学"对于现阶段更具有现实的意义。目前，中国面临的国内外形势表明，我们亟须加快人力资源强国建设，让每个人得到全面的发展，从而提

---

[1]　教育部科学技术司. 2019 年 12 月教育信息化和网络安全工作月报 [EB/OL]. (2020−01−22) [2020−03−31]. http://www.moe.gov.cn/s78/A16/s5886/s6381/202001/t20200122_416315.html.

升国际核心竞争力，推动经济社会转型，促进社会和谐。这就需要全民都动员起来，不仅为自身也为国家和社会发展不断学习，推动"全民皆学"的学习型社会构建已刻不容缓。

信息技术的蓬勃发展给所有公民的学习提供了保障和支撑。首先，在硬件设施和互联网生态发展上，网络终端设备大为普及。据第 44 次《中国互联网络发展状况统计报告》，截至 2019 年 6 月，我国网民规模达 8.54 亿人，网民使用手机上网的比例达 99.1%；网络视频用户规模达 7.59 亿人，占网民整体的 88.8%；在线教育用户规模达 2.32 亿人，占网民整体的 27.2%。[①] 手机和互联网大为普及，使得全民教育有了实现的物质基础。

其次，各类在线的精品资源共享课程建设如火如荼，通过现代信息技术，将优质教育资源向全社会免费开放，极大扩充了全民学习的内容，有力促进了全民学习、终身学习。教育部实施"新世纪网络课程建设工程"等项目，利用信息技术手段，开发、整合高校和社会的优质数字化学习资源，建设网络课程资源库，开展资源的网上开放和共享应用服务；实施"数字化学习港与终身学习社会的建设与示范"等项目，建设了一批数字化终身学习型乡镇、社区和企业等典型应用示范学习中心，探索、实践不同类型的终身性继续教育发展模式，为建设我国学习型社会服务。此外，有的地区还因地制宜推出了相应的学习型社会行动计划。比如，重庆市 2019 年建立终身学习学分银行，采取职业教育和培训资历框架，对不同类型学习成果通过学分进行认证、积累、转换；在学分银行积攒的学分累积到规定总数后，学习者可"支取"相应的"资历证明"。这能在一定程度上满足个人职业发展的需求，同时激励人们采取多样化的方式参与职业培训。[②] 重庆市在学习成果认证制度方面进行了有益的探索，以此促进市民参与各类职业教育培训，构筑终身教育体系。2008 年，国家还开展了"网络教育数字化学习资源中心建设"等项目，利用信息技术，大力发展数据库和公共平台建设，同时也完善和强化了图书馆的功能。随着各种公共平台和大型数据库的建立，图书馆资源也实现

---

① 中国网信网. CNNIC 发布第 44 次《中国互联网络发展状况统计报告》[EB/OL]. [2020-03-31]. http://www.cac.gov.cn/2019-08/30/c_1124939590.htm.

② 常碧罗. 重庆有家"学分银行"[N]. 人民日报，2020-04-10（12）.

了一定程度的共建共享。^①这些数据库及公共资源平台为人们平等地获取学习资源提供了保障，促进了学习型社会的建设。

二、支持"时时可学"

"时时可学"的第一层含义是在当前义务教育阶段，学生除了在学校学习，还可以借助信息技术在课外不定时学习，接受教育。这意味着学校的课程无论在白天还是晚上，都能随时学习。同时，这种在线学习既可以连续进行，也可以暂停、重复、快速浏览地进行，把原来由教师主导的学习模式变成学生自己主导的学习模式，呈现出灵活、便捷的特点。

"时时可学"的第二层含义则是全体公民除了在学校教育阶段接受教育外，还可以在人生的其他阶段不断学习，实现终身学习。长期以来，人们认为学习只发生在学校教育阶段，但进入知识社会、信息时代后，我们需要顺应新的时代形势，在人生的各个阶段不断努力学习新知识和新技能。信息技术提供了"时时可学"的机会。其中以慕课为代表的有组织的在线课程学习，让人们摆脱了年龄、工作和时间上的限制，可以根据自身情况选择自己喜欢的课程，规划自己的学习进度，选择合适的时间进行学习。在线课程时时可学的特性契合了学习型社会的内在本质，获得了蓬勃发展。截至 2019 年 4 月，我国已有 1.25 万门慕课上线，超过 2 亿人次参加学习。中国慕课还通过中宣部"学习强国"APP 向全国 8900 多万名党员干部提供 400 余门精品课程；为中央军委军职人员提供 700 多门精品慕课，服务于全军指战员职业发展和终身学习。^②

三、保障"处处能学"

（一）"处处能学"的物理泛在性

"处处能学"也包含两个不同层面的含义。第一层含义指除了在固定有形的学校教室学习，还可以在家里、公众场合等不同的物理空间学习。新冠肺炎疫情防控期间的在线学习，正诠释了信息技术发展带来的"处处能

---

① 未来学习 精彩纷呈 [EB/OL].[2020−05−06]. http://www.moe.gov.cn/jyb_xwfb/xw_fbh/moe_2606/s5155/s5506/s5507/201104/t20110428_118954.html.

② 张烁. 中国慕课，大有可为 [N]. 人民日报，2019−04−11（8）.

学"的物理泛在性。疫情防控期间，为阻断疫情向校园蔓延，确保师生生命安全和身体健康，全国大中小学学生皆可通过网络平台、数字电视、移动终端等方式，自主选择在线直播课堂、网络点播教学、慕课、小规模在线课程（SPOC）等形式，开展线上学习。学习的地点变了，但学生并没有因为不能到校上课而耽误学习，正是信息技术让"处处能学"成为现实。

（二）"处处能学"的虚拟泛在性

日前，VR 技术首次进入无锡中小学课堂。来自全市 30 多所学校的校长、老师在无锡师范学校附属小学太湖新城校区观摩了一堂生动的 VR 展示课。现场，老师利用 VR 设备，突破了时间与空间的限制，营造太阳系和各大行星的虚拟仿真场景。无与伦比的互动效果和沉浸式教学体验，让学生更真切感受宇宙的魅力，激发好奇心和深入探索的兴趣。

据悉，探索 VR 技术在教育教学领域的实践应用将成为下一阶段无锡市教育信息化的重要突破口。

演示课的内容是小学科学学科中的"太阳系和主要行星"。每个同学桌上都有一副 VR 眼镜，配合课程进度，老师会不时要求学生戴上眼镜。通过 VR 技术，学生做抬头、低头等动作时都能在虚拟空间里进行"宇宙探索"。和单纯的观看、体验有所不同的是，教学用的 VR 系统还加入了知识讲解、课堂实时反馈等功能。"学生想了解什么星球，就可以触碰眼镜旁的按钮，'飞'到这颗星球上，关于星球的一些数据会呈现在学生眼前。"主讲老师告诉记者。课堂上，老师利用 VR 技术模拟真实场景，增进了学生的理解，提高了他们的求知欲望，帮助他们更好地自主学习，让一些学生大呼过瘾。四年级的朱同学说："感觉这样的课堂非常有趣，比老师放 PPT 上课更吸引人。自己好像宇航员一样，在各个星球间自由来去，探究宇宙奥秘。"①

---

① VR 首次走进江苏无锡课堂 学生真切感受宇宙魅力 [EB/OL]. (2017-01-09)[2020-06-29]. http://www.dvbcn.com/p/5064.html.

"处处能学"的另一层含义指学习者可以摆脱有形的学校和教室，在网络和其他移动终端等设备提供的虚拟学习空间中学习。在2017年《地平线报告》中，研究者预判在2—3年内，AR和VR技术、可穿戴设备技术（如虚拟现实眼镜，可以具有AR和VR体验）、虚拟和远程实验室技术等会有重大突破，它们将和物联网、大数据等技术一起，带领学习者进入任意空间，转变知识的传授方式，使学习者进入更深层次的学习。目前，这一技术在少量机构有零星使用。例如，中国数字科技馆的"场馆虚拟漫游"真实再现了全国116家科技馆展览项目，使公众能够以360度全景虚拟漫游的方式在家"逛"科技馆。

第四节　信息化与创新人才培养同频共振

培养创新人才不仅是中国新时期的基本战略，更是当前世界竞争格局下时代发展的必然诉求。当今世界正处于大变革、大发展时期，国际竞争激烈，要想立于不败之地，当务之急是培养创新人才。在知识经济时代，科技日新月异，传统的、简单的、重复性的、低层次的劳动，都会被人工智能所替代，简单使用知识的人将难以适应未来的发展，只有具备深度思维、综合判断、灵活应用、协调合作、随机应变能力的创新型人才才能跟上时代步伐。而信息化带来的教育变革，对创新型人才高阶思维的培养可起到积极的推动作用。

一、教学空间的拓展激发了思维碰撞的火花

（一）数字教学资源空间的拓展激发了知识认知上的碰撞

一方面，在传统教学中，教师所能搜集到的资源只有教案和相关参考书，查阅起来也不方便，新的教学内容和新的教学方法都无法及时获取。而现代信息和网络技术打开了教师专业发展的新空间，教师在网络上除了能查阅各种最新教学内容和新式教学手段之外，也能收集大量相关课程资源，丰富教学内容，从而有更多的资源储备以创新教学内容和教学方式。

另一方面，数字化技术也大大拓宽了学生的学习资源空间。过去，学

生只能围绕教师的讲授和书本来学习，无法获得其他学习资源。当信息技术蓬勃发展起来后，学生借助各种信息技术手段可以到更广阔的网络空间里查找海量的数字化学习资料，其形态丰富，有文字、音频、视频、游戏等。这些数字化的学习资源学习需要学生调动多种感官，从而加深自身对知识的理解，有利于学生综合分析、灵活应用能力的发展，以及创造性地解决问题。

（二）网络空间的联结性激发了思维交流上的碰撞

截至 2020 年 2 月底，国家教育资源公共服务平台已开通教师空间 1344 万个、学生空间 646 万个、家长空间 592 万个、学校空间 41 万个，环比新增 17 万个。国家数字教育资源公共服务体系空间登录总数为 191.3 万人次、应用访问有 7286 万人次、月活用户达 7690 万人，环比分别增长 26.6%、85.4% 和 88.4%。[①] 新型网络教学空间已经开始为助力教师和学生交流互助，提升教与学质量，发挥积极的作用。

从教师角度看，在传统教学里，教师只能独自或者最多与本校同事一起研讨教案，准备课程，但是现在可以借助网络与全国各地甚至国外的教师建立联系，一起研讨教案，共同备课；还可以进入网络空间，与其他同行或者家长、学生一起研讨课程，调整教学方案。这样极大地拓展了交流空间，增加了交流维度，丰富了交流内容，也更有可能碰撞出新的内容，创造出新的教学方法。

从学生的角度看，以往在校学习中，学生只能单独或者最多与同班、同校同学一起协作学习。而随着信息技术的发展，学生可以在网络上寻找到志趣相同、程度相似的伙伴进行协作学习，还可以进入各种网络空间和众多的学生、家长或者教师等进行各种交流、探讨。这也同样大大扩大了交流的涉及面，拓展了交流的维度。这种多元碰撞和启发使得人们的交流更加频繁，为创新学习内容和学习方式，对知识进行综合判断、灵活应用并最终解决问题奠定了基础。

---

① 教育部科学技术司. 2020 年 2 月教育信息化和网络安全工作月报 [EB/OL]. (2020-03-17)[2020-05-20]. http://www.moe.gov.cn/s78/A16/s5886/s6381/202003/t20200317_432094.html.

二、体验空间的拓展增强了学习感知能力

信息技术日新月异，VR/AR、云计算、5G、大数据、物联网等前沿技术在教育领域的应用，极大地拓展了教与学的感知空间。

（一）信息化增强了体验环境的可感知性

在公共危机管理课程的实验课上，大学生们身处智慧实验室，通过 3D 建模和 VR 技术，切身感受大地震这样的自然灾害，并扮演政府应急管理中心员工去模拟开展现场救援。

实验中，学生亲身感受地震的破坏性和灾难性，按照实验预设参数，完成指挥部、医疗救治中心、应急避难点、警戒中心、救援队伍等各方面一系列的应急管理任务，应急救援环节涉及的救援元素，如救援过程、救援队伍类型、救援工具等也完全贴近现实救援场景中的应用，形成的实验报告由系统自动评判、生成最终分数。

"我们通过最大限度地还原真实场景，让学生身临其境，利用沉浸式的教学方法来提升学生的创新力、判断力、决策力。"参与授课的苏州大学沈承诚教授介绍说。全新的授课方式得益于学院获批的"重大突发自然灾害"国家虚拟仿真教学实验项目。

过去讲授重大突发公共危机事件应急管理与决策时，老师们只能依靠播放图片、视频的方法进行情境渲染，很难模拟出具体的场景。为了提升教学效果，学院决定以建设智慧治理综合实验室为突破口，搭建虚拟仿真教学实验项目，满足多种类型危机的实验教学，解决传统理论教学不能实务操作的弊端。[①]

教师可以利用信息技术来促进教学实践体验，提升教学效果。比如，上述报道中提到的 3D 建模和 VR 技术。此类技术能很好地让学习者感受到虚构的实践环境，对学习对象内部的复杂结构和错综联系获得更为感性的认知和更为深入的理解，从而达到掌握知识的目的。目前，在教育领域内开始

---

① 丁姗. 依托创新思维提升文科生科研能力：苏州大学公共管理类专业的教学改革 [N]. 中国教育报，2020-03-30（6）.

应用的 VR/AR 技术、可穿戴设备，可以将真实世界信息和虚拟世界信息"无缝"集成，把一定时间空间范围内很难体验到的现实世界中的实体信息（视觉信息、声音、味道、触觉信息等）通过电脑等模拟仿真后再叠加，将虚拟的信息应用到真实世界，被人类感官所感知，从而实现超越现实的感官体验。

（二）信息化增强了体验过程的交互性

VR、人工智能、物联网等技术都促进了实践过程中学习者与其他人或者物品、机器的相互交流、相互联通。例如，物联网能通过各种网络的接入，实现物与物、人与物的广泛连接。在智慧校园里，各种智能终端可以记录下学生的多重数据，比如脑电图、血压、体温、眼动频率、手部动作等诸多深层或者浅层的人体表现数据，以及课堂上学生的举手发言频率、分布情况等，最终提供给教师用来调整教学策略，对学生进行精细化、个性化辅导。这种更有针对性和个性化的教学给学习者带来更有把控感的学习过程，更能激发他们的学习兴趣和热情，让他们学得更自觉，从而自然而然促发个性化的新思路、新办法。

三、探究空间的拓展促进了高阶思维能力的培养

高阶思维也称高级思维。布卢姆将教育目标分为知识、领会、运用、分析、综合、评价等 6 个层次。其中，知识、领会、运用被认为是低级思维能力，而分析、综合、评价则被认为是高级思维能力。信息技术的应用让教学的探究空间得以充分拓展，增强了学生的自主探究能力，促进了其个性化发展，为高阶思维的培养奠定了基础。

（一）信息化增强了学生学习的探究性

美国明尼苏达州的韦弗湖 STEM 小学在四年级开设了为期一年的关于湖泊生态健康的研究课，学生持续观察附近的淡水湖，使用探头记录水和湖区土壤温度，收集湖水样本，用浊度管记录水的透明度，拍摄数码照片，记录湖区不同季节的状态变化。在此过程中，学生根据自己的观察与资料创建相应的网站，周围社区居民可通过该网站了解湖泊是否健康。在这样的学习中，学生利用技术搜集与分析信息，表述自己的观点并开展相应的论证。相应地，学生的学

习动力、表达能力以及科学论证能力都有所提升。①

韦弗湖 STEM 小学的湖泊生态健康研究课充分反映出,在信息技术支持下,学生学习的探究性得以大大增强。首先是探究性的学习环境得以创建。探究性的学习需要有围绕探究主题的大量拓展性知识为支撑。在学校教育中,受课内外时间、既定的教学内容及学习资料获取手段的限制,学生较难在一定时间内获取探究所需的知识内容,而海量的网络学习资源则为学生在短时间内搜集、整理、学习相关知识提供了有效支持。此外,学生还可以自主或在教师指导下构建网络交流平台,形成探究性学习的环境,让师生之间、生生之间,甚至更大的群体间形成研究性团体。其次是自主探究的意识得以增强。信息技术支持下的探究性学习,不仅可以通过鼓励学生自己上网寻求相关知识来激发学生主动学习的意识,还可以通过鼓励学生在网上社区或空间中主动交流来激发学生自主思考的能力。因而,学习探究性的增强实际上不仅促进了学生内在自主学习意识与思考能力的提升,而且还有利于学生拓展知识面,将对知识的认知向更广、更深处推进,并让学生学会主动学习、主动思考、主动联想、主动交流、主动钻研,为其日后进行科学探索埋下宝贵的种子。

(二)信息化增强了学生学习的个性化

安居苑小学教育集团在通过多种形式对学生线上教学进行诊断评估的基础上,提出了分类指导的线下"补缺"方案:对于全班学生整体掌握较好的知识点,不重复教学;对于出现的共性问题,放缓新课教学步伐,开展线下专题备课,进行全班具体讲解和指导,集体补学;对于个别学生掌握不好的内容,学科老师将结合诊断检测情况,拟定个性化辅导方案,引导学生回看线上教学视频、资源包、微课等,再利用课余时间补缺补差,开展针对性练习辅导。②

---

① 赵章靖,张永军.创新就在学科融合之中 [N]. 中国教育报,2019-11-22 (5).
② 方梦宇.安徽合肥:线上线下教学衔接有办法 [EB/OL]. (2020-04-04) [2021-02-20]. http://www.jyb.cn/rmtzcg/xwy/wzxw/202004/t20200404_314139.html.

　　信息化对学习个性化的增强作用主要通过大样本数据感知、多模态数据分析、精准数据评估来实现。信息技术发展至今，已经有了大数据和云计算的技术积累，并在数据采集、统计技术上有所进展，在一定程度上具备了获取海量教学数据并迅速处理的基础条件。随着新一代人工智能技术的快速发展，"基于学习者的个人信息、认知特征、学习记录、位置信息、媒体社交信息等数据库，人工智能程序可以自学习并构建学习者模型，并从不断扩大更新的数据集中调整优化模型参数。针对学习者的个性化需求，实现个性化资源、学习路径、学习服务的推送"①。可以说，信息化为摆脱经验教学的局限，实现基于数据的精准教学、精准学习，进而实现"有教无类""因材施教"提供了可能，不仅可以向每个人提供最适合的教育，而且可以在最大限度上促进每个人高阶思维的发展。

---

① 梁迎丽，刘陈.人工智能教育应用的现状分析、典型特征与发展趋势 [J].中国电化教育，2018（3）：24-30.

第三章　学校环境下的混合教学

第一节　从面授教学到混合教学

一、信息时代教学的发展趋势

在工业化社会，以校园实体教室为主要场所的面授教学成为学校教育的主要方式，与此同时，为了给那些出于各种原因很难或不能定期到学校上课的学生提供均等的学习机会，远程教育出现了。通信技术的不断发展推动着远程教育学习体验的持续提升，尤其是在互联网出现后，学生可以和同伴或老师即时互动，甚至远距离参与课堂活动。教育对网络技术的依赖以及距离概念的弱化，使在线学习应运而生。[①]

近十年来，以云计算、大数据、人工智能、物联网为代表的新技术深刻影响着社会和经济形态，预示着信息时代的来临。各类互联网新技术的普及应用，使实体和虚拟二元共存的社会空间得以形成，传统面授教学和在线学习也形成了新的关系，由此形成新的教学形态——混合教学。

混合教学是指在学习过程中，将面授教学的优势与在线学习的优势相结合，以达到有效学习的一种教学形态。[②]从教学者的角度来说，混合教学旨

---

① 韩锡斌，王玉萍，张铁道，等. 迎接数字大学：纵论远程、混合与在线学习：翻译、解读与研究[M]. 北京：清华大学出版社，2016.

② Bonk C J, Graham C R. The handbook of blended learning: global perspectives, local designs[M]. San Francisco: John Wiley & Sons, 2006: 5; Friesen N. Report: defining blended learning [EB/OL].[2021-03-11]. http://www.normfriesen.info/papers/Defining_Blended_Learning_NF.pdf.

在调配可用资源（例如环境、技术、媒体和教材等），通过设计合适的教学活动以及评价反馈方法来达成教学目标。从学习者的角度来说，混合学习是一种能力，旨在选择与自身知识和学习风格相匹配的设备、工具、技术、媒体、教材和活动，以达成学习目标。所有混合要素都应与学习者相适配，并形成一体化方案或模式。从管理者的角度来说，混合教学旨在从成本效益的角度有效地组织和分配有价值的资源（如书籍、计算机、学习小组、教师、虚拟教室、传统教室、教学指南等），从而达到教学目标。

混合教学将线上学习融入了面授教学，课程教学的诸要素都获得了新的拓展。例如，在学习目标上，强调信息时代所需的数字化知识、技能和综合素质的全面培养，以及虚拟空间中态度和价值观的塑造。学生真正成为信息时代的学习者，从被动的信息受体、接受者和被支配者变为自己行为、方法、偏好的主动选择者，甚至参与学习内容的构建。学习内容通过多种媒体来呈现，在知识结构上从固定的、以课程标准为准绳的结构化知识变成包含静态结构化和动态非结构化的各类知识。在学习方法上，注重学生自主学习能力的培养，从"听讲＋练习"变为线上线下相结合的多种模式。教师从主讲教师发展到专业化的教学团队，同时还可引入智能导师（AI-tutor）和电子化专家（e-expert）。学习环境从传统教室、实验室、实习／实践场地和工作场所，延伸到学习者自行掌控的网上学习环境、虚拟仿真实验室、虚拟实习／实训基地和基于物联网的工作场景。在学习反馈上，除了学习成绩外，还可以借助大数据的分析方法实现学生学习满意度、学生学习过程、学生学业成就等多方面的评价，形成综合的学生学习档案袋，从而促进教与学的及时改进。

根据线上与线下的关系，混合教学通常被分为面授主导、在线主导、相互交替等模式，其中翻转课堂（flipped classroom）就是面授教学和在线教学交替的一种模式。通过对课程教学诸要素的分析可知，混合教学的本质特征是在"适当的"时间，将"适当的"学习技术与"适当的"学习风格相结合，对"适当的"学习者传递"适当的"能力，从而取得最优化的学习效果与学习方式。[①] 因此，从学理上分析，混合教学诸要素的多种组合势必导致

① Singh H, Reed C, Centra Software. A white paper: achieving success with blended learning (2001) [EB/OL]. [2021–03–11]. http://citeseerx.ist.psu.edu/viewdoc/summary?doi=10.1.1.114.821.

形成多种多样的模式；从实践上考察，混合教学模式也是千姿百态的，由此形成了生机勃勃的教学生态。

二、从混合教学迈向信息时代学校教育教学改革

混合教学的核心概念日益清晰。大量的实证研究表明：与单纯的面授教学或完全在线学习相比，混合教学体现出明显优势。[①] 因此，有研究者不仅将混合教学看作一种课程教学形态，更视其为一个复杂的系统，其中包含学习者、内容、教师、技术、学习支持和机构六个要素。[②] 近年来，越来越多的研究者开始关注和研究高校教师混合教学实施能力和策略。有学者通过对美国高校混合教学实施过程的调查分析，提出了包含策略、组织、支持三个维度的推进框架，将混合教学实施过程分为三个阶段：意识 / 探索、采用 / 早期实施、成熟实施 / 增长。[③] 联合国教科文组织提出的高校混合教学能力框架包括八个维度——愿景和规划、课程体系、教师专业发展、学生学习支持、网络教学设施、政策与组织架构、伙伴关系、研究与评估，将混合教学的发展过程分为四个阶段，即未考虑、应用、融合和变革。[④]

在信息时代，混合教学将从一种教学方法提升为学校信息化教学改革的系统工程，它从信息化教学理论体系、技术体系和组织体系三个维度，在课程、专业和学校三个层面全面推进信息化教学改革，对教育教学进行重构，全面提升人才培养质量。

---

① 韩锡斌，王玉萍，张铁道，等. 远程、混合与在线学习驱动下的大学教育变革：国际在线教育研究报告《迎接数字大学》深度解读 [J]. 现代远程教育研究，2015（5）：3–11.

② Wang Y, Han X, Yang J. Revisiting the blended learning literature: using a complex adaptive systems framework[J]. Educational technology & society, 2015,18(2):380–393.

③ Graham C R, Woodfield W, Harrison J B. A framework for institutional adoption and implementation of blended learning in higher education[J]. The internet and higher education, 2013(18):4–14; Porter W W, Graham C R, Spring K A, et al. Blended learning in higher education: institutional adoption and implementation[J]. Computers & education,2014, 75:185–195.

④ Lim C P, Wang L, et al. Blended learning for quality higher education: selected case studies on implementation from Asia-Pacific[M]. Paris: UNESCO, 2016.

第二节　混合教学催生课堂教学革命

一、构建"以学生为中心"的更加包容、公平、优质的教育

从 2010 年以来，我们利用国外智能教学系统，分别在北京、成都、广州、郴州等城市进行了个性化教学实验课题研究，目的是探索我国中小学在课堂教学环境下实施个性化教学的模式与途径。

（一）以培养学生核心素养为目标的智能教育

进入 21 世纪以后，随着互联网、大数据、云计算技术的迅猛发展，教育正迈向智能教育时代。这种智能教育是基于智能教学系统的一种新型教学模式。所谓智能教学系统，"是一种借助人工智能技术，让计算机扮演教师的角色实施个别化教学，向不同需求、不同特征的学习者传授知识、提供指导的适应性教学系统"[①]。从 2014 年开始，我国学者开始考察、研究美国的 IDIIL 智能教学系统。IDIIL 代表 5 个英文单词，表明实现 IDIIL 智能教学系宗旨的 5 条途径和理念：I——个别化学习（individualized learning），D——发现式学习（discovery-based learning），I——交互式指导（interactive guidance），I——渐进式成长（incremental development），L——以学生为中心的教学（learner-centered instruction）。IDIIL 智能教学系统以"关爱、启迪、快乐"为宗旨，追求让每名学生在心灵上得到关爱，在智慧上受到启迪，在学习中享受发现的快乐。

培养学生核心素养是 21 世纪世界各国基础教育面临的首要任务。对于学生核心素养的培养，不同的学者有不同的研究侧重点。经过多年研究，北京师范大学发展心理研究所陈会昌教授认为[②]，每个孩子身上有两颗种子，其中第一颗种子就是自我控制力，另外一颗种子是个人主动性。教育的核心就在于培育这两颗种子。而北京师范大学专家牵头的核心素养课题组发布的中国学生发展核心素养总体框架指出，学生核心素养包括 3 大方面、6 个核心素养和 18 个基本要点，3 个方面即文化基础、自主发展、社会参与，6 大素养包括人文底蕴、科学精神、学会学习、健康生活、责任担当和实践创新，18 个要点包括人文

---

① 智勇.分布式学习环境中的智能授导系统研究 [D].南京：南京师范大学，2004：14.

② 陈会昌.儿童身上的两颗种子 [J].中华家教，2009（3）：7–9.

情怀、审美情趣、理性思维、批判质疑、勇于探究、国家认同等。

美国麻省理工学院徐启天教授利用 IDIIL 智能教学系统进行了 20 多年学生素养培养研究，他认为，学生身上有 6 颗种子，也是学生的六大学习素养，即专注力、积极性、自信心、思考力、独立性、自识力（见图 3-1）。他认为："只要培养好这 6 个方面素养，学生就可以健康成长，成为我们社会所急需的创新人才。"[①] 我们将 IDIIL 智能教学系统培养的学生学习素养与中国学生发展核心素养总体框架中的 18 个要点进行了比较，发现其与 18 项指标中的 9 项指标相关。

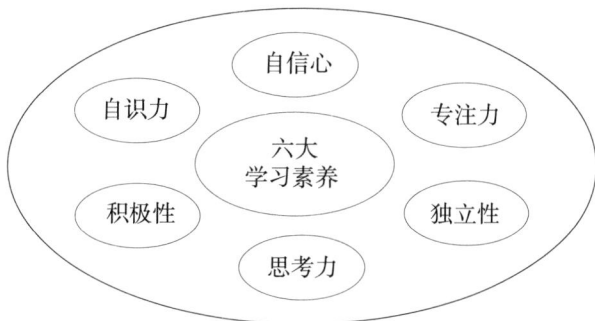

图 3-1 六大学习素养

IDIIL 智能教学系统力求开展一种以学生为中心的教育。这种教育从本质上看，是要发展每个孩子与生俱来的潜能，像学生学习的本能、创造的欲望等，而不是将外在的东西强加给他们。就像联合国教科文组织《学会生存——教育世界的今天和明天》一书所指出的那样："教育的目的在于使人成为他自己，'变成他自己'。"[②] 今天的学生不愿意学习，缺乏创造力，其关键就是我们强加给学生的东西太多，而没有顺应学生的天性，释放他们的潜能，让其在学习中感受人生的乐趣。徐启天教授认为："IDIIL 智能教学系统不只是为了教授知识技能和应对考试，而是希望尊重每一个孩子，相信每一个孩子，注意激发他们的学习内驱力。目前，学校出现的一些'学困生'，其主要

① 张杰夫. 全日制远程教学研究："互联网+"时代中国边远、民族地区教育创新模式 [M]. 北京：北京师范大学出版社，2018：260.
② 联合国教科文组织国际教育发展委员会. 学会生存：教育世界的今天和明天 [M]. 北京：教育科学出版社，1996：14.

原因不在于学生智力，而是他们的学习兴趣和自信心出了问题。"每个学生都是独特的，要想发展他们的潜能，实现其个性的充分发展，教育就不能批量生产，必须为每个学生量身定制个别化的学习方案，进行个性化的教育。

（二）基于 IDIIL 智能教学系统的课堂教学实验

我们从 2015 年 9 月起采用实验方法对 IDIIL 智能教学系统进行了研究。所谓实验研究方法，是指根据一定的理论假设，针对某一问题，控制某些环境因素的变化，通过对可重复的实验现象进行观察，从中发现规律、得出科学结论。实验采用实验班和对比班比较的方法，同一名教师分别教授一个实验班和一个对比班，其中实验班学生在数学或英语课中利用 IDIIL 智能教学系统进行教学，而对比班按照常规方式进行教学。

IDIIL 智能教学系统以建构主义认知发展理论为指导，结合各学科知识结构和认知规律，为学生提供了一种通过发现式学习方式进行高效学习的途径，目的是培养学生学习兴趣、克服困难的自信心、熟练掌握学科知识技能，以及独立思考、判断和应用的能力。基于 IDIIL 智能教学系统的课堂教学实验主要采用了三种教学模式。

模式一：IDIIL 智能教学系统支持下的个别化学习方式。

模式二：IDIIL 智能教学系统支持下的混合式学习模式，即"传统教学 + 智能教学系统"支持下的个性化学习。课时分配比例可以根据学校情况设定，一般来说，数学课采取"3 节传统课 +1 节个性化学习课"模式，英语课采取"2 节传统课 +1 节个性化学习课"模式。

模式三：课后基于 IDIIL 智能教学系统的学习。实验对象为学困生。由学校选取 15 名左右学困生组成研究对象，课后利用 IDIIL 智能教学系统进行有针对性的个别化学习辅导，时间为每周 2 次，每次 1 小时。有的学校将全校二、三和四年级数学成绩排名最后的学困生，共计 12 名学生组成实验班。

IDIIL 智能教学系统在教师角色、学生角色、教材、教学流程、学习评估等各个环节上与传统教学方式有着较大区别，如表 3-1 所示。

表 3-1　IDIIL 智能教学系统与其他教学体系比较

	IDIIL 智能教学系统	传统教学	其他网校教学
分班	不分班，根据学生不同学习能力实施个别化教学	按年级和能力分班	传统教学方式或无序
教师角色	规划、分析、辅导、激励	单向传道授业	无要求或只负责传授
学生角色	主体性学习、思考、做决定	接受知识	自由练习
素养培养	培养自信心、自主学习、主动思考等素养及学习能力	学科知识、技能	技能强化
教材	完整细腻、开放渐进、具有一贯性、强调互动与多元智能开发、着重探索发现	完整但不注重探索发现、一贯性差	偏重练习
教学流程	完整、全程"三向"互动（指学生与教师、同伴和教学系统之间的互动）、高效率	完整但单向	无或松散
学习评估	全程跟踪、分析	各种测验	个别地方检验
学习理论	以建构主义理论为指导，融汇了教育学、心理学理论，符合课改目标要求	传统理论，有些不符合课改目标要求	无特殊理论
学习压力	激发长期学习动力，个别化学习压力适当	常造成高压力	无压力、无序

实验中，研究者利用 IDIIL 智能教学系统平台对实验班和对比班学生 6 大学习素养进行了实验前测、中测和后测；记录学生 6 大学习素养日常变化情况；记录学生学习"电子足迹"，形成学生学习数据库。教师可以利用 IDIIL 智能教学系统和自己填写 IDIIL 学生学习素养观测量表的方式，记录学生 6 大学习素养的变化情况并加以分析，从而为每个学生制订下一周的个性化学习计划。

（三）智能教学课堂实验取得的显著效果

2005 年，联合国教科文组织人力资源部查尔斯主任给出了教育革命的三大标准。他认为，真正的教育变革需要我们重新构思教育、彻底改造学校、改造我们自身[①]。IDIIL 智能教学系统在这三个方面取得了突破性进展。

1. 重新构思教育

IDIIL 智能教学系统是建立在"以学生为中心"理念上的新型教学模式，它为学生的学习与成长创造出良好的环境，让学生真正成为学习的主人、知识的生产者和创造者。IDIIL 智能教学系统从五个方面重新构思教育：（1）从教育思想、教育观念来看，IDIIL 智能教学系统是建立在人本主义和建构主义思想基础上的。（2）从课程体系建设角度来看，由原来按照学科知识体系即学科知识逻辑体系构建，转变为按照学科知识体系、学生认知规律、学生认知能力和学生发现学习规律来构建。（3）从教学方式上看，采取个性化学习方式，实现了按需供给、以学定教、个性化学习。（4）从评价体系来看，通过对每个学生的全方位评价，了解其学习状况和存在的问题，然后每周为每个学生制订个性化学习计划，使其能有效地学习。由此可见，评价是为了促进成长，而不是为了分数。（5）从管理与文化来看，处处体现以学生为中心的理念和要求，一切为了学生的成长。

2. 彻底改造学校

IDIIL 智能教学系统支持下的学校更像一个学习中心，学生不分年级、不分班级，在一个学习共同体中学习与成长，体现了"人人皆学、处处能学、时时可学"的学习型社会精神和追求。这种以学生为中心的教育，彻底改变了传统教学的"三中心"，即"教师中心、教材中心、课堂中心"。"三中心"注重的是学科的知识体系和教师的主导地位。

在湖南省郴州市城乡接合部一所初中兜底学校，实验前，全班 25 名学生期末数学考试成绩都不及格，平均分为 33.9 分，其中最低分仅为 6 分，30 分以下的有 11 人；英语成绩一般，有的学生连 26 个字母都不会写。校长说："这里的学生毕业时连职业学校都考不上，通常学生在这里快乐地'玩'三年，然后奔赴各自打工的道路。"可以说，是 IDIIL 智能教学系统改变了他们的命运。实验一年后，学校创造了教育奇迹。一名学生全区排名由开始的第 2324 名，跃升到第 85 名。实验班学生数学和英语成绩有了大幅度提升（见图 3—2），由原先在全区 80 多个班中排名靠后，提升至前 30 名。

---

① 晋浩天.教育信息化有了"十三五"规划 [N].光明日报，2016—07—11（6）.

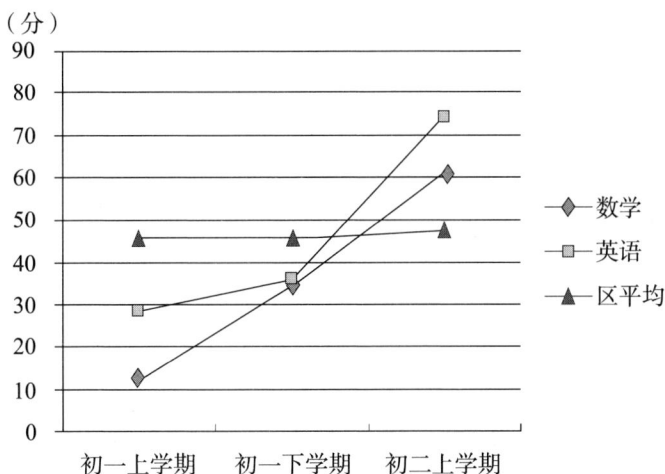

图 3-2　实验班学生期末考试成绩

3. 改变了学生

IDIIL 智能教学系统的应用，使学校学生改变较大。

第一，激发了学生对学习的兴趣，尤其是学困生变化明显。一名被贴上"智力障碍"标签的随班跟读学生，在上完第一次英语课后就对老师说："我感觉英语好像也没有那么难！我也能学习。"一次数学实验班下课后，学生不愿意离开教室，数学老师只好找语文老师借课。校长说："我做了多年校长，从来没有遇到过这种情况。"在另外一所实验校也发生了令人吃惊的事。这所学校的实验班由 3 个年级数学成绩很差的学困生组成，他们都害怕、厌恶学习数学，但喜欢上了新的数学学习方式。第一次课后，一名学生就对妈妈说："妈妈，我可能会喜欢上数学。"另一位腼腆的女学生说："我喜欢上学了。"这种情况在其他几所实验校也有发生，而且学生的学习兴趣在实验期间一直保持着。实验结果表明，IDIIL 智能教学系统可以让每名学生寻找到适合自己的最佳学习路径，并成为学习的主人。通常情况下，90% 以上的厌学、惧学、弃学的学生会转变为自信、快乐、乐学的学习者。

第二，大幅度提高了学生的 6 大学习素养。通过观察、统计与分析发现，实验班学生的 6 大学习素养都会随着时间推移而发生显著的变化，通常专注力的提升最先发生，积极性与自信心次之，这又会带动其他素养发展。图 3-3 反映了某小学实验班学生 6 大学习素养的变化情况。

（分）

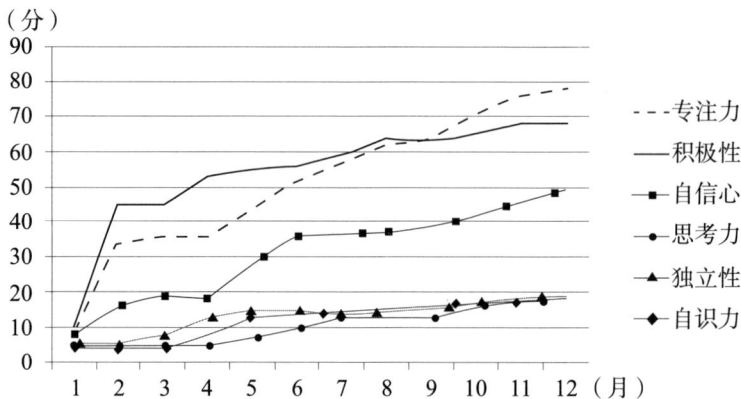

图3-3　学生6大学习素养变化情况

第三，实验班学生学习成绩有了较大提高。总体来看，各个学校实验班学生的学习成绩都会有较大幅度的提高。

4. 改变了教师

教师改变最明显的是态度。通常，实验教师在一开始是带着怀疑、质疑的态度参加实验的。随着实验效果的逐步显现，教师的态度会有明显的转变。一位薄弱校校长说："参加这个实验后，我们学校改变最大的是教师。原来教师对什么都不感兴趣，现在他们看到学生的变化，似乎又看到了希望，重新焕发出活力。"一位实验教师说："多年来，我一直在寻找一种理想的教育方式，今天终于找到了！"

与此同时，实验重塑了教师角色。IDIIL 智能教学系统从理论、制度、管理、文化等方面解放了教师，使教师成为：（1）教室管控者——安排设置课堂环境，持续地管理和控制课堂纪律并创造一个安静且积极的高质量学习环境；（2）互动引导者——适时地引导学生，与学生互动；（3）观察者；（4）促进者——帮助学生理解课堂流程和自己在学习过程中的角色，以及被赋予的期望；（5）测试者——检查学生改正错误的情况，检查书面总结和口头总结，从而确保学生理解他们所学的知识；（6）学习成效分析者。

二、上海市市西中学：以思维"广场"撬动教育教学深度变革

在"互联网 +"教育时代背景下，针对班级授课制学习内容固化、方法单一、环境封闭、预设教学、师生思维受限等问题，市西中学聚焦激发学生

思维、促进学生学习优势发展的目标，以建设新型学习环境——思维"广场"为起点，倒逼教学变革，引导学生"优势学习"。为此，学校首先进行了学习理论的创新，借鉴多元智能、学习优势等理论，提出了"优势学习"扎根理论，即在优势环境中、选优势时间、用优势方式、学优势内容、重优势评价、关注学生个体差异，在保证学生基础性学力发展的同时，为学生提供充分选择的可能，促进学生学习优势发展和思维品质提升。经过 6 年多的实践探索，课改实验取得良好效果。2018 年，学校的"思维'广场'撬动教学深度变革，实践'优势学习'的研究"获得了第二届基础教育国家级教学成果奖一等奖。这标志着市西中学的教育改革与实践居于全国领先地位，其改革创新举措具有重要借鉴意义。

（一）首创思维"广场"，提出"优势学习"

市西中学借鉴多元智能、学习优势等理论，通过文献研究与观察发现：学生学习具有个体特质，在适合需要的条件下，开展差异性的学习有助于提升学习效能，促进优势智能发展。学校运用行动研究法，按照"设计—实施—总结—反思—改进"的循环流程，从学校、教师、学生层面研究行动策略，逐步形成优势学习理论。优势学习是一种促进个性化发展的深度学习，其中更多的是老师引导和帮助下的学生学习，指向的是具体的社会人的全面发展，这是形成学生核心素养的基本途径。市西中学校长董君武指出，优势学习理论从学校、教师和学生层面提出并践行了"运用优势评价、内容、方式、时间、环境"策略，以优势学习促进学生学习优势发展和思维品质提升。为此，学校进行了空间设计和功能配置，创设了思维"广场"。

（二）再造教学流程，建构新型教学模式

学校立足课堂教学主阵地，同步研制必修课教学方案，探索学科、教师、班级和课时的不同组合形式。学生根据思维"广场"课表和学习任务单自主安排单科或跨学科学习，自主选择学习目标、内容、方式、时空和伙伴，开展自主研习、对话辨析、分享交流。经过多轮实践，学校再造了"目标引领—自主研习—合作研讨—思辨提升"的教学流程，形成关注深度学习和思维挑战的教学模式，让学生认识自己的学习优势，感受深度学习和思维提升的喜悦，为实践深化和后续推广奠定了基础。

（三）重构学习环境，深化学习变革

学生自主学习意识的激发和学习习惯的转变，引发学校对学习环境、教学模式做进一步变革的思考。学校扩建创新实验室、图书馆，新建开放型学习场所，建构虚拟（网络）和真实（社会）的学习空间，重构多维立体、适应不同需要的学习环境，并将之拓展为广义的思维"广场"，还将思维"广场"的教学流程和学习形态推广到校园各个学习场所，推动学习深度变革。

（四）充分促进学生优势发展、个性化发展，实现思维品质的全面提升

经过多年实践探索，学校在优势学习方面取得丰硕成果。

第一，落实立德树人，学生优势得到充分发展。

第二，践行优势学习，关注差异成为教师自觉。100% 的教师能够针对学生需要和选择，开展个别化辅导；95% 的教师能够主动担任免修生导师；65% 的教师能够主动承担文化游学指导；100% 的教师能够参与教改实践；80% 的教师能够自主申报教育实践推进项目。

第三，优化资源配置，自主学习成为校园常态。学校优化配置教育资源，科学设计制度，严控周课时总量，开齐开足所有课程，优化学业诊断和个别辅导，实现学习的深度变革。

第四，面向全国辐射，教改经验得到广泛认可。上海市某督学认为：市西中学坚守个性化教育，建构起适应学生需求的、具有充分选择性和个性化的教育模式。思维"广场"等一系列具有开创性的教改举措，引发了教师的"教"与学生的"学"的方式变革，为深化上海基础教育改革提供了鲜活的案例，也为全市实验性、示范性高中建设提供了有益的经验。市西中学的教改经验得到社会的广泛认可。近年来，学校举办了 28 场全市、全国及国际研讨展示会；31 个省份教育团纷纷前来学习考察，人数逾万，不少学校借鉴并建设学习空间开展教学探索；多家媒体屡次进行报导。

三、成都七中"未来课堂"：大数据让学生思维"透明"，让教学走向科学化、精确化

大数据技术正在开辟教育新时代。千百年来，教育工作者常自诩"智慧的接生婆"，但是人类的理性有限，"接生婆"并不十分清楚教育究竟是如何影响学生成长的。不过，随着大数据时代的到来，这一状况正在得到改变。

大数据技术颠覆了人类探索和认知世界的方法，为教育打开了一扇大门。最早洞见大数据时代发展趋势的数据科学家之一维克托·迈尔-舍恩伯格教授认为："大数据是一种价值观、方法论，……是一场思维的大变革。"[①] 成都七中"未来课堂"正是一种基于云计算、大数据技术的旨在培养学生核心素养、让每个学生个性得到充分发展的全新教学模式。经过多年实践，成都七中"未来课堂"教学模式已经在多个方面取得突破。

（一）大数据让学生思维"透明"

大数据技术开启了一次教育教学方式的重大转型。就像人类有了望远镜、显微镜，从此进入太空世界和微观世界一样，有了教育大数据，就可以"观察"学生的思维，由此，教育将从"模糊"教育时代进入"精确"教育时代。以往我们观察世界、认识世界靠什么？靠抽样数据、局部数据、片面数据，甚至经验、想象、信仰、理念、假设；而在大数据时代，人类有可能使用全面、完整而系统的数据。核磁共振成像技术是通过连续切片动画，再合成物体内部的结构图像；而大数据是通过记录每名学生的"行为轨迹"（相当于切片），再分析全体学生的行为数据，呈现学生全体的面貌和状态。这意味着学生的思维运行方式是可计算的，思维可以还原为机械性的操作步骤，学生的思维由此而变得"透明"。

在大数据时代，每名学生都成为数据的源头，他们在互联网上、教学系统中的"行为轨迹"都将留下"数据脚印"，成为大数据记录、分析的原始材料。在成都七中"未来课堂"环境下，学生人手一个平板电脑，教学过程中和课后每名学生的课堂练习、课堂笔记、课后作业、错题集等电子足迹（学习行为）都会被自动记录下来并存入云端，形成学习大数据。像学生在做作业过程中的答题时间、答对了多少、答错了多少、多少道题不会做等情况都将被记录下来。利用大数据技术，经过分析、挖掘，我们可以发现学生思维过程的特点和规律，从而找到影响教育的真正因素，实现更加科学、有针对性的教学。

---

① "大数据"方兴未艾　中国正在与世界同步前进 [EB/OL]. (2013−02−01)[2020−06−20]. http://scitech.people.com.cn/BIG5/n/2013/0201/c1007-20397017.html.

(二) 大数据改变了课堂教与学的方式

学生白天听课，晚上回家做作业，这是数百年来学校广泛应用的教与学方式。如今这一方式正在发生改变，"未来课堂 + 翻转课堂"实现了教学过程的全信息化，初步形成了"先学后教，以学定教"的教学模式。学生课后可以通过网络学习教师以微课方式提供的优质教育资源，而不是单纯地依赖授课教师的课堂教学；教师则可以根据学生学习情况，分层布置学生作业，进行有针对性的指导和过程性评价。过去的教学，如何教，全凭教师自己跟着感觉走。如今，大数据的应用，让教师能更全面、更及时地了解学生学习状况和学习中存在的问题，从而使教师教学从凭经验判断转向依据数据进行科学决策，从关注学生整体发展转向关注每一个个体的成长，并通过不断地改进、优化教学，提高教学效率。

(三) 大数据让教学评价由终结性评价变为过程性评价

大数据改变了教学评价方式和标准。为什么传统教学中学生成绩会呈现正态曲线分布？这主要是因为学生学习过程中出现了认知偏差积累。教学后，练习环节完全交给学生自主完成，教师批改作业后学生才能知道结果。这种延迟反馈影响了学生的学习效果，更为重要的是，在一些技能训练中，学生技能是否达到训练要求，是否达到自动化程度，谁也不知道。在这种情况下，教师只能使用题海战术，让学生一遍遍地做练习。造成这一现象的主要原因是，传统教学中，教师只能关注学生"入门"知识是否足够和考试结果如何，而对学生学习过程的关注则相对较弱，其评价基本上是终结性评价。在大数据时代，教学系统可以实时跟踪学生学习过程，及时发现学生的认知偏差，并进行过程性评价与校正，指导学生去弥补不足。

(四) 大数据让学校管理走向科学化、精确化

维克托·迈尔-舍恩伯格认为，在不久的将来，世界上许多现在单纯依靠人类判断力的领域都会被计算机系统所改变甚至取代。[1] 大数据将使教育决策和管理依据教学规律，而非经验。像成都七中的"未来课堂"，可以记录教师教学的全过程，这为学校更加准确地掌握教师教学情况，建立更加科

---

[1] 迈尔-舍恩伯格，库克耶. 大数据时代：生活、工作与思维的大变革 [M]. 盛杨燕，周涛，译. 杭州：浙江人民出版社，2013：16.

学、有效的师资队伍管理办法奠定了基础。同时，"未来课堂"还可以记录、呈现每位教师的教学成果，如教师所教班级学生学习成绩等信息。每位教师的教学成绩可以与本校教师、其他省市学校教师进行比较。这为学校校长、教育局局长、教育厅厅长等了解学校师资队伍状况等提供了数据上的支持。各级教育行政部门可以根据这些数据调整管理策略，推动教育科学发展。

第三节　职业院校的混合教学

一、混合教学促进职业教育人才培养模式变革

职业教育的突出特点是需要在真实情景中通过操练习得岗位工作能力[①]，由此演变出其特有的教学方式，如现代学徒制教学、企业新型学徒制教学、基于工作过程的教学、项目化教学、情景式教学、案例教学等。在信息时代，"互联网+"对产业和行业进行了重构，不仅要求职业教育人才培养目标和内容变革，还要求职业教育在虚实融合的空间中探索新的教学模式。新型的混合教学模式既不固守传统面授教学，也非完全建立在虚拟空间，线上线下深度融合将是职业教育教学的发展趋势，有助于促进职业教育人才培养模式变革。[②]

混合教学需要依据学习者在教学环境、工作场所、虚拟场景及其相互融合的场景中学习的规律，探索学习者在虚实融合的空间中与教师、行家里手、同伴、同行、虚拟助理等多种教学者的互动关系。为培养具有"专业知识、职业技能和信息技术"三位一体的高素质技术技能型人才，职业院校须构建校企跨界合作、教学环境与工作场所相结合、虚实环境融合的新型职业教育教学方式。

① 姜大源.职业教育学研究新论 [M].北京：教育科学出版社，2007：18.

② Wang Y, Han X. Institutional roles in blended learning implementation: a case study of vocational education in China[J]. International journal of technology in teaching and learning, 2017, 13(1): 16—32.

二、山东科技职业学院：以"线上学习＋线下训练＋职场化育人"模式变革技能训练型课堂

山东科技职业学院是国家示范性高等职业院校，是中国特色高水平高职学校和专业建设计划（简称"双高计划"）高水平专业群拟建设单位。学院顺应"以先进教育技术改造传统教育教学，以信息化促进职业教育现代化"的职业教育改革发展趋势，关注学生自主学习能力、创新能力的培养，重视职场化教学环境设计，于2014年开始探索以"线上学习＋线下训练＋职场化育人"为特征的职业教育混合教学模式。

"线上学习"贯穿混合教学全过程。教师以职场化理念，利用信息技术提前制作微视频、测试题、作业等课程资源上传至教学平台；通过数据分析，了解学生在线学习情况，根据分析结果优化线下实训课堂教学设计。学生登录平台观看视频等教学资源，获取知识，进行在线测试，完成教师安排的职场化作业，提出解决问题的方案，并通过平台互动讨论深化交流，完成所学知识的初步建构。

"线下训练"通过信息化增强实验实训场所的教学功能，解决面授实验实训时演示看不清、不可重复观看等难题，实施以学生为主体的分组讨论、项目实操、任务探究、展示交流、作业及评价等活动。教师负责教学活动的组织指导、答疑解惑。

"职场化"主要指线上资源的"职场化"属性和线下实施的"职场化"流程。线上资源方面，选取与企业生产、经营活动密切相关的知识点、技能点，重构内容体系；线下流程方面，坚持公司、车间、实训室等职场情境与网络空间相融合，根据企业真实任务设计课堂项目，实施行动导向、成果输出式的教学，培养学生的职业能力。

学院以系统工程的思路全面推进以"线上学习＋线下训练＋职场化育人"为特征的混合教学改革。首先，将其纳入学院人才培养战略，提供政策性保障，如将其写入学院章程，列为教学改革重要工程和年度学院党政工作要点，在人事绩效考核文件中增加相应的激励办法。其次，校长亲任项目组长，成立专门工作机构研究并协调推进，同时促进教师信息化教学能力发展。学院层面成立服务支撑团队，以学院负责信息化技术管理的实验与信息

中心为主，教学研究与管理人员、信息类专业教师协同配合；系部成立技术支撑团队，优选系部内信息技术水平较高的教师或者接受信息技术能力较快的教师，由学院统一进行培训，然后开展系部内训。根据现代职业教育课程分线上、线下两部分的特点，构建了涵盖开发、实施两个环节的评价指标体系。最后，形成常态化的信息化教学改革推进机制。借助技术平台进行大数据分析；每月进行整体检查、调度；专业主任每周进行监督检查，开展听评课活动，监测面对面课堂教学实施效果；完善软硬件条件，保障现代职业教育课程顺利实施；等等。

截至 2019 年，学院 90% 的课程从传统面授转向"线上学习 + 线下训练 + 职场化育人"的现代职业教育课程模式，涵盖理论为主课程、技能实训课程和理实一体化课程三类课程；建设"信息化 + 职场化"的校内实践教学场所 20 多个，能够满足 70% 以上专业实施新型混合式实训课程教学的需要。现代职业教育课程模式使得实训课堂形态发生了根本性变化，学生的自主学习能力大幅提升。学院的现代职业教育课程模式和系统化推进混合教学模式改革机制，在职业教育界产生了很大影响。建设成果获得多个奖励，其中"基于'职场化 + 信息化'的高职制造类专业工匠型人才培养模式的探索与实践"和"高职电子信息大类专业'平台 + 方向 + 项目实战'理实一体化教学改革"两个项目获 2018 年职业教育国家级教学成果奖二等奖。

学院提出的"线上学习 + 线下训练 + 职场化育人"混合教学模式，重构了高职教育课堂结构，教师由主体变为主导，学生变为知识的主动建构者，教学内容变为形式多样的数字化教学资源，教学环境由线上教学平台与线下职场化环境共同构成，按职场要求实施多元化考核评价。为响应国家"一带一路"倡议，学院向"一带一路"沿线国家积极推介"线上学习 + 线下训练 + 职场化育人"教学模式。

三、集美工业学校："2+1+N"模式将学校教育拓展至终身学习

集美工业学校是首批国家中等职业教育改革发展示范学校、教育部教育信息化试点单位。学校在教育信息化试点建设过程中，根据中职学情提出了"构建中职教育信息化'2+1+N'人才培养模式"，其基本内涵如下。

"2"指两年在校学习，即学生在教师的引导下，进行"线上 + 线下"多

方位的混合式学习，养成在网络上自主学习的习惯。

"1"指第三年顶岗实习。教师通过网络，开展远程实习指导。学生依托网络教学平台与教师在线上互动，完成线下实习任务等。这种校外工厂师傅现场指导、校内教师远程跟踪的"工学交替"模式，大大提升了顶岗实习的质量。

"N"指终身学习。学生入学注册，其学号就是终身学习账号。学生毕业后可以随时登录学校数字校园，自主学习、查阅资料，并与教师联系、沟通、交流等。

"2+1+N"人才培养模式的显著特点就是应用信息技术，建设互联互通的数字校园，创新延长学习链，扩展学习维度，把学习拓展到顶岗实习乃至毕业以后，让学生通过网络实现继续教育、终身学习。

在混合教学实施过程中，教师可以通过教学平台数据实时追踪、观察学生学习的进步情况，分析出不同学生的学习规律。人的学习行为随着年龄增长、经验积累和能力提高而有所不同。混合教学提倡教师少讲，学生多学。中职学生经过九年义务教育，已打下一定的学习基础，实施混合教学能够有效改变课堂教学沉闷、低效的现状。

学校在混合教学推进方面，没有采取强有力的行政推动，而是通过提高教师信息化素养，结合混合教学研究，以课题方式渐进式带入。学校首先对有兴趣的骨干教师进行校内外相结合的信息化教学培训，再好中选优成立混合教学研究小组，开发混合课程，以此激发学生学习动机，而后由学生反推其他教师参与，逐步推进混合教学的应用。学校混合教学的实施情况如表 3-2 所示。

表 3-2　学校混合教学的实施状况

学期	混合课程数（门）	占开设课程的比例（%）	参与教师数（人）	占所有教师的比例（%）	混合教学班数（个）	占所有班级的比例（%）	参与学生数（人）	占所有学生的比例（%）
第 1 学期	15	10.20	13	9.92	37	72.55	1346	74.28
第 2 学期	18	14.29	17	13.28	44	86.27	1639	87.09
第 3 学期	33	23.57	22	16.30	44	88.00	1596	89.01

学期	混合课程数（门）	占开设课程的比例（%）	参与教师数（人）	占所有教师的比例（%）	混合教学班数（个）	占所有班级的比例（%）	参与学生数（人）	占所有学生的比例（%）
第4学期	26	24.53	24	18.18	42	95.45	1676	94.37
第5学期	41	33.61	27	19.17	43	86.00	1383	91.71
第6学期	24	24.24	26	18.71	37	77.08	1298	77.59
第7学期	40	34.84	37	27.41	45	88.24	1605	89.02

混合教学的推广应用改变了学校传统教学生态，实现了在教师引导下学生的主动学习，促进了课堂"教"与"学"的翻转，即将"课堂"变成"学堂"，教师由"演员"变成"导演"，教学由"重教学任务完成"转变为"重知识内化，重学习方法掌握"，实现"教师少讲，学生多学"的目标，并将终身学习纳入教育规划，在学生需要帮助的时候伸出援手，为其知识进步和视野拓宽助力。

第四节　高等院校的混合教学

随着大数据、云计算、人工智能等技术在教育领域的深入应用，我国高等教育信息化建设已经从"推广应用"迈向"融合创新"的新阶段。在这一背景下，如何实现教学内容、方法与模式的更迭、提升，探索人工智能时代教与学关系的进一步演化，成为高等教育需要面对的新课题。[1]2020年初，我国暴发的新冠肺炎疫情，迫使全国各级各类学校推迟春季学期开学时间。随后，全国教育系统纷纷开展"线上课堂""线上考试""线上班会"等在线教育教学活动。疫情防控期间，各级各类学校在线教学的广泛开展让人们感受到了智能时代创新教育教学模式的重要性。对于高等教育而言，这场危机也演变成了高等院校常态化开展混合教学的重要契机。

---

[1] 沈冰蕾，李鹏，李士泽，等."后MOOC时代"高校实施SPOC可持续混合教学模式的探索与设计：以"动物生物化学"课程为例 [J]. 黑龙江畜牧兽医，2019（12）：154-158.

高等院校混合教学的应用由来已久，已成为高校推进课程改革、提升教学质量、促进人才培养的重要途径。[①] 混合教学将传统面对面教学和线上教学结合起来，为学生提供更加多元、更具创新性和个性的自主学习模式。[②] 早期的混合教学主要表现为"传统课堂学习 + 课后线上学习"模式，利用线上教学与管理系统扩展学生的课堂学习。随着高等教育的发展和科技的进步，混合教学的内涵不断丰富。混合教学不仅仅是面授教学和线上教学的结合，还包括环境、工具、资源、策略等多种要素的混合，以最大限度地发挥传统教学和线上教学两者结合的优势和效益。[③]

就高等教育质量而言，人才培养质量是核心，是高等院校赖以生存和发展的基石，其在很大程度上取决于教学诸环节的科学设计、组织、运行和实践。然而，我国高等院校教学长期注重学科逻辑下的知识传授，灌输多而探究少、结论多而问题少、讲授多而启发少、重分数而轻能力、理论知识多而实践体验少[④]，在培养高层次、宽口径、厚基础的复合型专业人才和多元创新型人才上显得无力[⑤]。研究性教学作为一种由教师创设问题情境、组织和指导学生自主进行研究性学习和实践的教学组织形式与方法，突出了教学内容的问题导向性和教学过程的互动性、探究性与开放性，具有提升学生的创新思维、问题意识、实践能力和综合素质的独特优势。因此，研究性教学是高等院校走质量提升的内涵式发展道路的必然选择，而推进线上线下融合创新的研究性教学成为高等院校教学改革纵向深入的关键。

一、线上线下融合创新研究性教学

"李约瑟之谜"与"钱学森之问"直指我国创新人才的培养问题。依据高等教育的特点，基于建构主义理论，推进研究性教学、构建研究性的本科

---

① 王鹉，杨倬.基于云课堂的混合式教学模式设计：以华师云课堂为例 [J].中国电化教育，2017 (4)：85-89.
② 金一，王移芝，刘君亮.基于混合式学习的分层教学模式研究 [J].现代教育技术，2013 (1)：37-40.
③ 李秀晗，朱启华.直播技术在高校混合式教学中的新应用：基于香港大学同步混合教学模式的行动研究 [J].现代教育技术，2019 (2)：80-86.
④ 张德江.改革教学方法 培养创新人才 [J].中国大学教学，2009 (5)：7-10.
⑤ 杨冬.大学研究性教学改革的阻力及其化解 [J].重庆高教研究，2019 (3)：98-109.

教育机制，是发达国家建设人才创新体系、走人力资本强国之路的成功实践，也是我国高校提高教学质量、培养高层次创新型人才的必然选择。[①] 一般认为，研究性教学是指在教学过程中由教师创设一种类似科学研究的情境和途径，指导学生在独立的主动探索、主动思考、主动实践的研究过程中，吸收并应用知识、分析并解决问题，从而培养学生创造能力和创新精神，提高学生综合素质的一种教学模式。[②] 研究性教学强调以学生为中心，在整个教学过程中教师起组织者、指导者、帮助者和促进者的作用，利用情境、协作、会话等学习环境要素，充分发挥学生的主动性、积极性和首创精神，达到使学生有效实现对当前所学知识进行意义建构的目的。

第 44 次《中国互联网络发展状况统计报告》显示，在我国的网民群体中，学生最多，占比为 26.0%，网络及信息技术成为当代学生成长的客观环境。这些"数字原住民"（digital natives）具有不同的学习特征，他们倾向于同时处理多种任务，偏好可视化表达方式，喜欢超链接资源，适应多信息源的信息接收形式，喜欢声音和图像，能自发形成学习共同体、兴趣团队，能通过网络开展快速沟通与交流。传统的高校课堂教学模式已经无法满足这些数字原住民对开放化学习空间、多样化学习资源、创新型学习方式等的需求，也很难满足当前形势下社会发展的需要及其对创新型人才的需求。目前，我国高等教育发展正由规模扩张转向内涵建设，提高人才培养质量与核心竞争力这一核心要义被重点关注，深入推进线上线下融合的研究性教学显得尤为关键。

信息技术打破了封闭的学习空间，提供了新型的教学和学习工具，链接了更加丰富多样的学习资源，为重塑传统教学模式中的关键要素提供了可能。信息技术作用于学习空间、学习内容、教学方式和学习方式，有助于实现高等院校线上线下融合的研究性教学模式创新（见图 3-4）。

---

① 佘远富，王庆仁.高校研究性教学评价体系的构建 [J].高等工程教育研究，2011（6）：111-115.

② 刘伟忠.研究性教学中的难点与实施重点 [J].中国高等教育，2006（24）：36-37.

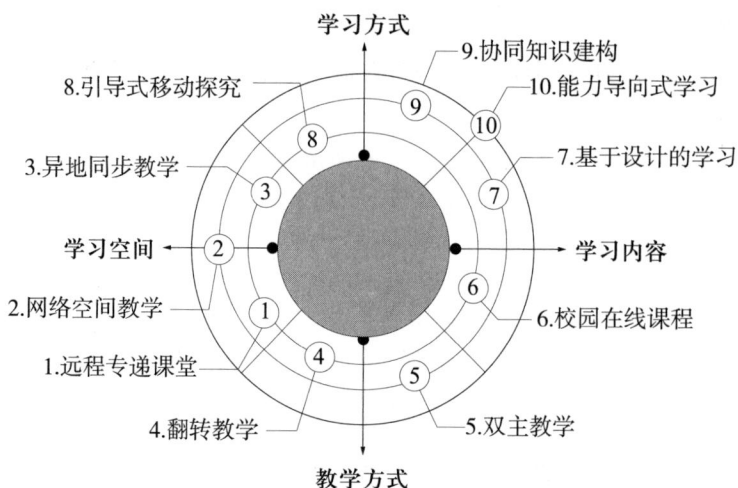

图3-4 高等院校线上线下融合的研究性教学模式

在学习空间方面，在互联网技术的支持下，我国高等院校原有物理学习空间得到拓展，可跨时空开展远程专递课堂、网络空间教学、异地同步教学、翻转教学、双主教学、校园在线课程、基于设计的学习、引导式移动探究、协同知识建构、能力导向式学习等新型教学模式。在学习内容方面，网络学习资源不断丰富，促进了基于网络资源的学生自学，形成了校园在线课程、基于设计的学习等新模式。在教学方式方面，基于网络的课外学习成为课堂学习的重要补充，教师不再是知识的权威，课堂教学也不再以教师讲授为主，形成了翻转教学、双主教学模式。在学习方式方面，基于互联网技术与人工智能技术，学生能够与学习同伴或教师建立协同关系，开展研讨交流、项目合作，形成了引导式移动探究、协同知识建构和能力导向式学习等模式。

远程专递课堂的提出是为了促进优质网络资源共享。它是利用网上同步上课的方式，使边远地区上不齐课、上不好课的农村学校学生与拥有相对丰富教育资源的城市中心学校学生同上一堂课，以共享优质教育资源，提高教学质量，达到国家规定课程要求的一种新型教学模式。[①] 在中小学，远程专递课堂有利于解决农村薄弱学校和教学点缺师少教、开不齐开不足国家规定课程的问题。迁移到高等教育领域，远程专递课堂可有效解决东西部教育资源

----

① 陈佩佩.中美两校远程专递课堂的比较研究 [D]. 金华：浙江师范大学，2018：13.

不均衡的问题，通过采用网上专门开课、同步上课，或者按照教学进度，利用互联网推送优质教育资源等形式，实现东西部教育资源共享，促进教育公平和均衡发展。

网络空间教学则方便了教师和学生的资源共享和协作交流，通过组织学生利用学习空间开展自主学习、探究式学习等，借助多元化的学习方式，提高学生的学习主动性和积极性。同时，辅以互动答疑，学生可在网络学习空间中预约答疑时间，通过远程的师生互动解决学习生活中的问题。以浙江大学在疫情防控期间开设的"建筑设计甲Ⅱ"课程为例：为了让学生能够更好地认知基地——京杭大运河（拱宸）桥西码头，课程负责人王卡副教授让学生对设计基地进行"线上认知"，利用网络把教学空间向校园外扩展，真正打破各种教育壁垒，不断产生教与学互动的新空间。

异地同步教学主要采用计算机、摄像头、麦克风、扬声器等基本设备，通过网络直播系统连接师生双方，实现语音和视频的同步互动。在异地同步教学中，本地教师和异地教师要共同做好课堂教学实施、课堂管理、学习效果评价等，相互配合，使课堂呈现为一个圆满、有机的整体，最大化实现课堂教学效果。异地同步教学的开展，有利于突破地域上的障碍，实现高校间的优质课程资源共享，提升线上线下融合的研究性教学水平，既开阔了师生视野，又提升了教育质量。

与传统教学模式相比，在翻转教学中，教师角色发生了很大的转变，教师逐渐由知识的传授者向教学资源的开发者、教学的帮助者与指导者转变。在翻转教学模式中，课前由教师设计适合学生自学的教学内容，学生预先完成有针对性的任务，与教师、同学互动交流；课中由教师设计课堂活动，充分发挥学生的主体性，同时教师也可根据师生互动中发现的问题给予更多有针对性的指导；课后由学生来处理学习内容，自主把握学习进度与风格，教师则采用指导和协作的方式，满足学生的学习需求。翻转教学模式有助于增加师生互动的时间，促进学生自控式深度研究性学习，培养当代大学生的主动学习与自主学习能力。

双主教学是北京师范大学何克抗教授在奥苏贝尔"有意义学习理论"、"动机理论"、"先行组织者"教学策略及建构主义学习理论指导下提出的以学生为主体、以教师为主导的新型教学系统设计模式。此模式将以教为主和以学为主的教学设计模式有机结合，避免了在教学过程中因单纯使用一种教学设计模式而产生的教学时单方面（教师或学生）主宰教学的现象（如"满堂灌"或"盲目学"），使学生能够采用更合理的学习策略掌握学习内容、提高自学能力，以优化教学过程。

校园在线课程是由学校结合实际情况，自行搭建或通过其他途径搭建的在线课程。助教或辅助教师指导学生选择教学计划内的、适合学生兴趣爱好及学习需求的在线课程，而学生利用课余时间进行课程学习。校园在线课程为教师提供了一个展示教学能力和教学智慧的平台，为学校提供了丰富多样的选修课程和校本课程，增强了课程对地方、学校和学生的适应性，培养了学生利用网络进行自主学习的能力。在研究性教学中，各高校可充分利用校本或校际联合开发的校园在线课程扩展学生的基本学科知识与培养学生的研究性学习能力，为开展线上线下融合的研究性教学提供知识基础与操作平台。

基于设计的学习旨在让学习者在一个自然情境中解决某个真实的问题，强调学习者的创新能力与设计能力。以中国地质大学（武汉）机械与电子信息学院为例："产学研用"相互结合在课程教学中产生了意想不到的效果。该学院推进"特色行业＋高新行业"实践教学模式，积极推进与地质工程装备、机器人、自动化、机器视觉、汽车检测、军工检测等特色行业和高新行业合作，把学生的学习从书本转到生产环节，引导学生从被动学习走向以问题为导向的探索性和研究性学习，提升学生的学习深度与学习能力。基于设计的学习从书本理论出发，将其应用于实际，不仅有助于学生更好地掌握知识，而且能从实践中引发学生思考，同时也有利于培养学生勇于探索、勇于实践、敢于探究和自我学习的能力。

引导式移动探究指学生在教师指导下，依据教师提供的解决问题的材料和方法，以类似科学研究的方式主动学习，让学生在掌握知识内容的同时，体验、理解和应用探究问题的方法，培养创新精神和实践能力。引导式移动探究具有"教师引导"和"学生创新学习"的双重特征，它强调学生的探究，包括学生学习和思维的方式，信息的搜集、处理和判断，以及学生的主动性、参与性、创造性和积极性等。教师在其中即时引导和释疑，帮助学生在探究活动中规范、流畅、触发式地获取知识与经验。

　　协同知识建构是个体在特定的组织中互相协作、共同参与某种有目的的活动，最终形成某种观点、思想、方法等智慧产品的过程。与个体知识建构不同，协同知识建构关注的是群体知识的建构与改善，它强调学习者必须参与到协作学习伙伴的讨论和交流中，与学习伙伴分享学习资源、观念和见解，并在该过程中增强个体对知识的理解或修正已经形成的错误观点，从而实现对新知识的建构。协同知识建构有助于促进学生知识的获取和知识网络的形成，是高校融合线上线下开展研究性教学的重要手段。

　　能力导向式学习强调学习者能力的变化、提升和发展，而不是简单的知识获得和掌握。能力导向式学习是培养应用型人才的关键，高校可紧密结合岗位职业能力需求和专业特点，以能力为主线来构建研究性教学课程体系，按照"基本能力、专业能力、发展能力"三个层次递进式搭建能力模块并设置课程体系和教学内容。其中，基本能力部分强调大学生进入社会所需的基本知识与能力，旨在帮助学生掌握社会通用知识并拓展知识领域，提高学生综合素质；专业能力部分则突出专业核心能力培养，强调大学生具有较强的专业应用能力，能运用所学知识解决社会实际问题；发展能力则是专业能力的进一步升华，发展能力部分突出能力的全方位拓展。

　　在"互联网＋教学""互联网＋学习"的变革进程中，教和学的范式都在发生转变。在全人培养目标的驱动下，知识传递已经不再是教学的主要任务，突破传统教学空间的束缚，为学生构建丰富的学习经验，促进经验的分享与转换、知识的生产与创造，成为线上线下融合的研究性教学的重要任务。线上线下多元化教学空间与学习空间的联通融合推动了各种新型教学模式和学习模式的出现，如由北京师范大学陈丽教授主持、互联网教育智能技术及应用国家工程实验室团队共同开发的国内第一个基于联通主义的慕课课程"互联网＋教育：理论与实践的对话"，每周围绕不同主题邀请互联网教育领域嘉宾进行直播交流，带来了一系列认识互联网推动教育变革性创新的"饕餮盛宴"。线上线下融合的研究性教学对教学空间进行了转变与重构，要求我们转变教学观念与教学思维，从学生的学习与发展出发，在更加多元开放的教学空间中创新并重构教学模式与学习服务模式。

　　线上线下融合创新的研究性教学旨在清除高校普遍存在的"教师讲，学生听""教师讲，学生记"等灌输式教学现象，改变学生长期处于被动或消极的学习状态，将学生看成学习主体和教学过程的中心，让大学教学回归师生互动的本质，这符合高等教育大众化发展以来各国提升高校教学质量的普遍需求，也是建设一流本科教育的重要手段。[①]

二、高校混合教学的典型案例

（一）北京师范大学"设计与学习"课程采用线上线下相融合的教学模式

2019 年是北京师范大学"设计与学习"课程开设的第三个年头，该课程采用"大师讲座 + 实践经验"的方式，邀请了国内外设计领域知名专家参与课堂教学，引导学生分组协作，探究产品设计之始末（见图 3-5）。在"设计与学习"课程教学过程中，来自北京师范大学、北京邮电大学、北京林业大学以及北京化工大学的 20 余名同学组成线下课堂，来自西南大学、华东师范大学、杭州师范大学、江苏师范大学、南宁师范大学、华中师范大学、西北师范大学、河北大学以及渤海大学的 100 余名学生组成线上课堂，借助微课、视频教学等现代化教学手段，采用异地同步教学方式，实现多地多校间的实时互动，改变了传统教学中的课堂边界、教学时空、师生关系、知识生产方式和教学互动方式，参与人员规模逐年增加。

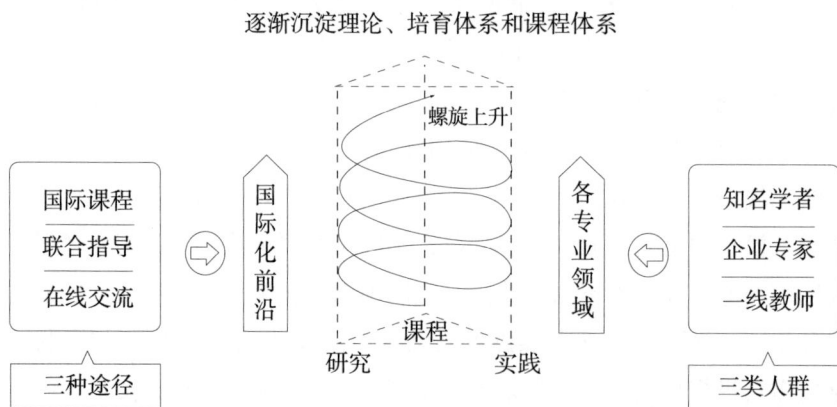

图 3-5　北京师范大学"设计与学习"课程实施模式

2019 年 11 月 22—24 日，延续"设计与学习"课程的设计宗旨，由北京

① 王务均，王洪才.高校研究性教学改革的逻辑源起与深化路径：基于知识生产模式转型的推进框架[J].教育发展研究，2018（1）：61-68.

师范大学和北京设计学会主办的"2019 全球未来教育设计大赛"成功举办。大赛以"面向智能时代的未来教育"为主题，在中国（北京师范大学）、塞尔维亚（诺维萨德大学）以及突尼斯（凯鲁安大学）三地同步举行。北京市政协副秘书长、民盟北京市委专职副主委、北京设计学会创始人宋慰祖先生，高度评价了本次大赛，认为以小组合作的形式开展教育设计，不仅促进了选手们自身专业知识融会贯通，同时关注了社会热点问题，使参赛选手们在比赛过程中得到了能力的提升。

（二）华中师范大学构建智慧教室"建、用、研"一体化机制，从多维度重构人才培养体系

依托国家数字化学习工程技术研究中心和教育大数据应用技术国家工程实验室，华中师范大学开发出了自己的云课堂平台。截止到 2019 年 5 月，该平台已经汇聚了 6587 门课程数据，累计为近 8 万名师生提供了数据、案例和专业资料支持，以及信息库、试题库、结果评判等功能服务。为与校内的云课堂平台、一卡通系统、教务排课系统实现无缝对接，学校自主研发了 starC 课堂教学系统、集成备授课工具、课堂互动工具及第三方应用，无缝整合物理空间和虚拟空间，支持师生在教学中的良好互动，支持教学流程的重组与模式创新。

华中师范大学从智慧教室的"建、用、研"着手，从营造教学环境、变革教学理念、创新评价方式等维度重构人才培养体系，通过实施小班化互动式教学、创办"教学节"、设立"教学创新奖"等手段，推进教育内容、教学手段和方法的现代化，开启了一场本科教育的变革。研究成果获得了 2018 年高等教育国家级教学成果奖特等奖。将信息技术用于本科教学改革，并不是要用技术去强化传统教学，而是用技术去引领教育体系变革，不仅让线下授课与线上自主学习无缝对接，而且让本科教学改革与信息技术革新之间形成相互促进的良性循环。

（三）电子科技大学重构课程体系，破解工科数学之难

电子科技大学坚持"知识、能力、素质"融合、"数学理论学习与应用实践"融合的教育理念，通过强化"三基"课程，分层开设数学实践类和科技竞赛类课程，以"基础-应用-实践-创新"为框架，将"教学、培训、竞赛"相融合，重构工科数学课程体系，开展了工科数学教育模式改革。学校从大一开始面向全体学生进行递进式课程研究性教学和持续不间断的课外科创活动，让所有学生在工科数学课程学习中受益，让尽可能多的学生在课外科创活动中接受创新实践锻炼。

通过精品课程、精品资源共享课、精品视频公开课、精品在线开放课等的建设，电子科技大学形成了工科数学系列国家级和省级精品课程资源；通过系列高水平教材建设，形成了以国家级规划教材（7部）为主的重要数学基础课教材；设计并开发了"数学实验"和"算法与程序设计"实验课程的"题库系统"，建设了具有课堂"师-生"及"生-生"互动、课堂即时评测等功能的"数学建模""数学实验"和"算法与程序设计"三类开放式实验在线测试软件平台，有效帮助学生提升了自主学习和实践能力。

第四章 社会环境下的无边界学习

第一节 "互联网+"环境下的无边界学习

一、"互联网+"重新定义学习

随着云计算、大数据、人工智能、虚实融合等技术的飞速发展，互联网深度融入人们的工作、学习和生活中，一个日新月异的"互联网+"时代已然来临。资源配置的垂直化、扁平化、社会化、国际化等，推动了创新、创造模式的变革，"互联网+"也必将给教育带来革命性的影响。

"互联网+教育"特指运用云计算、学习分析、物联网、人工智能等新技术，跨越学校和班级的界限，面向学习者个体，提供优质、灵活、个性化教育的新型服务模式。[①] "互联网+教育"的根本意义在于借助互联网及相关信息技术的支持，打破原来结构化和封闭的教育体系，建立灵活而开放的学习生态，从而有效促进教育本质的实现。

在"互联网+教育"的背景下，学习将被重新定义。学习包括正式学习和非正式学习。我们通常讨论的学习行为都是正式学习，而传统的正式学习一般只能发生在固定的时间、固定的场所，特别是传统教育中的教学，它基本上是以教师为主导的知识的传授。在这样的学习条件下，学生很难根据自己的兴趣爱好选择学习内容，教师也无法关注到每一个学生，根据学生的差异进行个性化辅导。此外，出于地域差异和经济发展不均衡等原因，在互联

---

① 陈丽."互联网+教育"的创新本质与变革趋势[J].远程教育杂志，2016（4）：3-8.

网时代到来之前，不同地区的学习者所能接触到的学习资源和学习机会也会有很大差异。而如今，互联网的发展带来了混合学习、移动学习等多种多样的学习模式，不仅将正式学习与非正式学习无缝衔接，实现了随时随地的学习，而且使学习者学习观念与行为方式发生了转变。通过互联网，学习者可以根据自身兴趣爱好自选内容、自定步调地学习，以满足学习需求，实现学习价值；还可以打破时空界限，拥有更多获取知识的途径，便于对所学内容进行更深入的探究性学习。教师在大数据、云计算、人工智能等先进技术的支撑下，可以对学习者的学习情况进行全面了解，从而做到"因材施教"。

由此可见，"互联网＋学习"具备以下特征：一是用以互联网技术为核心的信息技术作为学习支撑，补充和强化传统学习，为学习者提供更多学习模式和学习机会，转变学习者的观念和行为；二是学习资源让学习活动充分延展，传统教育中统一、固定的存储性知识转变为智能推送的知识，实现随时随地的移动学习和自选内容、自定步调的个性化学习；三是即时反馈工具让学习效果得到监控，教师和家长可以随时查看学习者的学习情况，并适时做出指导；四是大数据让学习过程进一步优化，大数据的运用可以让教师使用更加科学的量化手段，借助数据审视自己的教学效果和学习者的学习状况，也可以让学习者清楚地了解自身的学习薄弱点，从而让学习变得更轻松高效；五是学校教育的重点从知识学习转变为促进学习者人格健康成长和核心素养及综合能力的发展。

通过互联网技术的应用，教育正在打破一切边界。打破时间的边界，学习变成碎片化过程，可以随时进行；打破空间的边界，学习可以在任何地点发生，而不局限于课堂；打破年龄的边界，不同年龄和背景的人可以同时上课；打破虚拟世界和现实世界的边界，线上和线下教育内容完全打通，形成整体。学习的内容可以是原来的书面文字，也可以是视频或音频，还可以是互联网社区讨论的内容。互联网教育的"无边界"可以用 5 个"A"来概括，即 Anytime（任何时间）、Anywhere（任何地点）、Anyone（任何人）、Anycontent（任何内容）、Anyformat（任何形式）——这些边界的打破才是互联网教育带来的"真正革命"。

"无边界学习"概念是英国教育界首先提出的，是指利用所有学习平台，给学习者提供一个可以在任何地点、任何时间，使用手边任何可以获取的学习机会进行学习活动的学习环境。在现行的教学体制下，无边界学习实质上是指模糊边界、柔化边界，为学习者的学习提供更为开阔的平台和空间。① 在无边界学习范式下，学习是无边界的，呈现出个性化、本土化和全球化等特征；学习者是教育的中心，教育的目的是促进学习者的学习，满足他们的需要。学习者可以通过本地和全球的高等院校，借助多种渠道学习，从而最大限度地获得发展。②

具体而言，无边界学习包括学习内容无边界、学习方式无边界、学习场域无边界、学习资源无边界。

（一）学习内容无边界

每个学习者都是不同的，因此课程应具有高选择性。只有体验个性化学习过程，形成不一样的知识结构，养成不一样的思维方式，学习者的学习才能因自主选择而变得更有意义。因此，体现个性化差异，满足个性化发展需要，帮助学习者构建个性化知识体系的教育，将是未来教育发展的趋势。互联网在这方面具有先天的优势，开放性教育资源让学习者在通识课程的基础上，可以根据自己的能力、兴趣进行极具个性化的多样选择。③

（二）学习方式无边界

未来学习的一个重要标志，就是突破时空限制的"泛在学习"将逐步取代传统的有固定时间、固定地点的学习。在泛在学习环境中，学习者根据各自的需要，在自由的时间、多样的空间内，以灵活多元的方式进行学习。"线上课程＋线下实践"的混合式学习、"玩中学"的游戏化学习、紧密联系生活的真实性学习、虚拟和现实融合的学习等新型学习方式，都将成为学习者适切、可选的学习方式。

1. 线上线下融合的混合式学习

混合是个性化学习和基于能力的学习的发动机。在线学习能够让学习者

① 秦丽. 六个特写，读懂"无边界学习"[EB/OL]. (2017−02−23)[2020−03−26]. http://blog.sina.com.cn/s/blog_14a9f05cc0102xged.html.

② Cheng Y C. New paradigm of borderless education:challenges, strategies, and implications for effective education through localization and internationalization[EB/OL]. (2019−01−22)[2020−03−26]. http://citeseerx.ist.psu.edu/viewdoc/download?doi=10.1.1.564.8052&rep=rep1&type=pdf.

③ 跨学科？STEAM？或许你得先了解无边界学习 [EB/OL]. (2018−10−27)[2020−03−26]. https://www.jianshu.com/p/94417eab2fec.

随时随地以各种途径和进度进行学习。学习者在掌握一个概念以后可以迅速向前继续学习，如果学习者需要消化这些知识或回顾这些知识，也可以暂停学习。它为学习者采用不同途径迈向同一个目标提供了一种简便的方式。这种学习方式可以解放教师，使他们成为学习的设计者、顾问、促进者、评价者以及咨询师，以之前从未有过的方式来接触学习者。

2. 未来学习方式的核心特征

学习游戏化。游戏将成为未来学习的一支生力军。游戏蕴含追求自由与创造、勇于挑战与闯关、遵守规则与约定、享受愉悦与幸福等特有的功能，对于有效学习来说是一种好的激励。"游戏化学习"或者"学习游戏化"，是指采用游戏化的方式进行学习，根据学习者对游戏的天生爱好心理和对新鲜的互动媒体的好奇心，将游戏作为与学习者沟通的平台，使信息传递的过程更加生动，让学习者在轻松、愉快和积极的环境下进行学习，实现以人为本、尊重人性的教育。

用 VR 技术实现沉浸式学习。教育者通过 VR 技术为学习者提供一个接近真实世界的学习环境，学习者通过深度参与互动、演练而提升技能。在沉浸式学习中，学习者把握学习的主动权，自主启动学习过程，怀揣对世界的好奇心，体验学习的乐趣，并将所学到的理论和知识最大限度地运用到各种情境中。

研究性学习将成为主流的学习方式。研究性学习以"发现问题、提出问题、解决问题"为目标。学习者在学习生活和社会生活中发现真实的研究主题，在解决问题的过程中融合多学科知识，经历综合的学习过程，获得解决问题的综合能力。研究性学习将会越来越受到学习者的青睐。

利用网络学习的机会越来越多。在"互联网 +"环境下，学习不再是呈现知识、接收知识、评价、反馈的过程，而是一种全新的认知过程。课程与教学环节需要更加关注进度设计、用户感受和社会参与等。世界教育创新峰会 2015 年做的调查表明：在线内容将成为人们接受教育的重要来源。

无边界学习将突破单一的学习空间，通过创造情境，让学习者走进真实的生活，使线上线下学习相结合，让学习者进行实践体验和交流共享，引发

反思，最终走向深度学习。^①

（三）学习场域无边界

当学习内容由互联网提供时，学习者的学习地点就不再受到制约。学习者可以在教室学习，也可以在操场、图书馆学习，甚至可以在资源中心边学习边实践。学习者还可以到博物馆、科技馆、历史遗迹等场所学习。未来学校将不再是刻板单向的教学空间，而应该是给所有人提供无限可能性的互动式空间。

只要有互联网的地方，学习就可以发生。当学习场域无边界时，学习的边界也随之被打破，整个世界都成为学校，学习也将成为每个人生活中必不可少的一部分。

未来的学习中心将变成一个开放的体系。未来的小学生、中学生，甚至大学生，可以在这个学习中心学习数学，在那个学习中心学习艺术，在另外一个学习中心学习科技，而且学习中心是可以跨区域甚至是跨国界的。只要学习者有需要，他可以去不同学习中心学习。各个学习中心的课程，经过认证机构的认证或者学习中心的许可，可以互相承认、互换学分。学习中心将不受时间、空间和机构的限制，时时处处提供各自的教育资源，学生随时可以在各个学习中心进行全天候的学习。^②

（四）学习资源无边界

在未来社会中，信息技术不仅是呈现知识的便利工具，也不仅提供了容量更庞大的知识存储器，更重要的是可以对教与学方式进行颠覆性的改变，使学习不再受到时间、空间的限制，学习者和教师可以打破教室与学校的围墙，实现无边界的自由互动，享受更丰富、更优质的教学资源，让学习者成为真正的"学习主人"。^③借助互联网，教学将不再由教师独立完成，家长、社会各领域的专业人士都将成为导师，学习资源从学校拓展到家庭和社会，而学习者不仅仅是学习资源的使用者，也可以成为学习资源的创造者。互联

---

① 跨学科？STEAM？或许你得先了解无边界学习 [EB/OL].（2018-10-27）[2020-03-26]. https://www.jianshu.com/p/94417eab2fec.

② 朱永新. 未来学校：重新定义教育 [M].北京：中信出版社，2019：31-32.

③ 赵雨欣，王丹. 教育界"大咖"汇聚蓉城　热议"未来学校" [EB/OL].（2016-07-27）[2020-03-26].https://e.chengdu.cn/html/2016-07/27/content_570481.htm.

网可以帮助学校汇聚多方力量，连接学校、家庭和社会，为学习者提供无边界的学习资源。[①]

二、无边界学习让学习者个性发展无限制

伴随着基于信息技术的泛在学习的兴起，无边界学习将关注点转向了学习的主体——所有学习者，并将之置于教育教学活动的中心，进一步倡导在任何时间、任何地点任何人可以就任何内容进行任何形式的学习，从而使得面向每个个体的个性化、定制化教育成为可能。[②]

无边界学习旨在进一步打破学习的时空限制，打破现有知识、课程与课堂教学之间的藩篱，打破年龄的界限，使具有不同年龄和背景的人可以同时学习；打破虚拟和现实的边界，凸显学习者的主体地位，在满足个性化的教育需求的同时，强调教育的互动性，以及知识和经验的分享交流、创新在教育教学中的价值。简而言之，基于互联网的无边界学习的本质在于打破传统教育设定的各种边界。[③]

进入 21 世纪以后的第二个十年，为了应对信息技术带来的教育教学革命，欧美各国都将未来的教育议题设定在学习和以学习者为中心的教学变革上，推进由信息技术主导的学习革命与教学革命已经成为一种国际共识。美国 2010 年发布的《教学 2030》报告提出：认知科学和技术的进步，使教师和学生能够进行沉浸式个性化学习以及基于学习者学习风格和需求定制个性化学习方案；混合式学习环境更加无缝整合，学校成为社区中心，学校、教师、学生、家庭、本地与远程专业人员、志愿者和商界人士共同参与活动。德国罗兰·贝格战略咨询中心 2010 年发布的《2030 趋势概略》指出：虚拟学习代理人将指导学习者并满足学习者的个性化需求，为学习者量身定制基于需求的终身学习计划，而学习者则在真实和虚拟世界中同时学习。欧盟联合研究中心 2011 年发布的《学习的未来：为变革做准备》提出：教育与培训机构将成为学习社区，并与雇主合作确定技能需求，使大量学习和教学材

① 陈纲. 无边界的未来学校 [EB/OL]. (2017-01-04) [2020-03-26]. http://www.jyb.cn/zgjsb/201701/t20170113_592004.html.

② 荀渊. 高等教育全球化的愿景：从无边界教育到无边界学习 [J]. 电化教育研究，2019（5）：32-39.

③ 同②.

料服务于学生的个性化需求，以学习者为中心、分权和定制学习策略将变得普遍，学习将更具娱乐性，并且以探究活动为基础。①

　　未来的社会要让每个学习者都能成为他自己，就需要每个学习者按照自己的需求去学习，在学习的过程中寻找自己、发现自己、成就自己。学习者需要自主到各种学习中心寻找适合自己的课程与学习伙伴，定制自己需要的学习内容，按照自己的节奏学习相关的课程。

三、终身学习社会成为可能

　　陶行知先生曾说："如果学校生活不能与社会紧密联系，学生的学习不是从自己的直接经验里长出来的，那就是一种呆板低效的教育。"②

　　1965 年，联合国教科文组织提出"终身教育"的概念，认为教育从摇篮持续到坟墓，覆盖人的全部生涯。1972 年，联合国教科文组织提出"向学习化社会前进"的目标，并把终身学习和学习化社会联系在一起。学习化社会意味着打破各种制度性的边界，重新构造全新的教育生态。学习化社会的理想得到真正大规模的实践，进入我们的现实生活，是最近的事情。这是由于互联网技术让我们获得了一个新的改变教育的神器，使得我们每个人都可以便宜地便捷地获得无穷无尽的教育资源，建立了学习者之间的连接。③

　　终身学习将成为未来社会的一个基本特征。每一个人面对未来都是"LIFE 学习者"，即在真实的生活中，追求幸福生活的终身学习者。在终身学习的社会，一个人没有必要预先储备许多一辈子派不上用处的知识，而应在具备初级知识的基础上自己去探求知识，自己去建构自己的知识体系。④

---

① 邓莉，彭正梅. 全球学习战略 2030 与中国教育的回应 [J]. 开放教育研究，2017（3）：18–28.
② 我们为什么需要从"学以致用"到"用以致学"？[EB/OL].（2019–07–29）[2020–03–26]. https://www.sohu.com/a/329994536_100140451.
③ 学无边界时代的到来：第二届 LIFE 教育创新峰会今日召开 [EB/OL].（2017–04–22）[2020–03–26]. http://www.sohu.com/a/135796985_100974.
④ 朱永新. 未来学校：重新定义教育 [M]. 北京：中信出版社，2019：133.

第二节 实现"一对一"，开展个性化、定制化学习

未来的教育，应该让人们自由选择学习的时间、学习的地点、学习的内容、学习的方式以及向谁学习，这将成为教育改革的一个重要方向。未来的教育充满了选择的可能性，所有人都可以选择最适合自己的教育。

一、基于慕课的学习

（一）慕课的兴起与发展

作为慕课的首创者，乔治·西蒙斯（George Siemens）和斯蒂芬·唐斯（Stephen Downes）提出了慕课的教育理念，即教育系统应该允许所有人在任何时间访问任何可用的学习资源，所有想分享知识的人都能找到对应的学习者，给那些想在公众面前展示他们所面临问题的人以机会，让大家知道他们正面临的挑战。

从兴起于 2001 年的开放教育资源运动（Open Educational Resources, OER）到被视为慕课元年的 2012 年 Coursera、edX、Udacity 等三大慕课平台的登场，以在线资源、在线课程为主的互联网教育掀起了一场全球性的教育革新运动，持续扩展着无边界教育的内涵与外延。2001 年，美国麻省理工学院启动了"开放课件"（Open Course Ware）项目，旨在将大学的课程教学材料通过互联网向全球免费开放。[①] 随后，在联合国教科文组织的主导下，开放教育资源成为一个席卷全球的教育改革运动。伴随着慕课的勃兴，互联网教育发展同样迅猛。谷歌的 Google Classroom、微软的 OneNote Class Notebook、百度的教育云平台等系列产品、阿里巴巴的淘宝同学与超级课程表、腾讯的腾讯精品课与腾讯课堂等不断被开发出来，互联网巨头正在通过资本运作与产品开发，成为互联网教育产业链的主导者，从而催生一个基于互联网的教育产业与商业帝国。[②]

慕课的核心理念在于优质教育资源全球免费共享，它是现代教育与信息技术的深度融合。依托于网络平台的慕课，不受限于场地，能够实现上万名

---

① Centre for Educational Research and Innovation, OECD.Giving knowledge for free:the emergence of open educational resources[EB/OL]. (2014−04−21) [2020−03−26]. http://www.oecd.org/edu/ceri/38654317.pdf.

② 荀渊.高等教育全球化的愿景：从无边界教育到无边界学习 [J]. 电化教育研究，2019 (5)：32−39.

甚至十万名以上学习者的在线学习。在线学习者通过在线学习的模式，不仅可以突破学校课程教学的时空限制，实现随时随地学习，而且可以根据个体的实际情况，随时调整学习的进程和重点，激发学习的主动性。不论什么年龄、何种身份、哪种层次，只要学习者有需求，这种优质在线教育资源就对其完全开放。慕课打破了学校的"围墙"，这种无门槛、无边界的学习使得终身学习成为可能。

（二）慕课学习的基本特征

慕课是一种将分布于全球各地的教学者和成千上万的学习者通过教与学联系起来的大规模线上虚拟开放课程，既提供视频、教材、习题集等传统课程材料，又通过交互性论坛创建学习社区，使数以万计的学习者在共同的学习兴趣和学习目标的驱动下组织起来开展课程学习。慕课学习具有以下基本特征。[①]

一是规模大。慕课学习规模大的特征体现在大规模参与、大规模交互和海量学习数据三个方面。首先，慕课突破传统课程人数限制，能够满足大规模课程学习者学习需求，参与课程学习的学习者数量可以达到数万人甚至数十万人。其次，课程研讨同时有数千、数万人参与，当一个学习者提出问题时，其他人从问题的不同角度参与交流讨论。最后，学习者大规模的参与和交互使得课程产生海量的学习数据。

二是开放性。慕课的开放性扩展了互联网的开放性。慕课学习不受时间和空间限制，学习者利用移动学习终端在任何时间、任何地点均可参与课程学习。慕课整合多种社交网络工具和多种形式的数字化资源，形成多元化的学习工具和丰富的课程资源。慕课平台上的数据、资源、内容和服务面向全球的学习者免费开放，学习者能够无障碍访问资源，自由获取信息和知识。

三是个性化。在慕课学习过程中，学习者可以自选学习内容，自定学习步调。首先，学习者可根据学习兴趣、学习需要选修课程和确定课程学习路径，并根据自己的知识基础自定课程学习的步骤。其次，慕课平台会根据学习者的个人档案和学习行为，向学习者推荐其可能感兴趣的课程，并从海量学习资源中提取和推荐符合学习者认知需求的学习资源。学习者能够使用

---

① 王永固，张庆 . MOOC：特征与学习机制 [J]. 教育研究，2014（9）：112-120.

移动终端设备，将学习与所处的特定学习情境融合，开展基于情境的个性化学习。

四是参与性。借助慕课平台，学习者通过在线的方式参与课程教学，除了观看教学视频，还需要积极参加随堂测试、虚拟实验、师生对话、研讨、作业互评、分组写作、单元测试、期末考试和证书申请等课程教学活动。课程评价时，教育者会将学习者在教学活动中的参与度作为主要的评价维度。

(三) 参与慕课学习指南

一是确立自己的学习目标。学习者基于有关课程目标的描述，结合自己的基础和需求，明确自己学习这一课程的目标。这也是学习者获得丰富学习经验的关键。慕课的精妙之处在于，每个人除了时间之外，不再需要任何资源就能够灵活地学到自己想要的知识技能。第一步是确定为什么要上这门课。是为了丰富个人内涵，还是发展一项能在目前或未来工作中应用的技能？明确了为什么学之后，则量身定制学习目标，最有效地利用宝贵时间来学习对自己有意义的东西。

二是做好时间规划。决定每周用多少时间学习课程。有些课程自带的课程指导会说明学习者每周必须学习多少个小时才能跟上进度，但是多数情况下，学习者还得根据个人目标制定学习时间表。一旦确立了自己的时间规划，能否实现又变成一个挑战。一个有效技巧是，每周从日历里提前预留出上课时间，这样学习者会更有动力去上课。

三是坚持记好笔记。一旦设定了学习目标和时间规划，学习者就要去钻研课程，学习者可以创建并且坚持记录自己的网络笔记。网络笔记不仅能用来记录学习目标，而且能用于记录笔记、列网页链接清单、储存图片和其他有关课程内容。学习者可为自己学习的每门课程都创建一个网络笔记本。常用的网络笔记应用包括 Livebinder、Google Docs 或 Google Keep。

四是做好接收海量信息的准备。学习者刚开始学习慕课时感到不知所措很正常。多数学习者会难以确定从哪儿开始，不知道从哪儿能找到教材并且对课程如何运作感到茫然。首先我们要知道慕课学习的前提是学习者能够自我指导和自我激励。慕课开设者假定学习者在学习过程中很活跃，会创建学习计划、复习课程内容并且知道如何在恰当的时间里与数百名同学在论坛互动。较之传统课堂，慕课是一个完全不同的学习平台，需要学习者花时间去浏览和阅读课程内容。把课程主页想象成一个包含了丰富多样的资源和内容的虚拟教室将会促进学习者更有效地开展学习。

五是熟悉课程主页。第一步是通过访问课程主页上的链接标签初步熟悉课程内容，第二步是通过阅读课程大纲来了解课程的具体内容，第三步是阅读或观看主讲人的介绍。其通常的形式是书面的欢迎信息或视频。一旦熟悉了大纲，再次浏览位于主页的标签就很有帮助。熟悉课程主页的各项功能后，学习者就可以准备学习慕课了。学习者可以依据自己的目标，遵循自己的计划，灵活地开展学习。

六是创造自己的内容。在开展慕课学习的过程中，学习者要积极争取创造知识，即学习者应该尝试创作或者写点什么。慕课平台的一个优势是能够为学习者提供与全世界其他学习者互相学习的机会，学习者可以通过不同方式与其他学员建立联系。有些学习者利用社交媒体组成学习小组，甚至通过聊天平台或视频群聊实时沟通，有些则使用课程自带的讨论区。班级论坛里总能发生有意义的对话和讨论，学习者可找一个吸引自己的主题，发布有思想内涵的评论，这样做有助于深化自己对学习内容的认识。

七是完成课程并获得证书。既然开启了学习，就要坚持学完。课程学习过程中学习者须在观看完视频之后进行练习强化，完成相应的作业。课程结束后，学习者须完成最终的学习测试，以获得课程认证。

二、基于 APP 的移动学习

随着互联网不断渗透进人们的生活、娱乐以及学习，移动学习已然成为网络学习中的新型学习模式，其主要特性是便携性、交互性以及不受时间地点限制等。移动学习打破了学校内外、课堂内外的界限，将成为常态。

移动学习具有以下特点：一是移动学习便捷高效。学习者只要有一部手机、一个账号就可以随时随地参与学习。二是移动学习经济实惠。相对于传统方式，企业或教育机构引进移动学习的成本较低，并且持续投资最少。很多移动学习平台还支持个性化定制，以满足企业和学习者更多的个性化需求。培训管理者或教育者可以依据学习者特点和培训或学习计划自主定制培训或学习方案。三是移动学习具有高度灵活性。由于移动学习项目能够在各种设备上提供异步和同步选项，因此运营者可以灵活下发多个培训或学习项目，并分别设计学习目标，还能够依据学习者发展路径设计培训计划，既能促进学习者的能力发展，也培养了学习者的内在动力。四是移动学习实现了社群化学习。有些学习平台支持"导师制"模式，通过创建和导入内容以及导师为学习者分配学习任务，实现"一对一"有针对性的培养。传统培训或学习按部就班，而社群化学习鼓励学习者参与学习互动，有利于营造良好的学习氛围。五是移动学习的效果可量化评估。数据报告是培训或学习过程中不可或缺的一部分，因为它可以帮助培训管理者或教育者了解培训或学习效果，做好学习跟踪、优化学习内容以及更好地设计新的培训或学习计划。而优质的移动学习平台可通过大数据智能化管理，实现学习数据监测、收集、评估、归档，量化培训的价值和质量。

随着智能终端的普及，各类 APP 成为学习者实现随时随地自主学习的最佳选择。语言学习、学科专业学习、职业成长等各类免费或收费 APP 层出不穷。另外，综合类内容创造平台也越来越多，如喜马拉雅、荔枝微课、小鹅通等各类 APP，既为教师提供了平台，更为不同的学习者提供了丰富多样、可供选择的学习资源。

（一）语言学习类

基于移动终端的语言学习是大家探讨相对广泛的一个话题。移动学习应用强调学习的延续性、即时性、互动性、存取自发性以及非正式的特点，吸引了大量的语言学习者与语言教学研究者。

从易观智库发布的"2015 年 9 月教育 APP 排行榜"来看，可直接归入语言学习类别的 APP 如下：网易有道词典、新华字典、DioDict3 字典、百词斩、掌中英语、词酷、新概念英语、英语流利说、海词词典、英汉字典、中英互译、Naver 韩中词典、扇贝单词、每日英语听力、宝宝学拼音、开心词场、宝宝学 ABC、单词锁屏、知米背单词、叽里呱啦儿童英语、基础韩语口语、汉语字典简体版、天天背单词、英语趣配音、可可英语、沪江听力酷、马来语词典、外语精华、拓词、金山背单词。

语言学习特别是外语学习在国人心中仍占有重要地位。在这 30 个 APP中，词汇学习类 APP 占了 30%；听说类 APP 同占 30%；词典类 APP 占 27%，且排名最前的 3 个 APP 均为词典类 APP。由此可见，词汇、听说、词典三大类 APP 占据了当前语言学习类 APP 的主要份额。另外，一对一在线英语培训也吸引了广大受众，学习者通过学习平台或 APP 实现在线与外教的一对一学习与交流，整体提升英语的听说读写能力。

（二）学科专业学习类

为了更好地服务于基础教育阶段学习者学习和巩固各学科知识、提升学科能力的需求，各教育公司开发了不同学段各学科专业学习资源。

从学科专业学习 APP 的分类来看，有学习工具、学习平台、作业题库、综合平台、素质教育、知识社区等类别。这些资源有免费的，也有收费的（有内容收费的，还有服务收费的）。就各学科的 APP 资源而言，既有同步资源，供学习者在课外自我强化和提升，也有针对不同目标的其他学科资源。如语文学科中除同步资源外，也有专门服务于各类关键性考试（小升初、中考、高考）的优质资源，以及字词句、阅读、古文诗词、写作和国学等类别的学科专业资源。这些移动资源成为学习者突破学校边界，开展更广泛和更深入学科专业学习的重要支撑。

（三）职业成长类

随着各类知识服务平台的增多，我们能通过移动终端获取丰富多样的学习资源，如喜马拉雅、荔枝微课、网易云课堂、腾讯课堂等。在这类平台上有各类课程：演讲与沟通表达类课程，如沟通与说话技巧、练就口才、高情商沟通策略等；情商提升类课程，如"蔡康永的 201 堂情商课"；心理学通识类课程，如行为心理学；思维提升以及各种方法工具的应用类课程，如正念冥想、时间管理等。还有其他不同领域的成长类课程，如创业、法律、管理、营销、求职、职业技能、考试培训、新媒体、互联网、人力资源、历史、人文、国学、哲学等。这些课程适用于更广泛的受众。在这个能者为师、终身学习的时代，不论是学生还是职场人士，必须持续不断提升自我。通过这些平台或 APP，学习者可以根据自己的发展和提升需求建立"个人成长"通道，整合汇聚各类资源，利用各种各样的碎片化时间进行提升和精进。

三、知识付费与自我投资的时代

互联网已然成为人们生活学习的最重要载体和工具，催生出多种知识共享经济产品，知识付费便是其中之一。青年群体作为互联网"原住民"，知识付费平台早已融入其学习生活。近些年，知识付费平台已形成系统且分门别类的集群，种类繁多、内容新颖。用户也从一开始"盲目从众"到能够客观理性地依托知识服务平台实现"终身学习"。知识付费发展至今，因多元的内容生产形态配合发达的网络技术和移动终端，颠覆了传统学习知识的模式。在知识付费模式下，学习者可以通过以下三种方式开展相关知识的学习。一是付费问答：内容生产者基于用户所提问题进行有偿回答。人们为快速得到高质量的专门解答，使用付费回答的形式获取知识。二是付费讲座：学习者要获得更具体系性和完整性的知识，可以选择音频或视频讲座来学习。付费讲座自选性强、独立性强、内容较专业，适合小块知识的获取和技能的提升。三是通过专栏订阅学习系列课程。这一类课程更专业、更有深度，课程周期长，能够满足学习者长期持续提升的需求。

第三节　无边界学习让学习者实现终身学习

学习，是人的天性，是人类认识自我、完善自我、发展自我的必经途径。庄子云："吾生也有涯，而知也无涯。"构建终身学习体系已成为国家的战略方向之一，《中国教育现代化 2035》提出推进教育现代化，2035 年的主要发展目标之一是"建成服务全民终身学习的现代教育体系"，终身学习已成为我国加快推进教育现代化、建设教育强国和人力资源强国、满足人民日益增长的美好生活需要的重要抓手，素质教育和终身学习的理念逐渐深入人心。课堂内的学习内容已经不能满足多元化的教育需求，学生及其家长开始在课外寻求更丰富的学习机会，人们的学习生涯也不再随着大学毕业而终止。这种理念上的转变为互联网教育创造了新的增长点。互联网教育具有跨地域性、时间灵活性和教学材料丰富等特点，有利于学习者根据自身的需求更加自主地学习。同时，移动互联网能够契合用户学习时间碎片化的特点，为上班族和其他不方便在线下固定场所进行学习的人群提供了便利，为终身学习扫除了时间和空间上的障碍，提供了更多的可能性。[①]

面对海量的、开放性的各类学习资源，学习者须具备很强的自主学习能

---

① 王磊，周冀.无边界：互联网＋教育 [M].北京：中信出版社，2015：55.

力。与此同时，学习者的终身学习能力建设也成为重要的研究课题。

一、数字化学习港与学习型社会建设

为构建 21 世纪中国特色的全民终身教育体系、推动学习型社会的建设，2006 年 6 月，教育部正式启动"数字化学习港与终身学习社会的建设与示范"（简称"数字化学习港"）教改项目，在各地建设数字化学习港，设立"学习超市"，为市民提供具有普及性、低成本的学习和培训资源，创建处处能学、时时可学的学习环境。

这一项目力求通过数字化学习港的建设，构建服务于终身学习社会的网络教育公共服务体系：将分布在各个学校和地区的网络教育学习点通过公共服务体系整合起来，为所有学校服务；把各校的学习资源通过公共服务体系整合到一个平台上，让学习者自主选择。

网络教育公共服务体系由下面几个部分组成：资源提供者、公共服务提供者、监管者。网络教育公共服务体系的服务对象是学习者。

资源提供者包括各类学校、企业、社区甚至个人。只要是需要传播知识的人，就可以使用信息技术，把这些知识变成可以在网络教育公共服务体系上流通的数字化资源。通过整合资源，网络教育公共服务体系可以把各级各类教育都整合起来，为不同年龄、不同职业、不同地域、不同种族的各类学习者提供教育。网络教育公共服务体系建设的核心是资源建设和资源整合。

公共服务包括网络接入、网络传输、课程资源选择、支持网络学习的公用工具开发、招生管理、学习过程管理、考试管理、学籍和学分管理等为学习者提供的公共性活动。这些服务的提供者把"商品"，即数字化学习资源用最有效、最快捷和最便宜的方式送到离学习者最近的地方。

学习资源和公共服务的监管者可以是政府、协会或其他组织。监管的主要目的是建立规则，监督规则的执行，保证学习者、公共服务提供者、资源提供者等的利益和可持续发展。这些规则涉及资源审查、服务和教学的分离、禁止不当竞争等内容。

学习者可以是各种各样的人，如老人、小孩、有工作的、没有工作的等，要真正做到有教无类，构建人人、处处、时时皆学的学习型社会。[①]

二、终身学习需求与能力的提出

伴随着科技和社会的迅速发展，终身学习的重要性日益凸显，提升公民终身学习素养是个体、组织乃至国家提升综合竞争力的必然趋势和要求。终身学习是指社会每个成员为适应社会发展和实现个体发展，一生持续地进行学习，即我们常说的"活到老，学到老"。对于学习者而言，终身学习能力指什么？其终身学习需求和能力准备是怎样的？其能否把控无边界学习，实现个人的持续提升和成长？这些都是非常关键的问题。

关于终身学习，研究文献中既有称"终身学习能力"，也有称"终身学习素养"的。马东明等认为，"终身学习素养"是个体在生命全程中，应对不断变化的外界环境和挑战，根据自身需求，选择不同类型的学习方式（包括正规学习、非正规学习、非正式学习），持续性自主规划、控制、调节和评价自身学习过程，促进潜能发展、自我实现以及社会融入所必需的知识、技能和态度的整合。[②]

钟志贤等研究指出，终身学习的关键能力包括思维能力、自我管理、信息素养、问题求解、团队协作、交流沟通以及学会改变等。学习者要顺乎个性，采用适合自己特点的学习方式；要学以致用，促进基于理解的学习；要自觉反思，做有意义的学习；要参照榜样，像专家一样学习。[③]上海市民终身学习需求与能力监测研究中心则提出，终身学习能力包括基础认知能力、自主学习能力、自我认知能力、社会能力、信息素养等5项指标。

综上所述，终身学习具备以下几个内涵。一是学习者本身具有较强的自主性。终身学习之所以能够顺利开展，在一定程度上要归功于学习者的自主性。学习者是主体，而不是传统教学中的教学对象，如日本中央教育审议会指出，终身学习是在个人自发的意愿基础上进行的。二是学习贯穿终身。人在不同的发展阶段，需要完成不同的发展任务，这就要求人们不断地学习新

[①] 张尧学."数字化学习港"颠覆传统教育模式[EB/OL]. [2020-03-26]. https://www.163.com/dy/article/F2G9B6R40516QHFP.html.

[②] 马东明，郑勤华，陈丽.国际"终身学习素养"研究综述[J].现代远距离教育，2012（1）：3-11.

[③] 钟志贤，邱婷.终身学习的关键能力与培养[M].北京：中央广播电视大学出版社，2015：34.

的知识去完成各种各样的任务。因此，大多数倡导终身学习的人都认为"有意义的学习"贯穿于人的一生。三是学习过程是全面的。在当代社会，信息科技发展迅速，人们每天都会面对新鲜事物，为适应社会的发展，人们需要学习多方面的知识。四是终身学习无处不在。学习场所不再像以前一样，局限于某几个特定地方，同时学习方式是多种多样的，不仅包括正式教育，也包括非正式教育。^①

2018 年，上海首份市民终身学习需求与能力监测研究报告发布，全面反映了市民终身学习需求与能力发展现状。报告表明：29.9% 的上海市民具有"较强"或"强烈"的终身学习需求。在学习目的方面，市民的学习目的呈现多元化态势，其中占比排前两位的是"提升职业技能"(27.1%) 和"提升生活品质"(20.5%)，接下来为"提升个人素质"(18.9%)、"提升社会适应能力"(15.7%) 等，而"提升学历水平"占比最低（7.5%）。对终身学习理念，90% 的市民"非常认同"或"基本认同"，年龄段越低的市民认同度越高，学历越高的市民认同度越高。^②

近几年来，计算机网络支持的学习模式越来越受到人们的关注，从电子学习到移动学习，再到泛在学习，这些学习模式在远程教育中的应用越来越多，也为终身教育的发展提供了更多可能。

三、学习者的终身学习能力建设

社会环境下的无边界学习为学习者实现终身学习提供了更多的机会、条件与可能。在"人人皆学、处处能学、时时可学"的全民终身学习时代，对于个体学习者来说，首先要树立终身学习理念，拥有成长心态，即认为个体的能力是可以发展的，通过努力，我们可以变得更优秀。有了成长心态，我们才有成长的可能，才有动力去成长。其次是要学会学习，加强学习能力已成为我们为更好面对未来不得不关注的重要课题，学习者的终身学习能力建设已然被提上日程，其中尤其要关注的是自主学习能力、信息素养和问题解

---

① 杨碧云.数字化学习环境下终身学习者绩效评价指标体系研究 [D].上海：上海外国语大学，2012：14-15.
② 服务城市发展 建立市民终身学习需求与能力监测制度 [EB/OL].（2018-08-27）[2020-03-26].https://sh.qq.com/a/20180827/071505.htm.

决能力等关键能力。

（一）自主学习能力

行为主义心理学认为，自主学习包括三个子过程：自我监控、自我指导、自我强化。自我监控是指学习者针对自己的学习过程所进行的一种观察、审视和评价；自我指导是指学习者采取那些能产生良好学习结果的行为，包括制订学习计划，选择适当的学习方法、学习环境等；自我强化是指学习者根据学习结果对自己进行奖赏或惩罚，以利于积极的学习得以维持或促进的过程。而认知建构主义学派认为，自主学习实际上是元认知监控的学习，是学习者根据自己的学习能力、学习任务，积极主动地调整自己的学习策略和努力程度的过程。自主学习要求个体对为什么学习、能否学习、学习什么、如何学习等问题有自觉的意识和反应。我国学者庞维国将"自主学习"概括为：建立在自我意识发展基础上的"能学"；建立在内在学习动机基础上的"想学"；建立在一定的学习策略基础上的"会学"；建立在意志努力基础上的"坚持学"。①

自主学习的特征包括：学习者参与确定对自己有意义的学习目标，自己制定学习进度，参与设计评价指标。学习者积极发展各种思考策略和学习策略，在解决问题中学习。学习者在学习过程中有情感的投入，有内在动力的支持，才能从学习中获取积极的情感体验。学习者在学习过程中还要对认知活动进行自我监控，并做出相应的调适。②

1. 自我规划

学习者要有明确的目标和规划，这样才能有重点地选择学习资源，系统深入地开展自主学习。学习者要明确定位和人生规划，也就是明确"我能干什么""社会可以提供给我什么机会""我选择干什么""我怎么干"等问题，使理想变得可操作化。同时，学习者要对自身的优势和不足予以分析：从"我学习了什么""我曾经做过什么""我最成功的是什么"等角度明确自身优势，从自身性格弱点、经验与经历中的欠缺方面发现不足。在这些分析之后，明确选择方向、规划未来，包括职业道路选择与自我提升发展计划。

---

① 李四海."自主学习"理念的重构和问题研究：对"自主学习"教学实践的反思 [J].黔东南民族师范高等专科学校学报，2005（5）：30-32.

② 王盛松.漫谈"自主" [J].江苏教育研究，2000（4）：13-15.

之后，学习者根据自我规划列出所需知识与能力清单，筛选相应的线上学习资源与课程，建立自主学习系统计划。

（1）**选择官方推荐的线上资源**。面对海量的数字教育资源，教育管理部门要建立准入与淘汰、评价与监管机制，对相关的资源有所推荐。区域与学校也应组织专家组，根据各类学习群体线上学习的需求，筛选、整合满足学习者学习需要的丰富优质的数字教育资源。

（2）**甄选合适的优质线上资源**。甄选合适的优质线上学习资源要做到"三看"：一看平台功能。选择线上课程时需看该课程发布平台的功能，以系统功能数量为参考，重点看功能实用性。二看系统稳定性。选定平台后，可通过体验课或试听等方式全面体验网络课堂系统，重点看是否有卡顿、延迟、掉线等情况，使用过程是否简单方便。功能数量多且系统稳定的平台是比较值得信赖的。三看资源提供与服务方实力。有些线上资源综合性较强、范围广，但功能上并不适合教育。最好选服务教育机构数量多、反响好、能满足不同学段的教学与学习需求的网络课堂系统产品，如中国大学 MOOC、国家中小学网络云平台提供的课程资源等。

（3）**甄别优质的智力资源服务**。智力资源服务相对比较复杂，如企业提供的一对一在线教学服务，实际是在线智力资源与数字教育资源服务的融合。针对智力资源服务，需要甄别的不仅仅是数字教育资源，更需要对在线教育服务机构进行甄别，可以从教师资质、宣传推广、课程质量、合同签订、公示信息、服务质量等方面加以辨别。

2. 自我管理

自我管理通常是指对自己时间、精力、情绪及心态等的管理。自我管理的最终目的是实现个体学习或工作效率及能力的提升。这里面可能包含诸如时间管理、职业生涯规划、人生规划、情绪管理、生产力及专业能力管理等内容与关键点。

在信息爆炸的时代，太多东西在抢占学习者的注意力，"时间碎片化""精力碎片化"已然成为学习者面临和需要解决的突出问题。数字化环境下自主学习过程中的自我管理，最重要的就是时间管理。学习者要善于有效利用碎片化时间来开展"零存整取"式的系统化学习。

时间管理指通过事先规划和运用一定的技巧、方法与工具实现对时间的灵活、有效运用，从而实现个人或组织的既定目标。有效地进行时间的自我管理，首先必须有一套明确的远期、中期、近期目标；其次要有自己的价值观和信念；再次是根据目标制订长期、短期计划，然后分解为年计划、月计划、周计划、日计划；最后是得到相应的日结果、月结果、年结果，及针对各结果的反馈和计划的修正。这个过程会形成一个循环。时间管理的关键是习惯的养成，学习者要善于应用现有的时间管理工具培养良好的学习习惯。

首先，记录和分析时间。做好时间管理的第一步就是弄清楚自己时间的花费，即明白自己的时间都去哪儿了，做好反思和制订改进的计划。平时，可以利用一些手机 APP，记录每天时间的花费，这样可以让自己有一个清晰的认识。其次，确定目标，制订计划。坚持结果导向，规划好长期目标和短期目标，把年度目标分解到每个月、每个星期，做好每天的行动计划清单。目标要符合 SMART 原则，即必须明确而清晰（specific），可以衡量（measurable），切合实际、可以达成（attainable），有明确的时间限制（time-based）。由此出发，制订每天的学习计划，做好每天的行动清单。再次，锁定目标，专注执行。在一件事情没有做完之前，或者没有取得一定的成果之前，不要去想别的事情。最后，要充分利用好碎片化时间。

3. 有效开展碎片化学习

利用碎片化时间，通过无处不在的移动通信网络和功能强大、易于使用的智能手机，我们可以快速获得最新的信息和最丰富的资源。碎片化学习的优势在于快捷、简单，人们可以随时随地进行学习。

碎片化学习不是娱乐，也不是知识焦虑的安慰剂，它是信息化时代的一种重要学习方式。掌握正确的碎片化学习方法，我们可以每天进步一点点，长期下来，会带来大改变。

一是给自己定一个清晰的学习目标。不能为了学习而学习，要知道自己为什么要学习，到底想学习什么。学习的过程可以是碎片化的，但是主题最好统一。因为任何知识都是系统的，只是简单学习其中一点很难学到本质，而且不会有深入的思考，也容易忘记。选好学习主题后，要将主题内容结构化，化整为零，也就是将体系化的内容先碎片化，然后就可以利用碎片化的时间去学习这些碎片化的内容。

二是每天记录，定期总结。好记性不如烂笔头，学到的东西如果不及时记录整理，就会很容易被遗忘。建议准备一个专门的学习笔记，推荐使用有道云笔记、印象笔记、讯飞语记、mindnote、石墨文档、锤子便签等，这样方便后期查阅和整理。除了每天记录，还要定期归纳总结，看看哪些内容是重复的，还有哪些地方没有学到，之后可以重点补足。这样有助于建立知识之间的联系，融会贯通。

三是有实践或输出。练习也是学习的一个重要组成部分。例如，如果学习了写作，那就要多写；学习了短视频制作，那就要多拍作品；学习了碎片化学习，就要真的用起来。除了实践，将学习到的内容输出，也是巩固学习内容、加深理解和记忆的好方法。输出的方式有很多：可以将学到的内容讲给身边的朋友听，也可以写成文章分享，或者分享学习笔记，等等。

（二）信息素养

信息素养是学习者参与在线学习的重要技能和素养。信息素养简单的定义来自美国图书馆协会（American Library Association，ALA)，它包括文化素养、信息意识和信息技能三个层面，即能够判断什么时候需要信息，并且懂得如何去获取信息，如何去评价和有效利用所需的信息。[①] 英国《SCONUL信息素养七大支柱：高等教育核心模型》从七个维度定义学习者的信息素养：识别——识别个人信息需求；审查——评价现有知识，并识别知识差距；计划——明确信息和数据的构建策略；收集——定位和获取所需信息和数据；评价——对研究过程、信息和数据进行评价；管理——以专业化和符合道德的方式组织信息；呈现——应用所获得的知识发表学习与研究成果，综合新旧信息和数据创造新知识并以各种形式传播等。这一框架能够反映学习者与技术、数据、信息、资源、知识等环境交互的综合性在线学习能力。[②]

有研究表明，学习者的信息素养对其在线学习投入、深度学习动机和策略以及在线学习绩效均具有显著性正向影响，是保障在线学习效果的重要前提。无论是学习者还是为其提供在线学习支持服务的教师，都需要重视信息

---

① 谢建.农村初中学生信息素养现状调查与影响因素 [D].长春：东北师范大学，2007：8.
② 胡小勇，徐欢云，陈泽璇.学习者信息素养、在线学习投入及学习绩效关系的实证研究 [J].中国电化教育，2020（3）：77-84.

素养在提升学习者在线学习效果方面的基础性作用。[①]

1. 不断培养和强化信息意识

学习者可通过常规的课程和学习培养自己的信息意识。教学者应将学科数据库、数字化图书馆与信息技术进行整合，构建适宜的数字化学习环境，并将之直接应用于课程学习和真实问题的解决之中；不断激发学习者的信息诉求，强化学习者的信息意识以及对于计算机应用和网络教育等信息类学科内容的学习。[②]

2. 关注提升信息素养的课程的学习

对学习者来说，提高信息素养可以从意识、知识和技能三个层面来考虑。一是明确信息素养内涵及其对在线学习的重要意义，对自身信息素养的各个方面进行分析，采取针对性措施和方法加以提升。二是可以通过中国的慕课平台或其他资源平台选择一些信息素养类在线课程进行学习，了解信息素养知识。三是通过各类任务驱动式的学习，掌握并熟练运用常用的信息化学习工具与策略。

3. 提高在线学习的参与率

学习者可以有意识地增加在线学习时间，多参与一些正式或非正式的在线课程，丰富在线学习体验，在不断积累、反思中提升信息素养。此外，从在线学习的支持服务角度看，可以为学习者提供信息素养知识和技能方面的指导，进行答疑解惑。

（三）问题解决能力

由经济合作与发展组织实施的国际学生评估项目（PISA）将学生问题解决能力定义为"个人运用认知过程来面对并解决一个真实的、跨学科情境中问题的能力"。学习者的问题解决能力是其综合能力的重要组成部分，也是其终身学习能力的重要组成部分。学习者需要解决的问题来源于多样的情境，是"以学习者在个人生活、工作与休闲及社区与社会里可能出现的情境为背景的"；问题是需要经过一系列思维活动才能解决的，而不是普通的常规生活问题；问题是需要运用多学科知识才能解决的，体现了不同知识内容

[①] 胡小勇，徐欢云，陈泽璇.学习者信息素养、在线学习投入及学习绩效关系的实证研究 [J]. 中国电化教育，2020（3）：77-84.

[②] 向磊，唐加军，舒波.远程学习者信息素养的提升对策分析 [J]. 中国电化教育，2013（6）：62-66.

之间的关联性。^①

影响问题解决的主要因素有以下几个方面：一是问题情境。问题情境是指问题呈现的方式。问题呈现的方式与人们已有的知识经验越接近，问题就越容易解决。二是定式与功能固着。在环境不变的条件下，定式使人能够应用已掌握的方法迅速解决问题；而在情境发生变化时，则会妨碍人采用新的方法，消极的思维定式是束缚创造性思维的枷锁。在功能固着的影响下，人们不容易摆脱对事物用途的固有观念，从而直接影响问题解决的灵活性。三是酝酿效应。反复探索一个问题的答案而毫无结果时，把问题暂时搁置几小时、几天或几星期，然后再回过头来解决，这时常常可以很快找到解决方法。四是已有的知识经验。善于解决问题的专家与新手的区别，就在于前者具备有关问题的大量知识并善于应用这些知识来解决问题。五是原型启发。原型启发是指从其他事物或现象中获得的信息对解决当前问题的启发，其中具有启发作用的事物或现象叫原型。六是情绪与动机。肯定、积极的情绪状态有利于问题的解决。动机的强度不同，影响的大小也不一样。

提升问题解决能力可以从以下几个步骤着手：一是关注解决方案，而非问题。二是明确问题设定。问题 = 目标 – 现状。想要实现的目标和目前现实的差距，就是需要解决的问题。反复去问"为什么"，有助于探究到问题的根源，找到解决问题的最佳方法。三是通过归纳简化问题。四是列出尽可能多的解决方案。要始终保持开放的心态促进创造性思维的发展，以激活大脑中潜在的解决方案。五是学会横向思考。试着改变方法，用新的方式看待事物；试着改变目标，寻找与之相反的解决方案。六是使用创造可能性的语言。可以用"如果……，怎么办"和"假设……，怎么办"的句子来引导思维，进行创造性思考。

强烈的问题意识能够激发学习者强烈的学习动机，解决问题的过程就是一个有意义的深度学习的过程。从问题入手，开始自主学习之路，你会发现一路风景无限；到最后解决问题时，你会体验到无比的成就感，这就是真实发生的学习。

---

① 伍远岳，谢伟琦.问题解决能力：内涵、结构及其培养[J].教育研究与实验，2013（4）：48-51.

第四节　学无边界，重塑未来教育

在当今社会，一个庞大的传统的学校教育系统，与一个正在崛起的致力于满足所有教育需求、提供从幼儿园到大学的学习资源的互联网教育系统同时并存。学校必须适时地做出改变，基于无边界学习的理念重塑学校教育教学的形态。为此，应构建以学习者为中心，以促进学习为主线，全方位、全过程支持学习者自主学习的资源系统与环境。

一是要打造无边界课堂与学习环境。以信息技术为支撑，建设智慧学习环境、智慧校园、学习资源平台等资源条件，突破实体学习场所与虚拟空间的界限，构建实体与虚拟相结合的混合学习环境，实现线下与线上学习系统的连接，从而为每个学习者构建个性化、连续性的学习环境，支持学习者实现真正的泛在学习与无边界学习。

二是要通过校内外课程资源的有效整合，丰富学习者的课程内容选择，实现课程内容与自然、社会以及个体生活经验的联结；推进跨学科学习，加强各学科之间的融合，通过序列化的问题把各学科知识串联起来，形成一种更加全面、相互衔接、融会贯通的课程结构与内容体系，帮助学习者形成更加完备的思想、思维和知识体系。同时，要打破课内学习与课外学习、校内学习与校外学习、正式学习与非正式学习等的边界，使学习者在互联互通的环境中学习，满足学习者的个性化学习需求。为此，要为每个学习者建立无边界学习账户，在不同机构、不同项目、不同课程、不同形式的学习之间建立学分认定、累积和转换的机制，打造无边界学习的"立交桥"。

三是要探索无边界学习的方法，创造具有交互性、情境性、连续性的教学环境，促使学习者的学习从传统模式转向主动、深度与跨界的学习。结合日常生活与专业实践领域的真实问题重组教学内容，基于问题创设学习情境，以问题研究为平台建构课堂教学，引导学生采用探究式的、项目化的学习方式，将知识学习与问题解决、创新能力提升结合起来，让每个学习者真正感受到学习的乐趣。[①]

---

① 荀渊. 高等教育全球化的愿景：从无边界教育到无边界学习 [J]. 电化教育研究，2019（5）：32~39.

一、空间重构

空间不单是教学场所，它还是重要的课程资源、教学构成的要素、学习者成长的塑造力量。学习空间，不管是物理学习空间还是虚拟学习空间，都应让学习者聚在一起，让他们或是探索，或是协作，或是讨论。[①] 个性自主、协作共享和探究创造是适应未来发展的学习的主要特征。无论是个性自主化学习，还是创造性建构知识、协作探究问题，都需要在相应的学习空间中才能实现。为了更好地满足不同学习者个性化、多元化的学习需求，学习空间与环境的改造和重构成为头等大事。

开展无边界学习需要空间与环境的整合和重构。重新设计学习空间和环境，最核心的目的在于，在数字化技术的支撑下，对物理教学空间进行多样化的设计，帮助个体和群体找到更适合自身的学习方式，让环境为学习者的成长注入新的动力。[②] 我们要善于开发身边的环境，整合各类资源，唤醒、开掘和提升学生潜能，促进学生自主、和谐地发展。

无论教室、图书馆、实验室等正式学习空间，还是运动场、生态园甚至走廊转角等非正式学习空间，都应美观舒适、灵动开放，便于学生开展主动学习、协作学习，激发学习者的学习热情与创造力。同时，信息技术还将学校有形的物理空间与无形的虚拟空间进行深度融合，使得"人人皆学、处处能学、时时可学"成为可能。例如，重庆市江北区在未来学校建设中，打破"围墙"，变革学习空间：从基础设施开始，打造一个技术先进、充满交流乐趣的新一代学习环境；建立起未来创新中心、未来学习中心、书画创意体验中心、智慧教室、教师学习实验室等，使学习空间从"为集体授课而建"转向"为个性学习而建"。

未来的学习中心，在教学的核心业务上采取扁平化管理，甚至基本实现了自组织管理，出现多中心的管理方式，即以每一个优秀的教师或者以每一个卓越课程为中心，组成一个个学习共同体。未来学习中心将会是没有围墙的校园，甚至是虚拟的网络空间。学习中心可以是类似于传统中小学的机

---

① 未来教育发展趋势之"学习空间重构"[EB/OL].（2018–09–07）[2020–03–26]. http://www.sohu.com/a/252680406_100020578.

② 同①.

构，也可以设在社区、科技馆、博物馆、图书馆或大学，只要能够提供丰富的学习资源和良好的学习环境，都可以成为未来的学习中心。[①]

二、课程重构

无边界学习将整体认知、全息认知作为学习的主框架，将学习者面临的知识世界、生活世界、情感世界整体纳入学习者学习的课程，使学习者的学习成为一种广域、广谱的综合性学习。在无边界学习状态下，课程资源的边界正不断模糊。文本与超文本，预设的资源与生成的资源，文本负载的信息与教师、学习者所负载的信息之间的界限不再清晰，它们都是可供学习的资源。学习不再是单科独进式的线性的、封闭的系统，而是一种打破学科边界的综合性的整体性的活动。[②]

在无边界学习环境下，学习者可以基于问题或基于项目的学习为载体，将话题的设计与实施作为拓展和重构课程的重要策略。话题能较好地体现跨界、综合、多元的要求。在基于问题或基于项目的学习中，问题或项目要求能够突破学科课程的界限，将原本分散于各学科的话题，统整为一个主题，并从不同知识范畴角度对其加以认识和研讨，从而形成对同一主题的多侧面、多层次的综合性认知与考察。将主题延展至多个学科，结成一个话题网络，进而形成整体的、综合的认知。另外，在话题的选择上，要求能较多地整合学生个体的生活经验，使文本世界与学生的经验世界、生活世界相互融合，或是将生活世界、经验世界中的话题置于文本背景下加以考察和理解。

在当今学校教育仍沿袭分科教学的条件下，为使学习者具有整体的、综合的认识方式和思维方式，就需要在教学中广泛地、精心地进行学科内容的综合、贯通和相互渗透，并通过这种综合、贯通、渗透，让学习者从不同的知识视域出发，运用不同的经验方法来获得对事物的整体性、综合性认知，形成综合性的思维方法和技能素质。无边界学习力图消解、柔化这种人为设置的学科边界，让教学走出书本世界，走向生活世界，不断提升学习者的综合素养。

---

① 朱永新.未来学校：重新定义教育 [M].北京：中信出版社，2019：37-38.
② "无边界学习"的理论建构和操作策略 [EB/OL]. [2020-03-26]. https://www.jianshu.com/p/d21048a78738.

三、关系重构

信息技术在教育领域的渗透与应用，也对教师提出了新的要求。为了适应新的形势变化，教师必然要进行角色的转换。教师应从知识的灌输者、分数决定论者、知识权威转变为学生自主学习的引导者、学生人生道路的指引者，以及终身学习者和研究者。

在无边界学习背景下，教师不再是"布道者"，学生不再是"贮存器"，师生是学习的共同体、学习活动的共同参与者。教师与学生不再是简单的教与学的关系，而成为导与学的关系。学生在学习过程中渴望民主平等的师生关系，期待教与学之间有更多的理解与沟通。

在无边界学习中，学生获取知识的途径变得多元。面对碎片化、零散化的学习资源，学生缺乏辨别、筛选、整理和加工的能力，对有价值信息的搜集、甄别与掌握，必须依靠教师的指引，教师需要担负起学生自主学习引导者的责任。在"互联网+"时代，教师最重要的任务就是激发学生的创新意识，培养学生的创新思维。另外，慕课、微课、翻转课堂等新兴教学模式都要求学生增强学习的自主性，学生是自主学习的"主体"。教师必须坚持终身学习，不断更新和完善自身的知识体系，进而传授给学生与时俱进的知识与技能。此外，教师还应潜心钻研，发现和分析各种教育现象，努力成为研究型、专家型教师。教师需要与时俱进，借助互联网这一媒介融入学生群体，主动了解新生代学生的心理特征与情感需求，时刻把握学生的学习生活及思想动态，与学生进行心灵上的沟通与对话。同时应转变对学生的看法，与学生真正保持人格、地位上的平等，尊重学生的主体地位，建立一种互动、平等、和谐的师生关系。[①]

在"互联网+"的大环境下，教师和学生都应成为学习者，都应具备学习力，都应享受学习的乐趣。在跨界和融合的大背景下，对课程与教学方式的重构应更关注学生的自组织、自重构、自转化。在这一内隐化的过程中，师生互为资源。[②]

① 胡祥，温恒福."互联网+教育"呼唤教师角色转换[J].教师教育论坛，2017（8）：26-29.
② 未来学习的方式：迎接每一个新的可能[EB/OL].[2020-03-26].https://www.sohu.com/a/227462178_538655.

四、生态重建

在"互联网+"环境下，我们正在迈向"人人皆学、处处能学、时时可学"的学习型社会。传统教育机构——有围墙的学校只是人们学习的一个驿站，学校之外还有更广阔的学习天地，承担教育和能力提升职能的主体或机构越来越广泛和多样化。

"学无边界"，校内外所有人都成为学习者和学习的支持者。学校、社会将变成一个大的学习共同体，所有的学习者相互支持、相互交流、相互分享、共同成长。教育系统内外将成为一个终身学习的生态圈。生态圈内的各种资源，包括用户、数据、流量以及知识等相互融合。终身学习将成为每个人发展的需要，生态圈的构建将使终身学习通道更加畅通，让每个人都成为学习型社会的受益者。①

当前，教育逐渐从线下走向线上，在线教育近几年一直处于快速发展过程中。"互联网+教育"正在不断地推进教育一体化的进程，互联网技术使得教育资源的利用效益最大化，吸引了越来越多的用户。在线教育通过应用信息技术，突破时间和空间的限制，使知识获取渠道变得更加灵活与多样，成为学习者开展移动学习的重要载体。

2020年疫情防控期间，所有学校无法准时开学，教育部部署"停课不停学"活动，各大在线教育平台纷纷发挥重要作用。学生停课不停学，足不出户在线学习。全国多地、多校纷纷把教学活动"搬"到了网上。线上教育内容涵盖了学前教育、基础教育、高等教育以及留学教育、职业教育。除了体制内教育机构（公办学校），民营培训机构、IT企业等主体提供了大量的线上课程和学习资源，充分满足了学生的学习需求。

五、模式多样

互联网环境下的教与学改变了过去单一、刻板的模式，变得更为开放、多元和立体。互联网环境下的学习是充分运用互联网技术和多媒体技术，引入声音、图像、文字的动态化、立体化的学习，更为强调学习者的体验以及

---

① 教育部职成司葛维威：构建终身学习的生态圈 [EB/OL]. (2016-12-02) [2020-03-26]. https://edu.people.com.cn/nl/2016/1202/c367001-28920752.html.

学习者与所学知识的交互作用，可以不断激发学习者的学习积极性和求知欲，促进学习者自主发现和解决问题。

　　未来，我们还会打破传统的班级授课制模式，形成线上线下相结合、集体讲授与小组学习相结合、主动学习与认知外包相结合的新型学习方式。未来的学习，必定是整合了面对面教学与泛在学习、无边界学习的混合式学习。

　　未来学习的一个重要标志，就是突破时空限制的泛在学习将逐步取代传统的在固定时间、固定地点进行的学校学习。在随时随地、利用任何终端进行学习的泛在学习环境中，学习者可以根据各自的需要，在自由的时间、多样的空间，以多样的方式进行学习。一是学习时间弹性化。学习者不需要在固定的时间准时入学与上课，每天上学和放学的时间可以弹性安排，学习者可以根据需要预约学习指导或者实验、交流的时间。二是学习空间多元化。学习者可以到学校或社区的图书馆学习，到科技馆、博物馆及各种特色学习中心学习，还可以利用网络教育资源进行在家学习。

　　随着物联网、云计算等技术的成熟，个性化教育与个性化学习将逐渐成为现实。在大数据时代，教育过程中的一切行为都可以转化为教育数据，通过对教育大数据的采集、处理和分析，研究者可以构建学习者学习行为的模型，并对学习者的未来学习趋势进行科学预测，为学习者的自我学习监控、教师的教学决策和教育机构的教育决策提供更精细化的服务，一对一、定制化的学习与支持服务将成为现实。

第五章　基于大数据的教育治理模式现代化

第一节　大数据与教育治理模式现代化的内涵

一、大数据

进入 21 世纪以来，随着信息技术的快速发展，我们已经从信息时代步入数据时代。2011 年，《自然》（*Nature*）杂志出版大数据专刊，讨论了大数据存储、管理和分析等问题。大数据概念以迅雷之势进入人类政治、经济、教育、文化、科技等诸多领域，大数据技术得到了日益广泛深入的应用。大数据被赋予了技术价值、经济价值、社会价值，正如农业时代的土地、工业时代的资本一样，被视为最重要的资产。

"信息技术与经济社会的交汇融合引发了数据迅猛增长，数据已成为国家基础性战略资源，大数据正日益对全球生产、流通、分配、消费活动以及经济运行机制、社会生活方式和国家治理能力产生重要影响。"[①] 基于大数据对政治、经济、文化、社会发展的战略价值与深远影响，世界各国相继出台了与大数据相关的文件，实施大数据强国战略。大数据被视为推动经济转型发展的新动力，重塑国家竞争优势的新机遇，提升政府治理能力的新途径。[②]

2012 年 3 月，美国政府发布了《大数据研究和发展倡议》（*Big Data*

---

① 国务院.国务院关于印发促进大数据发展行动纲要的通知 [EB/OL].[2019−09−03]. http://www.gov.cn/zhengce/content/2015−09/05/content_10137.htm.

② 同①.

Research and Development Initiative）。2012 年 5 月，联合国发布了《大数据促进发展：挑战与机遇》（*Big Data for Development: Challenges & Opportunities*）。2013年 10 月，英国发布了《数据能力战略规划》，指出要提高英国在世界范围内的数据研发和应用地位，通过大数据技术加强大数据中的有用信息挖掘和价值分析，进而推动大数据的研究和大数据产业的发展。[①] 同年，日本发布了《创建最尖端 IT 国家宣言》，提出"从 2013 年到 2020 年，用七年的时间普及公共数据开放平台，充分利用大数据优势提升国家竞争力"[②]。2015 年 8月，我国政府发布《促进大数据发展行动纲要》，指出"大数据是以容量大、类型多、存取速度快、应用价值高为主要特征的数据集合，正快速发展为对数量巨大、来源分散、格式多样的数据进行采集、存储和关联分析，从中发现新知识、创造新价值、提升新能力的新一代信息技术和服务业态"。

迈尔-舍恩伯格认为，"大数据并非一个确切的概念。最初，这个概念是指需要处理的信息量过大，已经超出了一般电脑在处理数据时所能使用的内存量，因此工程师们必须改进处理数据的工具。这导致了新的处理技术的诞生，……这些技术使得人们可以处理的数据量大大增加"[③]。大数据是当今社会所独有的一种新型能力：以一种前所未有的方式，通过对海量数据进行分析，获得有巨大价值的产品、服务或深刻的洞见。大数据的特征表现在数量（volume）、类型（variety）、速度（velocity）、价值（value）、真实性（veracity）五个维度上，即海量的数据规模、复杂的数据类型、动态的数据体系、巨大的产品价值、有效的数据质量。

大数据"是人们获得新的认知，创造新的价值的源泉；大数据还是改变市场、组织机构，以及政府与公民关系的方法"[④]。基于大数据，人类认识世界、参与世界、改造世界的方式正在发生改变。大数据的核心就是预测。[⑤] 通过采集数据、分析数据、建立模型、预测未知、实施干预，大数据变革了我

① 张勇进，王璟璇. 主要发达国家大数据政策比较研究 [J]. 中国行政管理，2014（12）：113-117.
② 李树栋，贾焰，吴晓波，等. 从全生命周期管理角度看大数据安全技术研究 [J]. 大数据，2017（5）：3-19.
③ 迈尔-舍恩伯格，库克耶. 大数据时代：生活、工作与思维的大变革 [M]. 盛海燕，周涛，译. 杭州：浙江人民出版社，2013：8.
④ 同③.
⑤ 同③.

们的思维方式、认知方式、行为方式，在诸多领域实现了价值创造。涂子沛在《大数据》一书中指出，"大数据时代是一个更开放的社会、一个权力更分散的社会、一个网状的大社会"[①]。

二、大数据与教育

随着信息技术与教育的深度融合，大数据在教育领域的应用日渐深化，为教育改革发展带来新的方向、新的契机。在时代潮流的裹挟下，教育已经进入了大数据时代。教师、学校、各级教育行政部门的教育、教学、管理行为越来越多地在网络中发生，教育领域的数据量呈现爆炸式增长。大量的数据汇集在一起，就像一个巨大的数据垃圾场，只有进行数据挖掘，从庞杂的数据中发现隐含关系，构建数据模型，依据模型预测未知，实施有益干预，才能真正实现数据的价值。

美国教育部在 2012 年发布了《通过教育数据挖掘和学习分析促进教与学》(*Enhancing Teaching and Learning Through Educational Data Mining and Learning Analytics*)[②]。文件指出，教育数据挖掘和学习分析是大数据技术在教育中应用的两大实践路径。教育数据挖掘指采用数学统计、机器学习和数据挖掘等技术方法，对海量教育数据进行处理和分析，建立科学的数据模型，从中发现学习者学习结果与学习内容、学习资源和教学行为等一系列变量间的相关关系，实现对学习者未来学习趋势的预测。学习分析指综合运用多个学科（如信息科学、计算机科学、社会学、地理学和学习科学等）的理论和方法，对海量教育数据进行处理和分析，利用已知模型和方法，评估学习者学习行为，解释影响学习效果的重大因素，为学习者提供个性化的适应性反馈。[③]

杨现民等认为，教育大数据是大数据的一个子集，特指教育领域中的大数据，是整个教育活动中所产生的以及根据教育需要采集到的，一切用于教育发展并可创造巨大潜在价值的数据集合。[④] 唐斯斯等指出，随着大数据技

---

① 涂子沛. 大数据 [M]. 桂林：广西师范大学出版社，2012：9.

② U.S. Department of Education. Enhancing teaching and learning through educational data mining and learning analytics [EB/OL].[2019−09−07]. http://www.ed.gov/edblogs/technology/files/2012/03/edm-la-brief.pdf.

③ 徐鹏，王以宁，刘艳华，等. 大数据视角分析学习变革：美国《通过教育数据挖掘和学习分析促进教与学》报告解读及启示 [J]. 远程教育杂志，2013（6）：11−17.

④ 杨现民，王榴卉，唐斯斯. 教育大数据的应用模式与政策建议 [J]. 电化教育研究，2015（9）：54−61.

术在教育领域的深化应用，它将推动建设"大平台"系统，汇聚各种教育数据资源形成教育大数据平台；构建"大服务"体系，提供便捷泛在的教育服务；实现"大教育"愿景，满足多层次人群的全生命周期教育需求[①]。

教育大数据是国家大数据的重要部分。教育大数据在支持教育科学决策、优化教育资源配置、提高教育管理效益、支撑精准化教学、实现个性化学习、提升教育质量、促进教育公平等方面具有重大价值。大数据在教育领域的全面深化应用，能实现从宏观上支持国家教育决策，从中观上支撑区域教育治理，从微观上改进学校教育质量，已经成为我国教育改革发展的着力点和突破口。2018 年，教育部出台《教育信息化 2.0 行动计划》，明确提出"利用大数据技术采集、汇聚互联网上丰富的教学、科研、文化资源，为各级各类学校和全体学习者提供海量、适切的学习资源服务"，"深化教育大数据应用，全面提升教育管理信息化支撑教育业务管理、政务服务、教学管理等工作的能力"。

三、教育治理模式现代化

治理，是"政府组织和（或）民间组织在一个既定范围内运用公共权威管理社会政治事务，维护社会公共秩序，满足公众需要。治理的理想目标是善治，即公共利益最大化的管理活动和管理过程"[②]。"善治的本质特征就在于它是政府与公民对公共生活的合作管理，是政治国家与公民社会的一种新颖关系，是两者的最佳状态。"[③]

2013 年，党的十八届三中全会通过了《中共中央关于全面深化改革若干重大问题的决定》，提出"全面深化改革的总目标是完善和发展中国特色社会主义制度，推进国家治理体系和治理能力现代化"。习近平总书记指出："国家治理体系和治理能力是一个国家制度和制度执行能力的集中体现。国家治理体系是在党领导下管理国家的制度体系，包括经济、政治、文化、社会、生态文明和党的建设等各领域体制机制、法律法规安排，也就是一整套

---

① 唐斯斯，杨现民，单志广，等.智慧教育与大数据 [M].北京：科学出版社，2015：134.
② 俞可平.中国的治理改革（1978—2018）[J].武汉大学学报（哲学社会科学版），2018（3）：48-59.
③ 俞可平.治理和善治引论 [J].马克思主义与现实，1999（5）：37-41.

紧密相连、相互协调的国家制度。"①

在推进国家治理体系和治理能力现代化的大背景下，2014 年，全国教育工作会议提出"深化教育领域综合改革，加快推进教育治理体系和治理能力现代化"，教育治理体系和治理能力现代化建设揭开了序幕。

教育治理是指国家机关、社会组织、利益群体和公民个体，通过一定的制度安排进行合作互动，共同管理教育公共事务的过程。② 就主体而言，教育治理已经不再只有政府这个单一主体，非政府组织、利益相关群体、公民个体等多种形式的组织或者个人都可以作为主体参与到教育治理过程之中；就运行机制而言，治理不再是政府由上至下单向度实施的过程，而是多元主体开展对话、协商、合作，在妥协中谋求多方共赢的过程；就目标而言，教育治理从单一强调教育发展转变为在教育事业发展过程中谋求教育公共利益最大化，办人民满意的教育。

"大数据应用能够揭示传统技术方式难以展现的关联关系，推动政府数据开放共享，促进社会事业数据融合和资源整合，将极大提升政府整体数据分析能力，为有效处理复杂社会问题提供新的手段。建立'用数据说话、用数据决策、用数据管理、用数据创新'的管理机制，实现基于数据的科学决策，将推动政府管理理念和社会治理模式进步。"③ 推动大数据在社会治理中的应用，必须推动社会治理模式的转变。第一，社会治理的组织载体应当从官僚制组织转向合作制组织。第二，增强数据治理的开放性与流动性，推动多元行动主体进入政策过程。第三，在数据治理中建构起相互信任、彼此尊重的文化。④ 教育决策科学化、教育治理精准化、教育服务个性化，既是教育治理模式现代化的实施路径，也是教育治理模式现代化的成果。

教育治理模式是对教育治理体系进行的结构化表征。教育治理模式现代化是对现代化的教育治理体系进行的结构化表征。2018 年出台的《教育信息化 2.0 行动计划》明确提出，实施教育治理能力优化行动，全面提高利用大

---

① 习近平. 切实把思想统一到党的十八届三中全会精神上来 [J]. 求是，2014（1）：3–6.

② 褚宏启. 教育治理：以共治求善治 [J]. 教育研究，2014（10）：4–11.

③ 国务院. 国务院关于印发促进大数据发展行动纲要的通知 [EB/OL].[2019–09–03]. http://www.gov.cn/zhengce/content/2015–09/05/content_10137.htm.

④ 向玉琼. 精确性与情境性：数据治理的两个面向 [J]. 浙江学刊，2019（5）：144–152.

数据支撑保障教育管理、决策和公共服务的能力；深化教育大数据应用，全面提升教育管理信息化支撑教育业务管理、政务服务、教学管理等工作的能力；充分利用云计算、大数据、人工智能等新技术，构建全方位、全过程、全天候的支撑体系，助力教育教学、管理和服务的改革发展。

第二节　教育治理模式现代化的特征

一、教育决策科学化

（一）决策与决策科学化

赫伯特·西蒙对决策理论进行了具有开拓性的系统研究。他认为：对于"决策"一词的含义不应仅仅从狭义上去理解，而应该从更加广泛的意义上去理解。决策绝不限于从几个备选方案中选定一个行动，而是包括几个阶段和涉及许多方面的整个过程。[①]西蒙认为，决策包括四个阶段：第一阶段为情报活动，其任务是探查环境，寻求决策的条件；第二阶段为设计活动，设计、制订和分析可能采取的备选行动方案；第三阶段为抉择活动，从备选方案中选出一个适用的行动方案；第四阶段为审查活动，对已经做出的抉择进行评价，即执行决策任务的阶段。

党的十六届四中全会通过的《中共中央关于加强党的执政能力建设的决定》提出："改革和完善决策机制，推进决策的科学化、民主化。完善重大决策的规则和程序，通过多种渠道和形式广泛集中民智，使决策真正建立在科学、民主的基础之上。对涉及经济社会发展全局的重大事项，要广泛征询意见，充分进行协商和协调；对专业性、技术性较强的重大事项，要认真进行专家论证、技术咨询、决策评估；对同群众利益密切相关的重大事项，要实行公示、听证等制度，扩大人民群众的参与度。建立决策失误责任追究制度，健全纠错改正机制。有组织地广泛联系专家学者，建立多种形式的决策咨询机制和信息支持系统。"决策是政府履行管理职能的重要组成部分，是体现集体思维与行动、彰显利益选择与偏好的复杂过程。科学决策是国家治理

---

① 丁煌.西方行政学说史[M].2版.武汉：武汉大学出版社，2004：182-183.

现代化的基础。科学决策需要决策主体在广泛调查研究、大量收集信息、多方深入论证的基础上，基于法定或约定程序做出集体决策。

教育决策是国家和地方的权力机关对教育活动施加的一种政治影响，涉及面很广，教育决策的过程也是多方面利益冲突协调的过程。教育决策的成败直接或间接地影响教育活动的成败和效率。[①] 我国的教育决策长期依赖于决策主体的经验判断、逻辑推理。作为教育决策主体的各级教育行政部门、各级各类学校对客观数据的利用缺乏科学的工具与方法支撑。

科学决策是教育事业健康发展的基础，对教育发展水平起到决定性作用。当前，不同层面的教育决策不同程度地存在以下问题。

（1）决策主体科学决策意识与能力不足。长久以来，决策主体以逻辑分析作为主要决策方法，决策质量主要取决于决策主体的知识、能力、经验、价值观等，主观性较强，尚未建立科学决策的意识，不具备科学决策的能力。

（2）工具与方法支持不足。科学决策理论研究成果丰硕，但支持决策的工具、方法不足，在决策中普及程度不高，应用范围不广。

（3）数据支持不足。数据是真实问题、具体问题的直观反映，由于缺乏全面数据，决策主体对问题认识不全面、分析不透彻、归因不明确。

（4）数据深度挖掘能力不足。通过教育大数据的采集、分析、处理等技术，深入挖掘数据价值，探究不同数据之间的相关关系，有助于透过表象发现根本问题。但目前，决策主体对数据的挖掘能力不足，对数据的应用能力有限。

（5）决策有效性不足。教育决策情境复杂，涉及多方利益相关者。决策主体代表政府、组织、团体做出决策的过程，也是不断进行取舍、博弈、妥协的过程，决策有效性不足。

（6）决策适应性有限。决策应用情境丰富、多变，决策执行主体多样，同一决策对不同客体、区域、组织以及不同时段问题的适应性不同。

（7）决策反馈不及时。决策反馈滞后，决策调整机制不完善。

基于国内外政府领域大数据应用案例，研究发现，大数据应用有助于破

---

① 葛军. 关于教育决策科学化的若干思考 [J]. 中国行政管理，2008（10）：103-105.

除各部门之间数据共享屏障，实现数据的跨域整合，推动跨部门数据共享和利用，降低政府运行成本，提高行政能力，提高管理绩效，推进简政放权和政府职能转变，实现科学决策。[①]

大数据在教育领域的应用，能够推动各级教育行政部门实现跨层级的数据共享、跨业务的横向数据流通，创建开放共享的政策环境，使教育决策者广泛了解信息，增强与利益相关者之间的互动，洞悉复杂情境，把握实质问题，剖析根本原因，调动多方决策力量，有利于形成教育决策支持体系，完善教育决策结构，为教育决策提供信息保障、数据保障与机制保障，使教育决策者从依赖直觉、经验的传统决策模式走向基于大数据的客观决策、科学决策，使教育决策更加科学、公平、公正。

（二）大数据支持教育决策科学化

大数据能够总结过去、反映当下、预测未来，从海量数据中挖掘价值是提高教育决策质量和政府决策效率，办人民满意的教育的重要途径。"基于大数据的政府教育决策目的就是实现教育领域的整体发展。学校作为开展教育活动的主要场所，对实现教育领域的发展至关重要，要通过对学校中现有教育数据的深入分析和教育效果的实际评价来改善学校教学状况、影响学校教学行为、变革学校教学理念以及提升教育教学质量，进而影响政府在教育领域决策的质量。"[②]大数据为科学决策提供技术支持、工具支持、平台支持、方法支持和数据支持。依托大数据，向基于数据的科学决策转变，是教育决策发展的重要方向。

1. 支持全样本的数据采集

囿于数据采集、处理的能力，长期以来，在我国教育事业发展过程中，研究者多采取抽样研究的方式，即从全体中抽取部分样本作为研究对象，再将从抽样研究中得到的结论推广到全体。这样的研究结论虽然具有普遍适用性，但是忽略了个体间的差异，个体的特殊性得不到反映，在一定程度上降低了决策的适应性。

随着信息技术与教育的深度融合，信息技术终端产品在教育教学管理中

① 李平.大数据在政府决策中的应用 [J].科学发展，2017（10）：5—14.

② Schildkamp K,Kuiper W.Data-informed curriculum reform:which data, what purposes, and promoting and hindering factors[J].Teaching and teacher education,2010，26(3)：482—496.

得到了广泛应用，教师、学生、管理者的行为数据得到了实时动态伴随式的采集，如学生的课内外学习数据、网络社交数据，教师的备课数据、教学过程数据、师生互动数据、科研成果数据、专业发展数据，学校的资产管理数据、教务管理数据、科研管理数据、后勤服务数据等。数据既能表现宏观全局也能凸显微观个体，普遍性与个体性都能得到客观真实的反映。依托数据对教育主体进行客观、清晰、准确的画像，将在一定程度上提高教育决策的科学性、针对性和适应性，提高决策的质量与效果。

2. 实现数据价值的深入挖掘

大数据技术实现了全样本数据的多维度采集，通过数据挖掘、学习分析等技术，研究者能够在看似无关的数据之间发掘出高度相关的关系，通过建立多种模型，实现对教师、学生、管理者等教育主体行为过程及结果的预测，支持各级教育行政部门、学校等教育主体深入分析问题，把握问题本质，有针对性地进行干预，提升教育质量，提高管理效益，促进教育发展，最大限度地实现教育政策目标。

目前，我国已建立并不断完善各类教育管理公共服务平台，实现了教育基础数据的伴随式采集和全国互联、互通、共享。各阶段适龄入学人口基础数据库、学生基础数据库和终身电子学籍档案已经建立，实现了学生学籍档案在不同学段的纵向贯通。覆盖全国、协同服务、全网互通的教育资源云服务体系已经建立，大数据对变革教育方式、促进教育公平、提升教育质量的支撑作用正日渐凸显。

3. 实现决策的动态监控

教育大数据可以实现全样本数据的实时采集、自动更新，帮助教育决策主体全面、全程、全天候对决策实施过程进行动态监控，有助于客观评价决策成效，及时发现决策中存在的问题，有针对性地进行决策改进，促进了决策、实施、评估、修正闭环的建立。例如，基于大数据的教育信息化监控体系能实现对区域教育、教学、管理数据的伴随式采集，通过大数据可视化技术，随时获取各级教育行政部门、学校、教师贯彻落实教育方针政策的真实状况，发现学生学习、教师教学教研和学校管理中存在的问题，为各级教育行政部门完善政策、改进政策落实方式提供客观、真实的数据支持。

二、教育治理精准化

（一）教育治理与教育治理现代化

西方学者在 20 世纪 80 年代就开展了治理研究。罗伯特·罗茨认为，治理并不是政府管理的同义词，相反，它表明了政府管理内涵的变化，意味着一种新的管理过程和有序状态。[①] 治理至少具有以下特点：作为治理主体的组织之间相互依存、界限趋于模糊，组织之间互动、协商参与，并建立基本的信任。全球治理委员会在 1995 年发表的报告《我们的全球伙伴关系》中提出：治理是各种公共的或私人的机构和个人管理其共同事务的诸多方式的总和。它是使相互冲突的或不同的利益得以调和并且采取联合行动的持续的过程。它既包括有权迫使人们服从的正式制度和规则，也包括各种人们同意或认为符合其利益的非正式的制度安排。[②] 詹姆斯·罗西认为，治理是各种人类活动领域中的管理机制，这些管理机制虽未取得正式授权但能够有效发挥作用，既包括政府机制，也包括非正式机制和非政府机制。治理区别于统治，前者是一种由共同的目标支持的活动，而这些活动的主体未必是政府，也无需依靠公共的强制权力来保证实现[③]。"治理"这一术语有着丰富的内涵和多样的认知视角，学者们很难达成一个统一的认识。但是，对传统政府管理模式的反思和改进依然是学者开展治理研究的共同出发点。"西方的政治学家和管理学家之所以提出治理概念，主张用治理替代统治，是他们在社会资源的配置中既看到了市场的失效，又看到了国家的失效。"[④]

20 世纪末，毛寿龙、俞可平等学者关于治理的研究，揭开了我国学者研究治理的序幕。俞可平认为："治理是指政治管理的过程，它包括政治权威的规范基础、处理政治事务的方式和对公共资源的管理"。[⑤] 在社会政治生活中，治理是一种偏重于工具性的政治行为，是实现社会政治目标的手段。参与治理的其他任何权力主体均不足以与政府相提并论，政府对人类实现善

---

① 俞可平.治理与善治 [M].北京：社会科学文献出版社，2000：87-96.

② 同① 4.

③ 罗西瑙.没有政府的治理：世界政治中的秩序与变革 [M].张胜军，刘小林，等译.南昌：江西人民出版社，2001：5.

④ 俞可平.全球化：全球治理 [M].北京：社会科学文献出版社，2003：9.

⑤ 同① 5.

治（良好的治理）有着决定性的作用。在此基础上，他进一步提出，国家治理体系是指规范社会权力运行和维护公共秩序的一系列制度和程序，包括规范行政行为、市场行为和社会行为的一系列制度和程序，其中政府治理、市场治理和社会治理是现代国家治理体系中三个最重要的体系，涉及国家的行政体制、经济体制和社会体制。①毛寿龙将"governance"一词翻译为"治道"，他认为"治道"就是"人类社会治理公共事务、解决公共问题、提供公共服务的基本模式"②，而"有限政府、法治政府、民主政府、分权政府和开放政府"是实现"治道"的基础。在推进国家治理体系和治理能力现代化的背景下，教育成为国家推进治理体系和治理能力现代化的重要领域，教育治理体系和治理能力现代化是国家实现治理体系和治理能力现代化的关键标志。实现国家现代化，教育要率先现代化；实现教育现代化，教育治理要率先现代化。③

"多元共治"是治理的核心思想。就主体而言，治理主体既可以是政府，也可以是市场、社会或其他组织机构，多主体通过一定的机制实现协同合作，极大地扩大了决策参与者的范围；就结构而言，治理摒弃了传统管理严密的科层制、等级化特点，更趋向于扁平化、网格状，在一定程度上改善了决策过程相对封闭的状态；就运行机制而言，从传统管理中的"自上而下"单向路径转向"上下结合""内外结合"的多元路径，为沟通协商创造了可能性。

（二）教育治理精准化的路径

1. 搭建多元协商的平台

"政府可以在国家层面建立数据集中平台，统筹管理经济社会的各项数据，建设政府统计核算的科学管理体系，通过对数据的采集整理，描绘出数字化的社会全景图，通过对数据的分析，研究社会的运转模式和规律，洞悉社会问题和国际安全问题，促进政府工作的高效化、科学化开展。"④

---

① 俞可平. 推进国家治理体系和治理能力现代化 [J]. 前线，2014（1）：5-8.
② 毛寿龙. 现代治道与治道变革 [J]. 江苏行政学院学报，2003（2）：86-92.
③ 袁贵仁. 深化教育领域综合改革 加快推进教育治理体系和治理能力现代化：在2014年全国教育工作会议上的讲话 [EB/OL]. [2021-01-20]. http://old.moe.gov.cn//publicfiles/business/htmlfiles/moe/moe_176/201402/163736.html.
④ 张燕南. 大数据的教育领域应用之研究：基于美国的应用实践 [D]. 上海：华东师范大学，2016：32.

在一个具有高度复杂性与高度不确定性的社会中，在一切符号和意义都需要在互动中被建构出来时，人们只有通过合作才能理解数据和生产数据，才能实现良好的治理。因此，数据治理的重心不再是技术专家和精英，而是分散到网络中的每一个终端。治理重心不断下移和扩散，基层治理组织以及公众都成了治理的重要主体。[①]

教育大数据能够实现跨越组织边界和层级的数据流动与共享，为教育决策主体、教育决策客体提供开放的决策环境，提供利益表达和观点表达的平台、渠道、机会，这有利于调动多方力量，使得多方利益相关者能够在更加充分完备的数据支撑下获得更加充分的信息，增强各方沟通交流协作的机会，且营造良好的决策氛围，提高决策的民主化水平，实现多元参与、多元共治。

2. 实现现实社会与虚拟社会的双重治理

"新出现的世界要求有自己的结构，我们开始放弃在集权的工业时代中盛行一时的等级制度。取而代之的是组织与沟通方面的网络模式，其基础在于意气相投的人们之间组成自然、平等的自发团体。网络组织使一个组织内部的权力与沟通流程重新改组，由垂直变成平行。"[②]

飞速发展的信息技术、网络技术，为人类在现实世界之外创造了虚拟网络世界，现实世界人类的思想、行为在虚拟网络世界中得到了映射。虚拟网络世界使人类实现了对现实世界教育行为数据的采集、记录、存储、分析、预测。基于技术，人类构建了纵向联通、横向整合的教育治理网络，联通了虚拟世界与现实世界，为信息流通、资源整合、数据共享提供了渠道、搭建了平台，为人类解决日益复杂的教育问题提供了客观、科学、多元的视角，创建了良性机制，为创建政府、社会、个体多方共赢的局面创造了可能性，促使人类实现了现实社会与虚拟社会的双重治理，有效提高了教育治理水平，促进了教育事业发展。

3. 提高政策执行力

基于大数据的教育治理，以"多元共治"为核心理念，改变了决策客体和利益相关者被动接受政策、不了解政策背景、不明确政策目的、不知晓

---

① 向玉琼. 精确性与情境性：数据治理的两个面向 [J]. 浙江学刊，2019（5）：144–152.

② 奈斯比特. 大趋势：改变我们生活的十个新方向 [M]. 北京：中国社会科学出版社，1984：259.

决策过程的情况，使决策客体、利益相关者充分发挥参与决策的积极性、主动性，全面了解政策背景信息、决策流程与决策机制，从而积极接受政策成果，提高政策执行效益。

从决策主体的角度看，基于大数据的实时反馈，决策主体能够及时了解政策执行动态，评估政策执行效果，发现政策执行中的问题，及时纠正政策执行偏差，并对由政策本身导致的实践问题综合采用多种方式进行有效补救，提升政策执行效果。

三、教育服务个性化

（一）教育服务个性化的内涵

教育服务个性化主要体现为教育服务需求个性化、教育服务供给精准化两个方面。所谓教育服务需求个性化，是指学习者、教师、学校、区域等教育服务供给对象依据个体或组织特征、现状、目标、环境、资源等因素，确定个体或组织的内容需求、过程需求、方法需求、标准需求、评价需求等。不同个体或组织的教育服务需求呈现出多层次、丰富性、情境依赖、高度异化的特点。所谓教育服务供给精准化，是指基于学习者、教师、学校、区域等个体或组织的个性化教育服务需求，提供丰富、多元、适切的教育公共产品与教育服务，以满足个体或组织的教育发展需求，实现教育发展目标。教育服务供给精准化使教育服务实现了从"千人一面"的单一化、标准化供给模式向"千人千面"的多元化、差异化供给模式转变。

（二）教育服务需求个性化

依托大数据，研究者可以对学习者的认知结构、认知水平、认知过程、学习风格、学习兴趣、学习动机、心理状态、行为习惯等数据进行采集、分析、处理，建立学习者模型，预测学习者在学习内容、学习指导、心理干预、身心发展方面的需求，基于学习者画像，为学习者自主推送有针对性的教育公共产品与教育服务，满足学习者的个性化需求；通过对教师教学过程、教学行为、教研成果、专业发展等数据的采集，进行教师画像，为教师的教学改进与专业发展提供数据、方法与策略支持；实时动态采集学校或区域内教师、学习者、管理者的教育行为数据，向管理者直观呈现学校或者区域教育发展状况，帮助管理者了解学校教育或区域教育发展现状，使管理者深入分析存在的问题，提出对策建议，实时跟踪实施效果，把握教育发展进程与方向。

（三）教育服务供给精准化

学习者、教师、学校、区域等教育服务对象多元化、个性化的教育服务需求，对教育服务供给提出了严峻挑战。基于用户画像，发掘隐藏在学习数据、教学数据、管理数据、科研数据背后的关系和规律，使基于部分样本的经验型的教育服务供给分析向基于全部样本的数据型的教育服务供给分析转变，由单一化、标准化的教育服务供给模式向多元化、差异化的教育服务供给模式转变，实现教育服务供给精准化，提高教育服务供给质量，提升教育服务供给效益。例如，依据对知识点的掌握情况，为不同学习者推送不同类型的学习资源、不同难度的练习题，让学习者遵循各自的路径和进度进行课程学习。又如，学校通过分析教师使用各类教育信息化产品与平台的数据，如次数、频率、使用时机等，了解各类教育信息化产品对教育教学的支持程度和贡献效果，以判断是否需要加强对教师平台应用能力的培训，或者服务期满后停止采购该平台产品。我国是教育大国，资源有限，优质资源极为短缺，为提高资源配置效益，最大限度地避免资源浪费，应针对学校布局、硬件环境建设、软件资源配置、师资力量配置等，精确采集区域、学校数据，如区域经济发展水平、人口数量、学区人口分布、适龄受教育人口数量、教师数量年龄结构等，改变"一刀切"式的、"一贯制"的标准化资源供给方式，从实际需求出发，差异化、动态化地配给资源，实现教育资源的精准供给。

第三节 大数据在教育中的应用案例

一、基于大数据的区域教育质量分析与改进 [①]

（一）背景

北京师范大学未来教育高精尖创新中心以区域教育大数据智能公共服务平台"智慧学伴"为突破口，形成了基于大数据的区域教育质量分析与改进

---

① 本案例由北京师范大学未来教育高精尖创新中心提供。

模式。该模式运用大数据技术，以学生数据为纽带，融合贯通学校、研训机构、教育行政部门和家庭，形成多方参与、紧密协同的创新育人模式，助力教育公共服务转型升级，为学生的个性化学习、教师的精准教学、教研员的精准教研、家庭教育的精准定位和教育管理者的科学决策提供数据支撑。

2016 年 5 月，中共中央政治局部署建设北京城市副中心和进一步推动京津冀协同发展有关工作。北京市根据城市副中心建设的实际需要，将通州区确立为北京市基础教育综合改革实验区，统筹在京高校、科研机构、社会力量和城区优质教育资源，支持通州区在育人方式、办学模式、管理机制和保障机制等方面先行先试。

在此背景下，北京师范大学未来教育高精尖创新中心在北京市教育委员会的支持下，以全学习过程数据的采集、知识与能力结构的建模、学习问题的诊断与改进、学科优势的发现与增强为理念，研发了"智慧学伴"平台，从学生学科能力、学科核心素养、心理素质和体质健康四个方面汇聚学生测评及学生行为数据，生成面向学生、家长、教师、教研员和各级教育管理者的教育质量分析与改进报告，通过构建"评、学、教、研"一体化教学改进理论和程序方法，有效提升区域教育质量。

（二）成效

1. 构建了区域教育大数据平台

北京师范大学未来教育高精尖创新中心利用人工智能领域的深度学习、自然语言处理、知识图谱、知识推理、语义搜索、智能推荐等关键技术，建立面向典型教育场景的大数据收集、处理、分析及应用模型；基于认知、情感与动机等关键要素，构建学习者常模与个性化模型；借助个性化学习服务工具、精准推荐服务引擎与海量学习资源，形成了支持课内课外、线上线下教与学的智能教育环境（见图 5-1）。在服务过程中生成与汇聚的数据，形成区域教育大数据，可以为区域教育公共服务提供科学的决策基础。

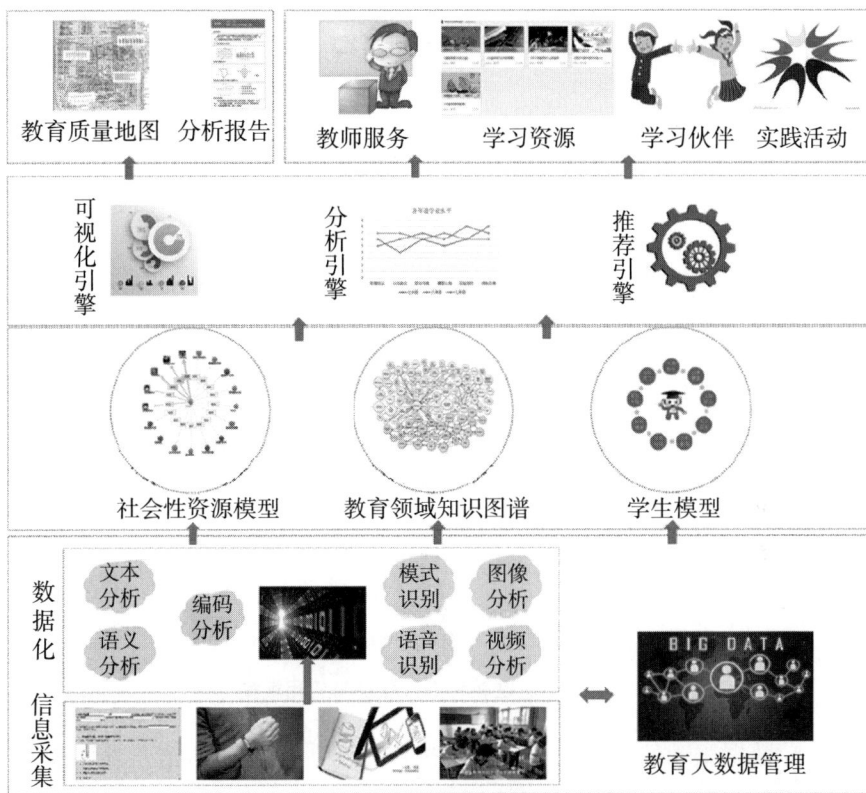

图 5-1　大数据助力区域教育质量提升框架

2. 基于教育大数据提供智能教育公共服务

北京师范大学未来教育高精尖创新中心基于教育大数据，形成了区域教育五大服务与应用模型（见图 5-2），在区域教育行政部门的牵头下，应用于个性化学习、差异化教学、混合式教研、科学化管理、现代化治理和多元化家校共育。

（1）数据驱动的个性化学习创新。北京师范大学未来教育高精尖创新中心通过构建反映学科能力构成及其表现的理论模型和指标体系，开发学科能力表现系列测评工具，在诊断学生知识掌握水平的同时，突出考查学生学科能力与学科核心素养；通过汇聚测评及学习行为数据，实现学生知识与能力结构的建模，形成可视化的学科知识地图、学科能力报告与学科核心素养报告；通过心理素质测评追踪学生的心理状态，给予学生个性化的改进与发展建议；通过智能可穿戴设备实时同步运动数据，并基于数据向学生推荐有针对性的运动方案。

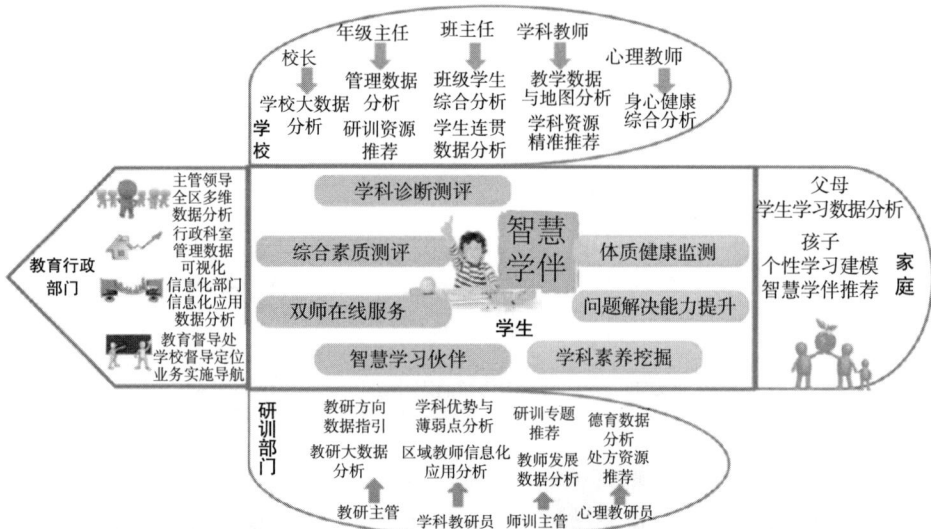

图 5-2　区域教育五大服务与应用模型

（2）数据驱动的差异化教学和学校管理创新。"智慧学伴"为教师的差异化教学和学校的科学化管理提供了依据。为助力教师实施发展学科能力和素养的差异化教学，"智慧学伴"不间断实时追踪学生的学习和身心状态。学科教师可以根据学生的知识掌握和能力发展情况，为每一个学生提供适合其最近发展区的指导，也可以根据全班的薄弱知识点提供有针对性的教学。班主任则可以通过多侧面、长周期的数据分析与挖掘，完整了解每一个学生的显性或隐性问题，明确班级管理重点。"智慧学伴"还能借助大数据分析学校发展的共性和个性问题，生成学校、年级、班级、教师和学生多层级的分析报告，方便学校精准定位、定向预防和干预，为每一位师生的健康全面发展提供保障。

（3）数据驱动的混合式研修创新。北京师范大学未来教育高精尖创新中心构建了促进学科能力素养发展的教学改进理论和程序方法，建设了系列化教学改进案例资源和教师网络研修模型，通过线上多平台融合和线下入校指导，有组织地延伸与发展传统研修，帮助教研员和教师学会利用线上平台开展混合式研修，提升利用大数据助力教育发展的意识和能力；通过汇聚多角色、多学段数据，定位不同学科在不同学段发展的薄弱点，结合校际差异，合理配置研训资源，提升教研的精准性。

（4）数据驱动的现代化治理创新。"智慧学伴"可给出面向区级/市级管理员等不同角色的诊断分析报告，叠加学校的区域分布数据，即可形成区域教育质量地图；提供资源配置、数据集成、信息管理、运行状态监控、教育质量监测等业务支持，为实现教育的智能决策、可视化管控、安全预警和远程督导提供技术保障；提供多维度数据支撑行政领导的宏观决策，助力行政科室业务的精准推进，助力过程性、智能化的教育监管和督导。

（5）数据驱动的多元化家校共育创新。家庭教育与学校教育紧密结合是实现立德树人目标的重要途径，家庭也是教育大数据服务的重要场景。面向家长的分析报告，可以让家长实时了解学生的学业表现、心理素质和体质健康情况，为"扬长教育"提供支持。多元参与的家校共育和多源数据的融合贯通，有助于为青少年儿童营造人人努力成才、人人皆可成才、人人尽展其才的成长环境。

（三）"智慧学伴"角色报告分析

1.面向学生的自动分析服务

面向学生的自动分析服务包括两个方面：（1）在学生单次测评后，平台自动进行数据分析，给出专业的分析报告。单次测评包括在学生日常学习、单元学习、学期学习等环节进行的测评。（2）在一个阶段结束后，平台可以提供综合、全面的分析报告，包括学生的全部学习数据和测评数据，让学生综合掌握自己的测评成绩以及学科能力素养表现情况，扬长避短，发展学科能力素养。

学期总测综合分析服务在学生参加多科测评后提供，自动生成的综合报告从学生测评情况、能力素养发展情况等方面进行多学科对比分析，帮助学生了解不同学科的学习情况。

数据综合分析服务，以学期为单位提供，学期末对学生在平台上生成的所有测评数据、学习数据进行综合分析，主要包含学期评价、能力素养两个分析报告。

学期评价是指在学期结束后，平台自动生成内容全面丰富的报告，提供各科学习数据和各科学期整体测评数据。

能力素养分析报告提供学生整体学科学习概况分析、单科学习综合分析。整体学科学习概况分析包括学生在历次测评中的综合成绩分析、各科能力素养发展情况对比分析。单科学习综合分析包括学生历次测评分析和综合能力素养分析。历次测评分析通过分数变化、标准分变化呈现学生的成绩发展情况。综合能力素养分析对学生在历次总测中的能力素养表现变化情况进行分析，描述学生目前的能力素养发展情况。

2. 面向教师的自动分析服务

面向教师的自动分析服务主要包括两个方面：（1）在教师所教班级学生单次测评后，平台自动提供专业的班级分析报告。（2）在关键的节点，如学期末，平台可以提供综合、全面的班级分析报告和能力素养报告，让教师实时掌握班级学生的学科能力素养发展情况。

3. 面向班主任的自动分析服务

面向班主任的自动分析服务主要包括两个方面：一是提供学生在日常学习、单元学习、学期学习等环节进行的测评报告，以及期中、期末测评报告；二是提供综合、全面的班级整体分析报告，包括班级的整体学习数据和测评数据，让班主任综合掌握班级学生的学习和能力素养发展状况，扬长避短，指导学生提升学科能力素养。

4. 面向年级主任的自动分析服务

面向年级主任的自动分析服务主要包括两个方面：一是自动提供数据分析，给出专业的学科分析报告；二是在关键的节点，如学期末，提供综合、全面的年级学生能力素养报告，让年级主任实时掌握本年级学生学科能力发展情况，方便年级主任进行年级教学安排。

5. 面向学校教研员的自动分析服务

面向学校教研员的自动分析服务主要包括两个方面：一是在学期总测后，平台自动提供专业的学科分析报告；二是在关键的节点，如学期末，平台可以提供综合、全面的学校分析报告，让学校教研员实时掌握本校学生该学科能力发展情况。

6. 面向学校管理人员的自动分析服务

面向学校管理人员的自动分析服务主要包括两个方面：一是在学期总测后，平台自动提供专业的学科分析报告；二是在关键的节点，如学期末，平台可以提供综合、全面的学校分析报告，让学校管理人员实时掌握本校学生该学科能力素养发展情况。

学期总测分析服务在前测、期末测评后提供。平台提供的报告，从学校测评情况、学生能力素养发展情况等方面进行全面、具体、详细的分析，给出学校学生各个知识点的整体掌握情况以及学科能力素养发展整体情况。此外，学期总测分析服务还提供教研员对测评试卷的分析，引导管理人员了解本次试卷，助力管理人员安排教学活动。

基于学校的测评情况，报告给出群体的排名、及格率、优秀率、成绩分布，以及标准分、分数差异等统计分析结果，帮助管理人员全面具体了解学情；详细分析各道试题班级的表现情况，各个知识点学校学生的掌握情况，引导管理人员了解学校学生在这一阶段的学习效果。

能力素养分析报告提供学校学生本次测评中表现出的能力和素养发展情况，帮助管理人员通过对比本校和区域其他学校的情况，明确自己学校的发展方向，有针对性地带领学科教师改进教学。

试卷分析对试卷的考察内容及比例，以及试题难度、区分度、信度等方面进行了说明，尤其是分析了试卷考查不同能力素养题目的占比，让管理人员明确能力素养导向下的试卷命题方向和维度，了解学校整体情况。

7. 面向学区教研员的自动分析服务

面向学区教研员的自动分析服务主要包括两个方面：一是在学期总测后，平台自动给出专业的学科学区分析报告；二是在关键的节点，如学期末，平台可以提供综合、全面的学区分析报告，让学区教研员实时掌握本学区学生学科能力素养发展情况。

能力素养分析服务，提供学区历次总测数据的综合分析、学区目前学生能力素养发展状况实时分析。历次总测数据分析包括学区历次测评中的成绩排名变化、标准分变化、学生成绩分布变化状况分析；学区学生能力素养发展状况实时分析对学区学生在历次总测中的能力素养表现变化状况进行分析，并综合学区学生目前的微测、总测数据，给出学区学生目前的能力素养发展情况。

8. 面向学区管理人员的自动分析服务

面向学区管理人员的自动分析服务主要包括两个方面：一是在学区组织

的大型考试后，平台自动给出专业的分学科分析报告；二是提供学区所有学生的学习过程评估，例如学生历次期末考试、三年综合能力、知识图谱建设情况的分析，从而了解全学区学生的薄弱环节，改善学区教学，最终提升全区学生学科能力素养。

9. 面向区县教研员的自动分析服务

面向区县教研员的自动分析服务主要包括两个方面：一是在区县组织的大型考试后，平台自动给出专业的分学科分析报告；二是提供区县所有学生的学习过程评估，例如学生历次期末考试、三年综合能力、知识图谱建设情况的分析，从而了解全区县学生的薄弱环节，改善区域教学，最终提升本区县学生的学科能力素养。

10. 面向区县管理人员的自动分析服务

面向区县管理人员的自动分析服务主要包括两个方面：一是在区县组织的大型考试后，平台自动提供专业的分学科分析报告和多学科汇总的综合报告；二是提供区县所有学生的学习过程评估，例如学生历次期末考试、三年综合能力、知识图谱建设情况的分析，以及单科和多科学习情况的全面分析，从而了解全区县学生的薄弱环节，改善区域教学，最终提升本区县学生的学科能力素养。

11. 面向市级管理人员的自动分析服务

面向市级管理人员的自动分析服务主要包括两个方面：一是在全市组织的大型考试后，平台自动给出专业的分析报告，包括分学科报告和多学科汇总的综合报告；二是提供市内所有学生的学习过程评估，例如学生历次期末考试、三年综合能力、知识图谱建设情况的分析，以及单科和多科学习情况的全面分析，从而了解全市学生的薄弱环节，改善区域教学，最终提升全市学生的学科能力素养。

12. 面向家长的自动分析服务

面向家长的自动分析服务主要包括两个方面：一是提供学生单次测评报告；二是提供关键节点，如学期末的综合、全面的分析报告，包括整体学习数据和测评数据，让家长综合掌握自己孩子各学科的能力素养表现。按照学生参与的测评类型，平台可以为家长提供日常测评分析、单元微测分析、学期总测分析、学期总测综合分析共计 4 种分析服务。

日常测评分析是指在孩子日常练习后，平台自动生成相应的专业报告，帮助家长了解孩子知识点的掌握情况、学科能力发展情况。同时，平台还会自动推送与薄弱知识点相对应的微课资源，引导家长督促孩子自主进行学习提升。其中的能力分析模块能够基于孩子的测评结果，挖掘出孩子整体能力发展情况，帮助学生家长引导孩子发展能力素养，而不是停留在分数层面。

单元微测分析是指在学生学习完一个知识模块后，平台自动生成相应的专业分析报告，对学生测评情况、学科能力状况给出详细的分析。测评情况主要包含学生的具体成绩、答题情况、错题以及能力表现薄弱点，针对学生的薄弱项，平台会精准推送对应的微课资源，供孩子学习提升。能力分析模块能够基于孩子的测评结果，挖掘出孩子的能力发展情况，引导孩子进一步学习提升，而不是停留在分数层面。

学期总测分析在关键测评后提供。平台自动生成的专业报告，从测评情况、能力素养发展情况等方面进行全面、具体、详细的分析，给出学生目前阶段各个知识点的掌握情况，并针对薄弱的知识点，精准推荐对应的微测和微课资源，以提升孩子的能力。

学期总测综合分析在关键测评后提供。平台自动生成的专业综合报告，对学生测评情况、能力素养发展情况进行多学科对比分析，帮助学生了解不同学科的学习情况。

二、大数据支持的高校管理[①]

（一）背景

教育大数据是重要的国家战略资产、教育领域综合改革的科学力量与发展智慧教育的基石，确立教育大数据在我国教育事业发展与改革中的战略地位是国家教育现代化建设的必然要求。利用大数据深化高校管理，促进高校改革发展，提高高校科研水平和效率，既是高校面临的重要任务，也是高校发展的战略机遇。

近年来，北京邮电大学建立了校园大数据平台，通过挖掘数据的潜在价

---

① 本案例由北京邮电大学信息化技术中心朱晓瑛、胡燕、张闯提供。案例中所展示的数据为示例数据。

值，助力教育管理向智能化、精细化、可视化方向转变，对推进"双一流"建设、更好地服务于国家现代化建设发挥了重要作用。

（二）思路

北京邮电大学校园大数据平台采用关联规则分析、聚类分析、相关分析等分析方法，以各种可视化的方式，为领导决策提供数据支撑。当前，北京邮电大学的大数据应用管理决策主要集中于以下三个方面。

一是面向学生管理的教育大数据应用。此类应用往往又被称为智慧网格、网格化管理应用，它主要聚焦于高校学生管理中的方方面面，对学生生活、学业、思想等方面进行伴随式辅导，形成协同、可持续的智慧管理与导引发展新模式。目前，北京邮电大学已经建立起学生画像、学生行为预警、学生家庭经济状况分析、学生综合数据检索、学生群体分析等功能应用，由面向混杂群体管理变为面向特征群体管理，可以更好地分辨学生在专业学习或就业方向上的潜能，为学生提供个性化的管理与培养方案。

二是面向校园服务的教育大数据应用。此类应用主要通过实时爬取、分析校园各类数据，监测校园舆情，优化校园资源配置，帮助学校开展管理决策，展示学校人文关怀。其中，综合校情展示集成了基础数据分析和行为数据分析，能够使管理者对在校生情况、课程情况、科研成果、奖励和助学情况、教工情况等进行直观了解和对比，也能够帮助学生依据严谨的数据分析更加了解自己，感受信息化带来的人文关怀与改变。

三是面向教学科研的教育大数据应用。学校根据每年各专业招生计划、今年开课计划、往年教学安排、教学资源等多种因素，开展数据分析，对教学活动中各项资源、环节做出预测，并适时提出预警。未来，学校将通过导入和聚合各类科研原始数据，开展多维度的高校科研指标数据分析服务，精准地搜寻更加契合学校需求的外部人才。

（三）应用

1. 大数据教学创新平台

大数据教学创新平台具有教学质量评估、学生上网行为分析、学生学习成绩分析等功能。

（1）教学质量评估：对教师评价、学生课堂状况、教学质量评价等数据进行分析研究（见图5-3），帮助教师更好地进行教学活动。

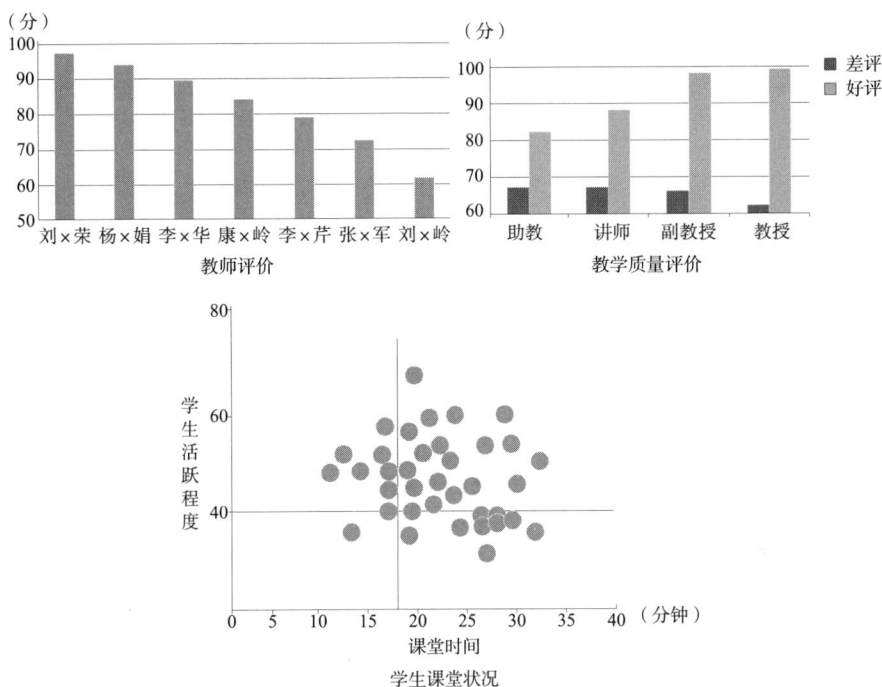

图 5-3　教学质量评估

（2）学生上网行为分析：对各年级学生上线次数、上网时间段、总流量以及在线课程的欢迎程度等进行分析研究，引导学生合理运用网络资源，树立健康的上网理念。图 5-4 反映了学生上网流量分布情况。

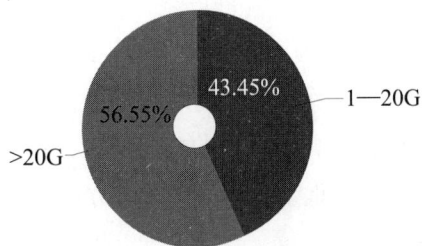

图 5-4　学生上网流量分布

由调查得知，每月上网流量超过 20G 的用户占比为 56.55%，超过总人数的一半；上网流量在 30G 以内的用户占比为 94.17%。因此，建议学校将免费流量限额提升到 30G，满足学生日益增长的网络流量需求。

再如，教育管理者可利用平台了解学生课堂学习情况，并与任课教师沟通，使之及时调整课堂安排。如图 5-5 所示，如果我们能及时掌握学生的网络登录情况，就可以在课程前期发出预警，提醒任课教师注意课堂效率。如果一个学生在多门课程中有联网行为，可以在教学周期前对学生发出学业预警。

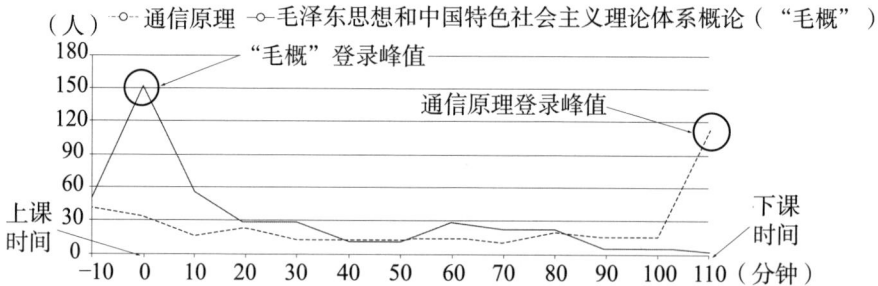

图 5-5　不同课程学生登录时间分布

（3）学生学习成绩分析：对学生成绩以及排名等数据进行分析研究，更加清晰地了解学生成绩的整体分布状况以及学生的学习状况。

2. 大数据科研创新平台

大数据科研创新平台具有科研成果分析、科研项目分析、科研经费分析功能。

（1）科研成果分析：对科研成果的获奖比例、科研成果的学科背景以及发表的与科研项目相关的论文数量和级别等数据进行分析研究，清晰了解科研情况。

（2）科研项目分析：对科研项目负责人的年龄、学历以及所在院系等科研项目信息进行分析研究，更全面地了解学校科研项目情况。

（3）科研经费分析：对科研经费的总体投入、各学院经费的投入和支出等数据进行分析研究，直观地了解科研经费等方面的信息。

3. 大数据管理创新平台

大数据管理创新平台具有招生分析、就业分析、住宿分析、资产统计分析等功能。

（1）招生分析：对学校的生源地以及招收的学生类型等数据进行分析研究（见图 5-6），为学校提供有针对性的招生指导。

| 全部 | 专科生 | 本科生 | 研究生 |

2016—07—21 ▼   全部 ▼

	地区	报到率	专科生	本科生	研究生
1	北京	41.7%	11%	26%	78%
2	上海	41.0%	15%	31%	56%
3	长沙	30.2%	21%	12%	87%
4	武汉	29.6%	2%	15%	1%
5	南京	27.3%	32%	6%	4%
6	保定	26.1%	25%	21%	12%
7	天津	24.2%	4%	8%	36%
8	哈尔滨	21.3%	6%	62%	51%
9	杭州	20.4%	2%	41%	44%
10	廊坊	19.5%	11%	23%	1%

图 5-6 招生情况分析

（2）就业分析：对学生就业的地区、行业以及专业排名等数据（见图 5-7）进行分析研究，为高校决策者提供指导或数据支持，改进现有的教育模式，提高毕业生就业指导的实效性。

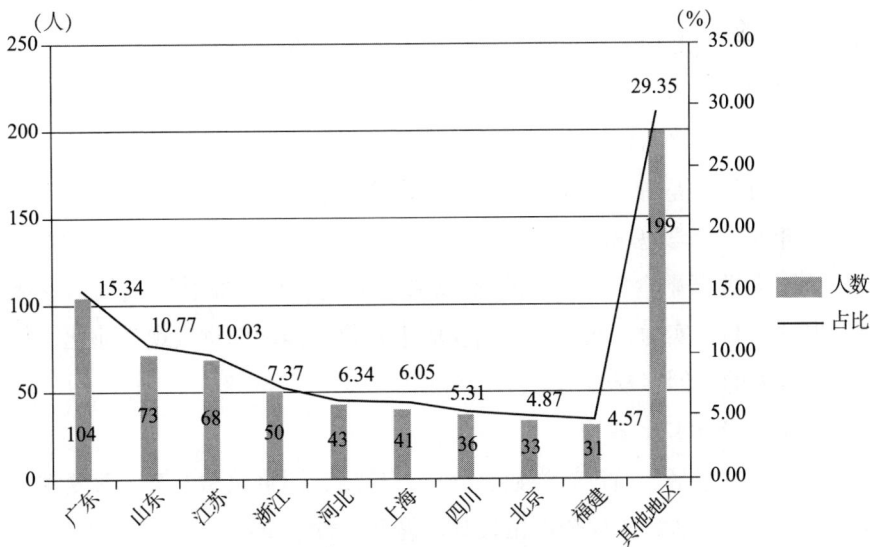

图 5-7 学生就业情况分析

（3）住宿分析：对学生住宿过程中产生的数据进行分析研究，帮助学校相关管理人员更加合理地分配宿舍资源，更加科学地进行宿舍管理。

（4）资产统计分析：对资产的数量、类型以及年增长率等数据进行分析研究，便于校领导从全局上把握资产信息，加强成本核算，对固定资产进行系统的规划、建设和管理，为各类资产的购置和合理分配提供决策支持。

4. 大数据创新应用平台

大数据创新应用平台具有学生轨迹分析、学生画像等功能。

（1）学生轨迹分析：对学生各学年的成绩、餐厅消费、购物、进出图书馆的次数、借阅图书量以及吃早餐的次数等数据进行分析研究，预测学生的学习状况，引导学生更好地规划学业和就业方向。

（2）学生画像：对学生在校生活和学习状况等数据进行分析研究，掌握学生的动向，有的放矢地帮助学生做好进一步规划。

（四）成效

1. 实现个性化学习

校园大数据平台集成教育数据挖掘与学习分析技术，持续采集学习行为数据并进行智能分析，为学生推送合适的学习资源并给出个性化学习建议。

2. 实现教育评价体系重构

校园大数据平台采集教与学的全过程数据，全面、客观记录学生成长轨迹，引导学生培养模式和教育质量管理方式科学健康发展。

3. 实现科学研究范式转型

校园大数据平台解决了科研经费管理等科研难题，提供便捷的技术支撑与人性化服务，提高了研究的效率和结果的可信度。

4. 开启"大数据创客"新模式

校园大数据平台能够实现创新成果应用及发布，完善了高校信息化建设，提升了高校实力，能够加速创客成果转化，推动创意实现产业化，打造具有影响力的"创客校园"。

5. 实现教学模式改革

校园大数据平台通过教学数据分析与预测，调整教学方案，改变教学模式，优化教学方法，实现个性化教育，提高了教学质量。

6. 实现科学化教育管理

校园大数据平台注重相关关系识别，强调因果关系，着力发现隐藏的有用信息，有利于做好教育管理和决策工作的数据支持。

三、广东省教育大数据建设与应用 [①]

广东省教育厅高度重视教育数据治理工作，明确将教育大数据应用工程列为省教育信息化"十三五"规划重点工程之一，教育数据治理和服务已成为教育信息化的核心工作和主要任务。教育大数据应用工程是加快推进教育治理体系和治理能力现代化的重要支撑。数据治理与服务是一项复杂的综合性工程，广东省教育厅按照"标准先行、统筹规划、应用驱动、协同推进、逐步完善"的思路不断提升教育数据治理与服务能力，为教育治理、教育决策提供全方位的服务。

（一）加强顶层设计，建立数据治理组织架构及相关标准规范

广东省教育厅根据教育业务需求，组织专业团队全面梳理和评估广东省教育数据的现状，制订数据治理体系和实施路径规划，明确数据治理的组织架构和职责分工，建立数据管理制度和工作规范，编制教育大数据库建设与服务方案，包括大数据服务平台建设、数据资源汇聚体系建设、数据分析治理平台建设、数据开放共享服务体系建设、业务数据模型建设等。在业务数据模型建设方面，目前已完成教师专业发展、学生成长、大学生就业等模型，后期将建立网络信息安全、学生学习行为、阳光厨房、校车、网络数据资产等模型。同时，不断完善教育数据标准，在遵循国家、省级标准基础上，修订和新制定一批教育数据标准，规范广东省教育数据的治理与服务。

（二）不断挖掘丰富教育数据资源

根据业务需求，广东省教育厅通过多种方式汇聚整合相关数据资源。目前主要包括以下几个来源：一是教育厅省本级 70 多个业务信息系统中涉及的 4 万多所学校、100 多万名教师、2300 多万名学生、3000 多万名家长、50 多万栋教学用楼房的基础数据和各种业务数据；二是通过省教育数据交换采

---

① 本案例由广东省教育技术中心信息数据部主任、高级工程师杨生华提供。

集平台向下级教育单位采集的各种教育管理和教学数据；三是通过省政务大数据平台向省相关厅局、行业单位申请的第三方数据和接口；四是通过部省交换通道申请调用的教育部掌握的全国相关数据和接口；五是直接向国家政务中心申请调用的部分数据和接口，比如全国健康码数据。

（三）不断提升教育数据治理与服务能力

在教育数据治理与服务方面，广东省教育厅近年来主要做了以下几方面工作：一是建设了覆盖全省的教育数据交换平台（见图5-8），实现了部省之间、省市之间、厅局之间实时双向数据交换共享。二是建设了教育管理公共服务平台，基本完成了大部分业务系统集成。三是建设了广东省教育数据资源中心（见图5-9），汇聚相关业务数据，拓展国家教育基础数据库，建成了涵盖学生、教师、家长和学校数据的省教育基础数据库，在此基础上建立了基于主题、面向应用的若干主题数据库，完成了从"数出多门"到"一数一源、数入一库、数出一门"的转变，将教育数据整合成教育厅的核心资产。四是加强数据开放共享，按需提供数据服务。主要举措有：（1）通过广东省教育数据动态分析与服务平台，向广大用户提供基于GIS数字地图的动态直观数据分析、展示、查询服务，目前提供包括教育数据统计、教育专题、信息搜索3大内容，涵盖学前教育、基础教育、中等职业教育、高等教育、其他教育5大板块的数据信息服务，为教育决策及时准确地提供科学依据，为加强教育监管、支持教育宏观决策、全面提升教育公共服务能力、优化教育"放管服"水平提供强大的技术和数据支撑。（2）按照广东省政府要求，在省政务信息资源共享平台编目并挂载47项数据，共1300多万条，通过广东省教育厅阳光政务平台、粤省事小程序、省政府政务服务平台提供查询和接口服务。（3）为审计部门、公安部门、纪检部门、扶贫部门以及地市教育局提供点对点常态化数据查询和比对服务，充分发挥数据价值，提高精准管理和科学决策水平。2016年以来，在省"建档立卡，精准扶贫"管理系统建设过程中，为省残联、省扶贫办、省信息中心等单位提供了大量的数据比对服务；从2018年起配合公安部门建立大数据打拐模型，取得了丰硕的成果，得到了公安部、四川省公安厅、广东省公安厅的充分肯定。

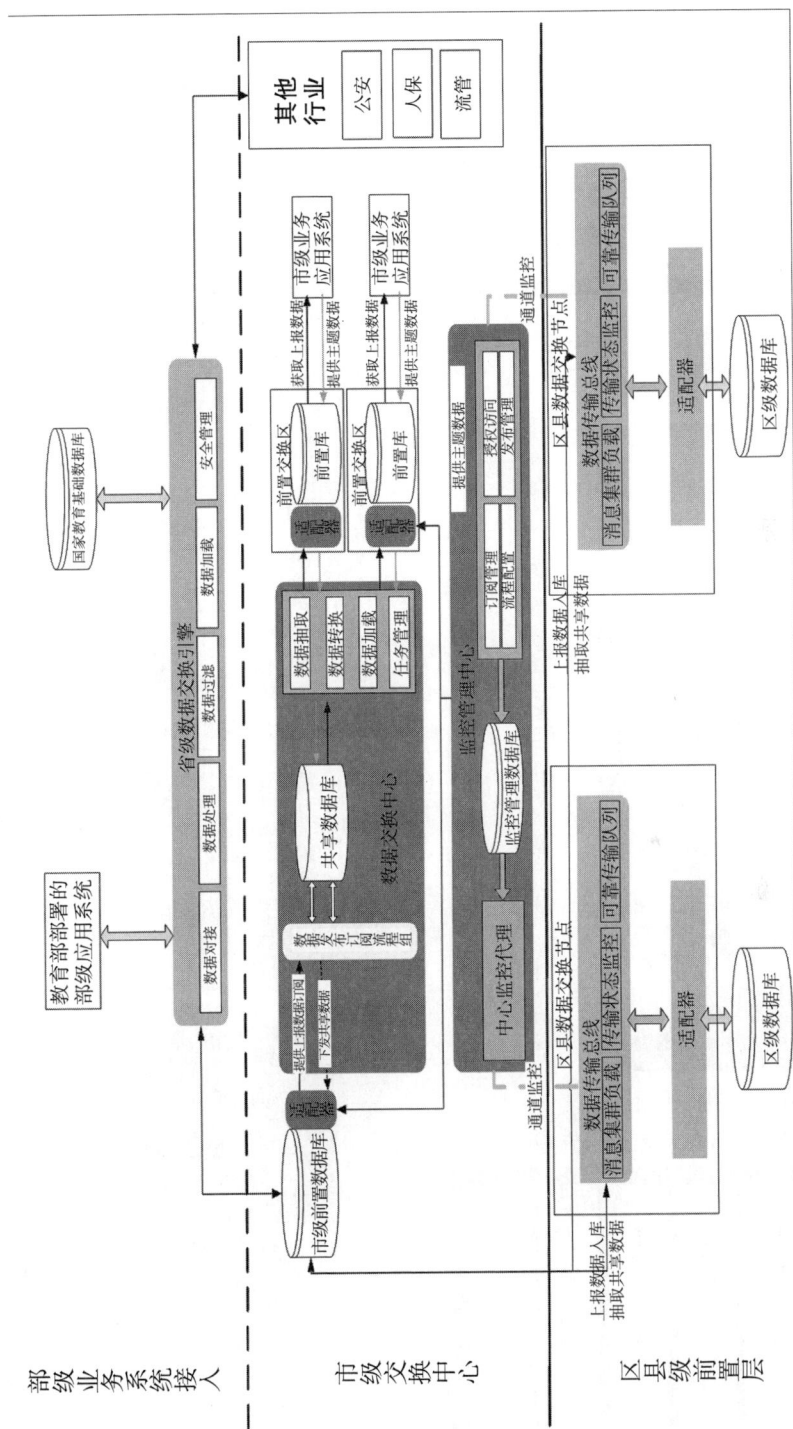

图 5-8　广东省教育数据交换平台

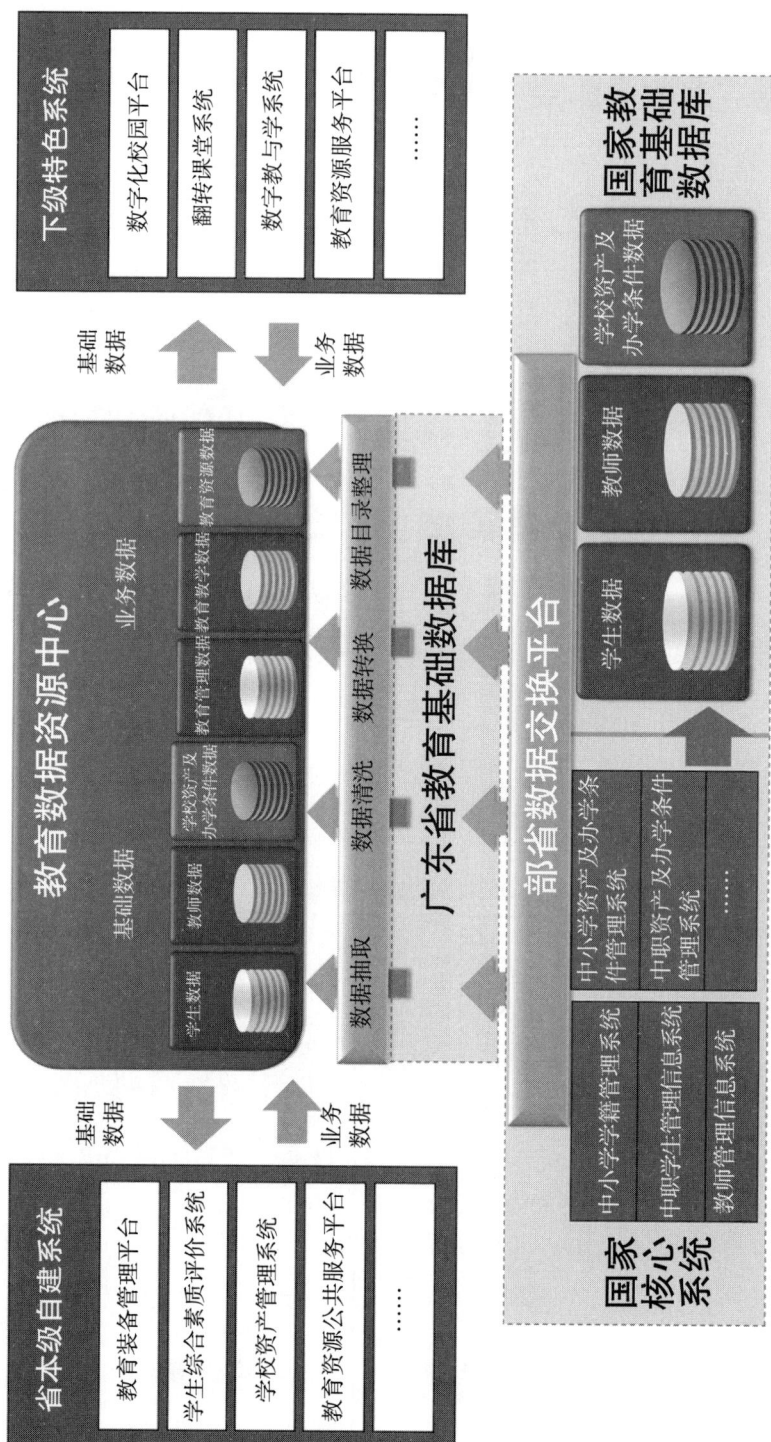

图 5-9　广东省教育数据资源中心框架图

（四）数据安全保障能力不断加强

广东省严格落实《中华人民共和国网络安全法》《金融和重要领域密码应用与创新发展工作规划（2018—2022 年）》《GM/T 0054-2018 信息系统密码应用基本要求》等安全法规和标准，对教育数据安全和个人隐私保护高度重视，除了常规的网络信息安全保障措施外，特别关注国家商用密码在业务信息系统中的建设与应用。一是建设全省一体化可信教育数字身份及密码应用支撑服务体系。2019 年广东省主动承接了教育部教育 CA 规划建设应用和可信教育数字身份建设与应用两个省级试点项目，通过整合公安法定身份、网络身份（商用数字证）、教育身份，拟为全省所有教育机构、教师、学生签发可信教育数字身份；建设包括五大体系（统一数字身份与隐私保护的可信认证体系、电子签名与电子签章的可信流程体系、电子证照与电子档案的可信数据体系、精准资助与移动缴费的可信支付体系、平台校园与智慧校园的可信校园体系）的可信教育数字身份及密码应用支撑服务生态，为广东省教育管理现代化、决策科学化、服务网络化提供整体网络与信息安全保障。二是加速推进商用密码在全省教育行业的普遍使用。根据教育部和广东省密码管理局的工作部署，广东省教育厅出台了《密码应用规划和应用推进计划》和工作台账，逐步在核心业务信息系统中按要求落实数字密码的使用，特别是在大数据治理涉及的数据存储、传输、交换等关键环节全面启用商用密码，确保信息系统和数据的安全，防止数据特别是个人隐私数据泄露。三是按照国家密码管理局《商用密码应用安全性评估管理办法（试行）》，配合国家密码管理部门，加强对核心基础设施和重要业务信息系统进行密码应用安全性评估，规范密码在业务信息系统中的建设与应用。四是加强网络信息安全监测与预警服务，配合公安网监部门，按照统一规划、集中建设、分级管理、多级服务的原则，建设全省教育系统的网络信息安全监测与服务平台，全面提升网络信息安全预警和服务能力。五是加强网络信息安全检查与宣传。

（五）主要成效

一是为教育的发展规划和政策决策提供了依据。例如，高等教育入学率、普通高中的发展规模、大力发展理工科类学生规模等方面的政策，都是基于大数据分析提出的。二是使各部门各处室提高了教育统计服务质量。通过教育统计数据和教育生产数据双轮驱动，相关指标关联互动、双向赋能，教育事业统计数据更加精准，为有关部门提供了各方面的数据信息和决策参考。三是为精准扶贫和精准资助提供数据支撑。动态关联广东省教育厅资助数据、扶贫部门的建档立卡数据、残联部门的业务数据以及其他相关部门的数据，为教育资助部门的精准教育资助服务提供数据支撑。四是为防范和打击"高考移民"行为、防范骗取重点高校农村和贫困地区学生报考资格提供了保障，确保高校考试招生公平有序。近两年，省学籍办对来自广东省高校专项计划、地方专项计划实施区域的学生逐一进行了学籍信息核对，剔除了不符合报考资格的学生，杜绝了通过学籍造假骗取重点高校农村和贫困地区学生报考资格的行为。五是促进了留守儿童、残疾儿童关爱政策的制定与实施。广东省利用学籍系统数据，与有关部门联合摸底排查农村留守儿童、实名登记的残疾适龄儿童并进行逐一比对，分析核实各地留守儿童、适龄残疾儿童入学情况，保障了留守儿童、残疾儿童平等接受义务教育的权利；同时为减免普通高中家庭经济困难学生和残疾学生学杂费的财政预算提供了决策依据。六是利用教育大数据，帮助公安部门建立儿童打拐专案模型，取得了显著的成果。目前正在推动教育部、公安部成立打拐大数据分析中心，以期杜绝儿童拐卖行为。七是利用教育大数据、公安大数据为控辍保学护航。

四、学生实习大数据平台促进职业院校实践育人、产教融合 [①]

2020年7月，全国职业教育实践育人产教联盟在江苏无锡成立，全国职业院校实习大数据报告同期发布。联盟以数字化、智能化为核心，通过校企共建、校际共享，推动数字化的实践育人产教融合大数据平台建设，深入推进产教融合政策落实，探索融合模式，更好地实现产教协同育人，提升学生实践能力和职业技能培养水平，服务高水平高职院校建设和经济社会高质量发展。联盟成员单位在人才培养、校企合作、教学改革、师资建设、科学研究、资源共享、创新创业、合作办学、学术交流等多领域开展合作，协同构建信息交流平台、技术交流平台、资源共享平台、成果转化服务平台，建立实践教学资源库，开展基于大数据的分析研究，共同推动职业教育产教数据

---

① 本案例由现代职业教育研究院和工学云实习管理和综合服务平台联合提供。

资源整合，促进"互联网＋职业教育"发展。

联盟依托大数据平台，定期发布实践育人产教融合最新动态、大数据分析报告，加强对职业院校顶岗实习情况的分析和研究，促进实践教学资源信息共建共享共用，为职业院校推进教育教学改革提供指导，并进一步促进校企合作和搭建产教融合服务平台。

大数据平台建设的难点在于数据的采集，工学云实习管理和综合服务平台是基于《职业学校学生实习管理规定》所做的设计，通过推进职业院校使用实习管理平台（见图5-10），以点带面，两年时间快速覆盖全国，完成了三步走战略的第一步。

图5-10　工学云实习管理和综合服务平台功能架构

工学云实习管理平台，目前已全面记录了全国478所职业院校实习学生的岗位信息、考勤记录、考核成绩、工作业绩、实习薪资、专业对口率等各项实习信息，通过对实习期间学生、院校和企业全过程数据进行多维度挖掘和全方位分析，实现学生实习的动态监管和质量监测。

（一）大数据平台的架构

工学云实习管理和综合服务平台的建设充分考虑标准化、开放性和可扩展性，基于国家相关标准，定义好数据采集规范，为进一步建设实践育人产教融合大数据中心，为职业教育相关参与方提供数据服务，奠定良好的基础（见图5-11）。

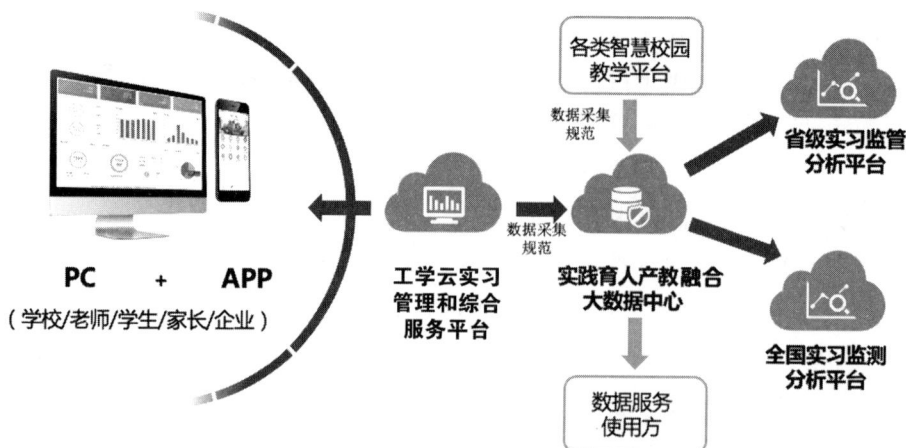

图 5-11　工学云实习管理和综合服务平台功能架构

（二）大数据平台建设的基础

1. 移动互联网技术为平台建立提供了基础

（1）适应"互联网＋职业教育"需求。随着互联网和移动互联网的发展，大量顶岗实习管理平台和实习管理 APP 被广泛应用于职业院校顶岗实习管理工作。实习管理平台全面记录学生在实习期间的各项数据，如企业岗位信息、学生实习工作业绩、考勤记录、考核成绩和校企综合评价等，通过对海量实习数据的积累和多维度挖掘，为职业院校建立科学的顶岗实习质量指标体系、提升学生顶岗实习成效、助力教学诊改提供了基础数据支持，推动了教育服务供给模式升级。

（2）大数据平台建设是智慧校园建设的重要内容。建立实习大数据平台，将信息技术深度融入实践育人的全过程，能够推进学校实习管理的规范化、科学化和精细化，有效提高职业院校实习管理水平和实习质量。同时也为教师、家长及时掌握学生实习动态，加强多方之间的及时沟通与指导、规范实习考核提供平台支撑。

2. 平台的建立为转变实习管理模式提供了可能

（1）工作数据的实时化，有助于构建实习管理的动态监控机制。传统教育环境下，教育管理部门工作人员或决策制定者依据的数据一般是静态的、局部的、零散的、滞后的数据，或是逐级申报、过滤加工后的数据，很多时候他们只能凭经验做管理、做决策。大数据平台充分利用信息化手段，将学校与企业、学生与教师紧密联系起来，整合各专业、各行业的资料数据，记录学生实习期间的实习工作状态与行为数据，做到过程信息可查询、可追溯，并提供多元化、全方位、全过程数据挖掘与数据分析，实现学生顶岗实习的全方位管理和质量监控，从而全面精准掌握学生的实习情况及发展趋势，推进教学诊改，提升人才培养质量。

（2）工作数据的可视化，有助于提升实习精细化管理水平。平台设置多个管理模块——从实习前的岗前培训模块到实习过程中的实训管理、考勤管理、实训日志、远程指导模块，以及实习结束后的就业跟踪模块等，实时收集整理职业教育实践教学过程中的各方面数据并进行全面准确的分析，形成用数据说话、用数据决策、用数据管理，利用数据开展精准服务的管理服务模式，有助于提升实习精细化管理水平，推动实习管理由传统管理模式向"大数据 + 实习管理"发展，使实习管理实现规范化和精细化。

（3）工作数据的多元化，有助于构建智能化的实习管理生态。系统具有图表统计分析功能，通过图表数据可及时发现问题，采取措施推进工作并随时检查工作效果。学生的实习成绩、教师的实习指导工作量等方面的信息全部可由系统自动生成，过程资料自动留存，所需指标自动生成，相关信息不再需要逐级上报、层层统计，大大提高了工作效率，这对于推进职业教育管理从经验型、粗放型、封闭型向智能化、可视化转变具有重要意义。

3. 平台的开发为推进教育教学改革提供了动力

（1）提供差异化、个性化的学习资源。平台开设在线学习课程平台，并依托大数据构建学习者体验模型，对其线上课程进行评估和再设计，为每一个学习者提供不同的课程教学资源服务，从而实现多样化、个性化教学，满足众多学习者差异化、多样化的学习需求。

（2）优化基于岗位工作需求的课程体系构建。基于平台实习大数据，可以精细洞察学生实习期间的实践学习需求；通过对学生实习过程中的各种数据进行测量、收集和分析，不断完善实习管理方法，进而调整学校实习课程开设，优化实践教学体系，在提高职业院校实践教学能力的同时提升师生信息素养。

（3）形成真实立体的教学案例库。学生可通过 APP 将真实工作场景录制并上传到平台作为工作日志，形成真实立体的案例库，为教师将企业真实案例运用到实际教学，丰富课程教学资源，创新教育教学模式，推动教育教学改革提供助力。

4.平台的应用为产教精准对接提供了渠道

（1）建立校企实时互动渠道。大数据平台具有优质企业信息库、专业实习标准管理、院系部门管理、考核管理、实习交流、就业服务等功能。平台的开发利用，有利于推动校企进一步做实做细学生实习实践流程，加深学校和企业的交流，实现双方资源共享、优势互补、互惠共赢，在技术技能型人才培养、"双师型"师资队伍建设、职工技能提升培训、科技创新与技术服务等方面广泛开展合作，实现了职业院校与企业对接、专业与产业对接、课程体系与职业标准对接、教学过程与生产实际对接。

（2）搭建校企供需精准对接通道。大数据平台能够全面记录学生的各项实习数据，促进校企精准对接：前期通过平台预警功能，为学校、企业、学生、管理部门搭建起管理和交流的平台，及时发现并解决问题，确保校企双方权益得到及时有效的维护；后期通过优化数据分析模型，根据企业岗位要求，对学生的职业核心能力、职业态度、职业知识与技能进行综合分析，进行职业画像，把优秀的学生自动推荐给优质的企业，提升人才培养的针对性和适配性，推进产教精准对接。

（三）大数据平台的实施效果

1.建立顶岗实习标准，构建智能化的实习管理模式

通过标准化实习管理平台的推广使用，建立学校实习业务管理规范，构建多角色的顶岗实习管理体系，提供多样化的互动式体验，进而为教学诊断、教学改革等提供实习数据支撑，为学校完善实习管理机制提供指导和支持，提升实习工作智能化管理水平，助推智慧校园建设。

2.搭建信息化综合服务平台，强化决策数据支持

构建实习信息化管理平台、学生实习综合服务平台、产教融合信息服务平台，汇总各级业务数据，建立实习大数据中心，并与上级主管部门系统对接，建立全国实习动态监测平台，实现数据资源共建共享。建立数据分析模型，对采集的数据进行分析、预测，全面掌握某个行业、某省份乃至全国学生的实习情况，对数据进行及时统计与分析，建立基于大数据的教学质量监控机制，为政府管理部门提供决策参考（见图5-12）。

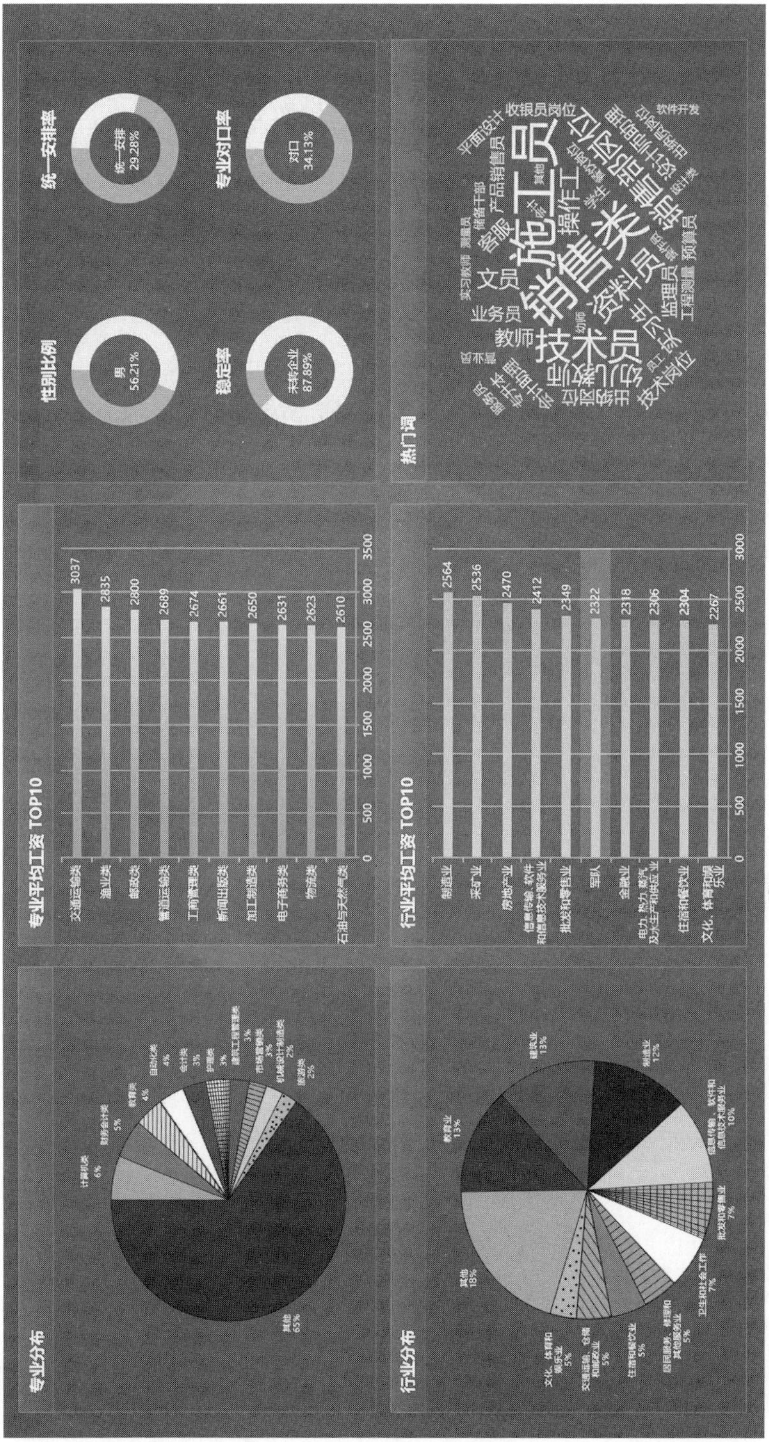

图 5-12 工学云全国实习大数据分析平台

3. 探索校企共管共育机制，构建产教协同育人生态圈

（1）**建立适应工学结合的全周期管理闭环**。依托平台，围绕技术技能型人才培养总体目标，结合企业实际需求，聚焦顶岗实习前端、中端、后端，探索校企共建共管共育的新模式、新平台、新渠道，推进产教协同育人。

（2）**实现就业岗位的精准匹配**。依托平台，推进校企资源深度整合和无缝对接，结合职业院校的个性化人才培养需求，在加强学生的就业指导教育的同时，对学生就业岗位进行精准推送，提高专业对口率，提升人才培养质量，促进学生就业和创业。

（3）**构建产教协同育人生态圈**。依托平台，根据岗位技能、专业特点等分类提供不同方向的实践课程体系和项目化实战化的实习实训环境，提高学生的认知能力、合作能力、创新能力和职业能力，提升教师教科研能力，同时为校企人员互兼互聘搭建平台，推进"双师型"教师队伍培养，构建产教协同育人生态圈。

第六章　多元供给的服务模式

第一节　信息化引领教育市场供给侧结构性改革

推进供给侧结构性改革并将之作为经济工作的主线，这是以习近平同志为核心的党中央在深刻分析、准确把握我国现阶段经济运行主要矛盾基础上做出的重大决策。[①] 供给侧结构性改革是当前推动我国经济结构转型与社会发展的重要举措。2018 年 12 月 18 日，习近平总书记在庆祝改革开放 40 周年大会上指出：我们要坚持以供给侧结构性改革为主线，积极转变发展方式、优化经济结构、转换增长动力，积极扩大内需。党的十九大报告指出，中国特色社会主义进入新时代，我国社会主要矛盾已经转化为人民日益增长的美好生活需要和不平衡不充分的发展之间的矛盾。在新时代，满足人民日益增长的美好生活需要、解决发展不平衡不充分问题、推动经济高质量发展，都要深化供给侧结构性改革。

教育是关系国家发展、民族兴衰的大计，是寄托了人民对美好生活无限期盼的民生工程。教育作为社会系统的一部分，同样面临着人民日益增长的需求与教育体系所能提供的教育资源、教育服务等供给之间的矛盾。为了实现从"有学上"到"上好学"的转变，满足人民多样化、个性化的教育需求，教育领域需要深入推进供给侧结构性改革。

供给侧结构性改革，需要从提高供给质量出发，用改革的办法推进结构

---

① 林兆木. 坚持以供给侧结构性改革为主线 [N]. 人民日报，2019-02-14 (9).

调整，扩大有效供给，提高供给结构对需求变化的适应性和灵活性。教育领域的供给侧结构性改革实质在于深化教育领域综合改革、全面提升现代教育治理水平。[①] 教育供给侧是教育政策、教育制度、教育资源、教育产品和服务的供给方，包括政府、学校、教师、教育企业等，接受教育服务的一端则为需求侧。需求侧与供给侧的划分不是绝对的、固定不变的，如在涉及宏观政策、教育体制等问题时，学校又会变成需求侧。[②] 信息化在教育领域供给侧结构性改革中的作用体现在两个方面。一方面是以信息技术的力量推动教育领域的供给侧结构性改革，包括通过各种信息化手段实现教育资源、教育产品、教育服务的结构性变革，通过信息技术在教育中的应用，扩大教育的有效供给，提高教育供给与教育需求之间的适应性、调配性，提升教育质量，促进教育公平等。其需求侧是学习者、家长等群体。另一方面是促进教育信息化服务市场自身的供给侧结构性改革。以信息技术的应用为典型特征的教育信息化服务市场同样面临供给与需求之间的矛盾，为更好地服务教育发展，它需要通过自身的供给侧结构性改革，提供更能满足需求的教育信息化服务。教育信息化服务市场的需求侧范围更广，除了学习者、家长群体外，还包括学校、教师等教育实施者。信息化在教育领域供给侧结构性改革中的双重作用相辅相成、互相促进。教育信息化服务市场的改革有助于教育领域的改革推进，而教育领域的改革需求又反作用于教育信息化服务市场的创新升级。

一、教育信息化服务市场蓬勃发展

（一）教育信息化服务市场潜力巨大

教育信息化服务市场的需求侧是接受教育信息化服务与产品的一方，既包括全国各级各类学校、教育机构，也包括教育从业人员、学生、家长甚至全体公民。

2018 年，我国有各级各类学校 51.88 万所、各级各类学历教育在校生

---

① 庞丽娟，杨小敏. 关于教育供给侧结构性改革的思考和建议 [J]. 国家教育行政学院学报，2016（10）：12-16.

② 周海涛，朱玉成. 教育领域供给侧改革的几个关系 [J]. 教育研究，2016（12）：30-34.

2.76 亿人、专任教师 1672.85 万人。[①] 在我国优先发展教育、大力推进教育信息化的背景下，学校和机构需要采购基础设备、软件资源、管理平台，教师需要教学管理、教学服务、个性化资源，学生需要个性化学习服务，全国的学校、教育机构、在校师生都对优质的教育信息化服务有着迫切的需求。

2021 年 2 月，中国互联网络信息中心（CNNIC）发布了第 47 次《中国互联网络发展状况统计报告》。根据该报告，截至 2020 年 12 月，我国网民规模达 9.89 亿人，其中手机网民规模达 9.86 亿人，网民使用手机上网的比例达 99.7%，在线教育用户规模达 3.42 亿人。随着信息化社会的到来，互联网技术的发展、智能手机的普及，不仅带来了工作、生活的变革，也使得全民学习、终身学习的普及范围、实现途径、实现效果发生了根本性变化。越来越多的人通过网络进行学习，并有了更明确、更有针对性的学习需求。

从教育信息化服务市场的需求侧看，人们的需求是巨大的、迫切的，同时是高标准的。总而言之，教育信息化服务市场潜力巨大，发展前景光明。

（二）教育信息化经费投入持续稳定增长

教育要优先发展，经费投入是前提保障。《国家中长期教育改革和发展规划纲要（2010—2020 年）》要求"提高国家财政性教育经费支出占国内生产总值比例，2012 年达到 4%"。2012 年，我国国家财政性教育经费支出达到 22236.23 亿元，占 GDP 比例首次超过 4%。2012—2019 年，国家财政性教育经费累计投入已超 24.50 万亿元。[②] 截至 2019 年，我国国家财政性教育经费支出占 GDP 比例已连续 8 年超过 4%。2019 年 2 月，中共中央、国务院印发《中国教育现代化 2035》，要求健全保证财政教育投入持续稳定增长的长效机制，确保财政一般公共预算教育支出逐年只增不减，确保按在校学生人数平均的一般公共预算教育支出逐年只增不减，保证国家财政性教育经费支出占 GDP 的比例一般不低于 4%。2018 年，全国教育经费总投入达到 46143.00 亿元，比 2017 年（42562.01 亿元）增长 8.41%。其中，国家财政性

---

① 2018 年全国教育事业发展统计公报发布：70 年来我国教育事业取得巨大成就 [EB/OL]. (2019-07-25)[2020-02-03]. http://www.moe.gov.cn/jyb_xwfb/s5147/201907/t20190725_392195.html.
② 根据 2012—2019 年《全国教育经费执行情况统计公告》数据计算得出。

教育经费达到 36995.77 亿元，比 2017 年（34207.75 亿元）增长 8.15%。^①

　　在国家财政性教育经费持续上涨的同时，教育信息化作为优先发展的战略重点，近年来的经费投入力度也在不断加大，并且获得了制度层面的保障。首先，我国明确财政教育经费可用于购买信息化资源和服务，要求各地明确教育信息化经费在当地生均公用经费、教育费附加中的支出比例，形成教育信息化经费投入保障机制。很多省市积极落实国家政策，结合本地经济社会发展水平，制订了教育信息化规划或行动计划。2014 年，四川省成都市发布《成都市教育信息化发展规划（2014—2020 年）》，明确义务教育阶段学校将严格执行信息技术费不低于学校年度公用经费支出预算总额 20% 的规定，用于信息化设施设备的更新和维护，并加大对农村、偏远地区教育信息化的经费支持力度。自 2013 年开始，湖南省省本级每年安排不少于 1 亿元的教育信息化专项经费，同时将教育信息化经费列入财政预算，要求各地各校每年安排教育信息化经费不低于公用经费支出的 10%。^②安徽省规定各中小学按照不低于公用经费 10% 的比例建立信息化专项资金。山西省各市将地方教育费附加的 30% 用于教育信息化。^③

　　其次，我国进一步明确了政府在教育信息化经费投入中的主体作用，并鼓励企业和社会力量投资、参与教育信息化建设与服务，形成多渠道筹集教育信息化经费的投入保障机制。^④据不完全统计，"十三五"以来，全国省级财政投入教育信息化经费已达 70 多亿元。^⑤2014 年，教育部、财政部、国家发展改革委、工业和信息化部、中国人民银行联合印发《构建利用信息化手段扩大优质教育资源覆盖面有效机制的实施方案》，要求各地充分整合现有

① 教育部 国家统计局 财政部关于 2018 年全国教育经费执行情况统计公告 [EB/OL]. (2019−10−10)[2020−05−01]. http://www.moe.gov.cn/srcsite/A05/s3040/201910/t20191016_403859.html.
② 赖斯捷. 湖南：向教育信息化 2.0 时代迈进 [EB/OL]. (2019−09−12)[2020−03−03]. http://www.moe.gov.cn/jyb_xwfb/moe_2082/zl_2019n/2019_zl29/201909/t20190912_398880.html.
③ 杜占元. 深化应用 融合创新 全面深入推进教育信息化：在 2017 年全国教育信息化工作会议上的讲话 [EB/OL]. (2017−05−05)[2020−03−03]. http://www.moe.gov.cn/s78/A16/s8213/A16_sjhj/201709/t20170911_314154.html.
④ 教育部关于印发《教育信息化十年发展规划（2011—2020 年）》的通知 [EB/OL]. (2012−03−13)[2020−03−03]. http://www.moe.gov.cn/srcsite/A16/s3342/201203/t20120313_133322.html.
⑤ 关于政协十三届全国委员会第一次会议第 4182 号（教育类 404 号）提案答复的函 [EB/OL]. (2018−09−18)[2020−03−03]. http://www.moe.gov.cn/jyb_xxgk/xxgk_jyta/jyta_kjs/201901/t20190131_368707.html.

经费渠道，优化经费支出结构，保障教育信息化建设和运行维护经费；研究探索金融支持教育信息化的政策，创新机制调动社会各方的积极性，吸引社会团体、企业支持和参与，形成多渠道筹集教育信息化经费的机制。目前，教育部已先后与中国移动、中国电信、中国联通等公司签订了战略合作协议，科大讯飞、腾讯、阿里、华为、浪潮、联想等公司也与部分省份开展了合作。

最后，我国还通过专项资金支持、依托项目、提高标准等方式全力保障农村、偏远地区教育信息化经费投入。信息化条件被列入学校基本办学条件，纳入"全面改善贫困地区义务教育薄弱学校基本办学条件"工作支持范围。2014—2016 年中央财政分别下达了补助资金 310 亿元、330 亿元和 338 亿元，由各省份统筹使用，其中将农村学校教育信息化作为重点任务和底线要求予以保障。2013 年、2014 年，财政部和教育部两次提高生均公用经费标准，共计提高 100 元，明确可用于学校信息化开支[①]。

近年来，我国的教育信息化工作取得了巨大成就，教育信息化各项发展指标普遍实现翻倍增长，教育信息化应用模式创新取得突破性进展。教育信息化发展是一项长期工程，不论是在基础设施建设阶段，还是在后期运行、维护阶段，都需要经费的支持。我国在多个重要政策文件中强调建立多元化投入机制。经过多年的摸索，我国教育信息化多元长效投入机制正在形成，教育信息化经费投入持续稳定增长。

（三）教育信息化服务市场规模巨大、发展迅速

上海艾瑞市场咨询有限公司根据公开数据对我国教育信息化市场进行了分析预测：2019 年我国教育信息化市场规模预计突破 4300 亿元[②]，并将持续保持增长势头，2020 年将达到 4690.8 亿元（见图 6-1）。

---

① 教育部对十二届全国人大四次会议第 4534 号建议的答复 [EB/OL]. (2016-10-12)[2020-03-03]. http://www.moe.gov.cn/jyb_xxgk/xxgk_jyta/jyta_kjs/201611/t20161123_289719.html.
② 艾瑞咨询：2019 年中国教育信息化行业研究报告 [EB/OL]. (2019-09-27)[2020-03-03]. http://www.199it.com/archives/942354.html.

（亿元）

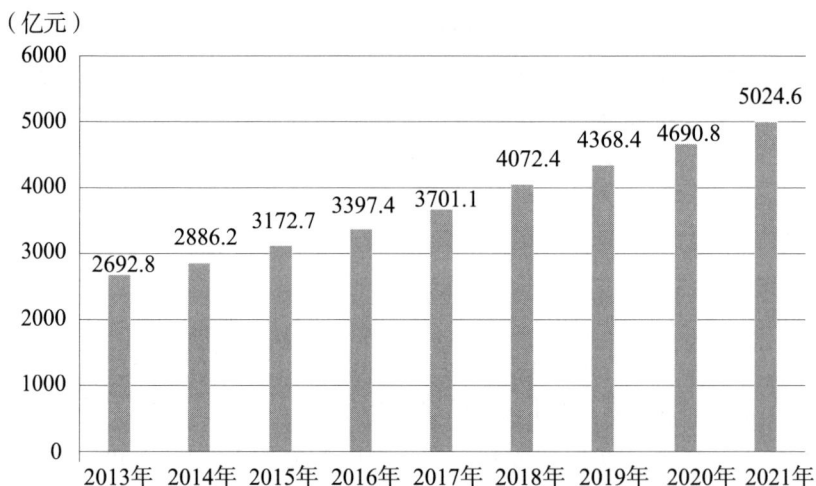

图 6-1　2013—2021 年中国教育信息化整体市场规模

　　另一家国内著名细分产业研究机构——前瞻产业研究院发布了中国教育信息化产业发展前景预测与投资机会分析报告，测算得出近年来在国家政策要求持续大力发展教育信息化行业的背景下，我国教育信息化经费逐年增长（见图 6-2）。

（亿元）

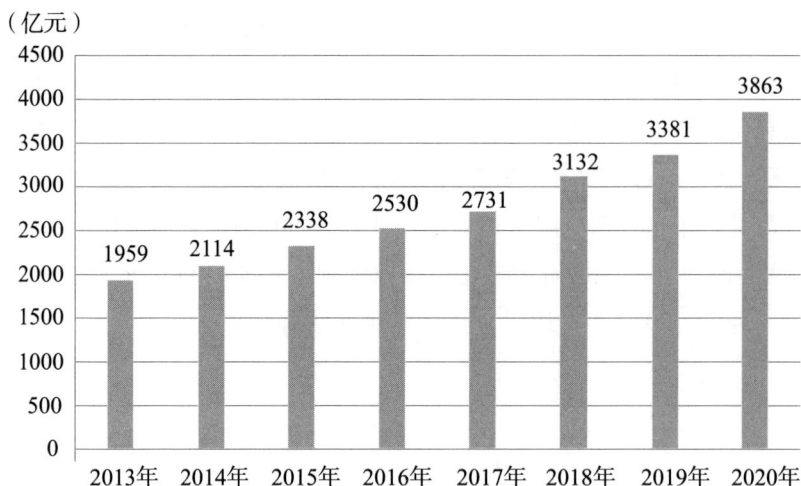

图 6-2　2013—2020 年中国教育信息化经费支出 ①

①　2020 年中国教育信息化行业市场现状及发展前景分析　预计全年经费支出将近 4000 亿元 [EB/OL].（2020-04-04）[2021-03-02]. https://bg.qianzhan.com/report/detail/300/200403-df904e74.html.

两家公司分别对我国教育信息化整体市场规模和经费预算进行了预测，虽然测算的数据有所差异，但两家公司都认为今后几年教育信息化经费投入还将持续增长。从教育信息化经费投入的发展趋势看，两家公司的预测是一致的。巨大的需求市场、持续增长的经费投入、国家积极的鼓励政策，吸引了大批的企业投身于教育信息化行业。《中国经济周刊》记者根据光大证券等券商发布的调研报告，对教育行业上市公司进行了梳理，指出：截至 2018年上半年，教育行业共有 272 只股票。如果按照教育信息化、教育出版、学校、在线教育、培训等 5 个领域进行分类，教育信息化领域股票达到 120只 [1]，占比最大。

从企业类型看，进入教育信息化领域的企业，既包括希沃等传统的教育信息化企业，也包括众多的创业型教育信息化企业，还包括一些传统教育公司，它们在原来业务领域基础上向教育信息化方向扩展与转型。此外，还有许多传统的互联网企业在积极向教育信息化领域扩张，如百度、网易、阿里巴巴、腾讯等互联网巨头纷纷利用门户资源和技术优势，打入教育信息化市场。2019 年 3 月，网易集团内部进行业务重整，教育成为重点领域，只用短短 7 个月，网易有道便成功上市。2019 年 5 月，腾讯宣布推出面向智慧教育领域的教育品牌"腾讯教育"，重新定义其教育业务版图。[2]

从企业的产品服务看，进入教育信息化领域的企业，基本可以划分为硬件设备（交互式电子白板、电子书包、电子班牌等）的生产和服务商、教育管理软件平台（数字校园、校园门户、教研系统、家校沟通等）的服务商、信息化教学服务（与教学相关的备课系统、题库、智能阅卷系统、数字资源等）的提供商、提供系统性教育方案的在线教育企业、面向社会公众提供基于社交应用的学习平台的服务商等。

在不同的发展时期，教育信息化有着不同的着力点。联合国教科文组织将教育信息化发展过程分为起步、应用、融合、创新四个阶段。在党的十九大以前，即教育信息化 1.0 时期，我国的教育信息化经历了从起步到普及、从普及到应用的发展过程。在教育信息化 2.0 时期，我们正在努力实现从应

① 贾国强，宋杰.给教育资本立规矩 教育类上市公司的"危"与"机" [J].中国经济周刊，2018（39）：14—15.

② 黄鹏举.在线教育，规范中健康发展 [N].中国教育报，2020—01—07（1）.

用到融合的跨越。在不同的发展阶段，需求侧需要的教育信息化服务也有着不同的重点。在教育信息化的起步阶段，市场需要的主要是教育信息化基础硬件。随着基础设施的逐渐完善，应用成为教育信息化的发展重点，市场的需求从以基础硬件为主转向以应用软件、教学资源为主。而随着应用水平、范围的提升，在融合阶段，更具针对性、个性化的学情分析、数据分析、作业研判等教学服务将成为主要需求。

二、多元参与的市场机制

（一）从自建自管自用到组织多元主体参与

党的十八大以来，我国教育信息化事业获得了长足的发展，取得了历史性的成就。在 2018 年全国教育信息化工作会议上，教育部副部长杜占元将其总结为"五大进展，三大突破"，其中"全社会参与的推进机制取得重大突破"为"三大突破"之一。自建自管自用曾经是我国教育信息化发展的主要模式，主要表现在由教育主管部门、学校包揽教育信息化建设涵盖的基础环境搭建、教育资源建设开发、教学应用等所有工作内容，这样虽然投入了很大的精力，却可能造成运行维护效率不高、资源重复开发、质量良莠不齐、应用效果难以保证等问题。为此，迫切需要创新教育信息化服务供给模式，动员社会力量，构建多层次、多方式、多主体的教育信息化服务供给体系，提供更加方便、快捷、优质、高效的服务。2013 年，国务院办公厅发布《关于政府向社会力量购买服务的指导意见》，指出政府向社会力量购买服务，就是通过发挥市场机制作用，把政府直接向社会公众提供的一部分公共服务事项，按照一定的方式和程序，交由具备条件的社会力量承担，并由政府根据服务数量和质量向其支付费用。

为了解决教育信息化发展困境，我国提出了在基础教育信息资源供给服务方面制定政府购买优质数字教育资源与服务的相关政策，支持使用者按需购买资源与服务，鼓励企业和其他社会力量开发数字教育资源、提供资源服务；初步形成覆盖全国的数字教育资源版权保护和共享交易机制，改变数字教育资源自产自销的传统模式，解决资源供需瓶颈问题。具体来说，协调制定扶持教育信息化产业发展政策，鼓励企业参与教育信息化建设；以税收优惠等调控手段，培育教育信息化产业体系，形成良性竞争的教育信息化产业发展环境；要求各地为推进教育信息化提供良好的政策环境和发展空间；鼓励引导企业积极参与教育信息化基础设施建设、资源开发与服务、设施设备运维保障等，建立多元化筹资渠道；鼓励企业和社会机构与各地教育行政部门合作，积极研发服务中小学教育信息化应用的软硬件产品。国家鼓励教育信息化企业以参与投资、资费优惠、合作开发等多种方式参与资源、基础设施、软硬件产品等多方面的教育信息化建设工作。

在以上激励政策的支持下，学校和教育部门可以向企业购买运营维护服务、优质资源和网络服务，既保证了相关工作的高效、优质，又节约了学校的人力、物力资源。通过这些政策的实施，我国同时发挥了政府和市场的作用，促进两者有机统一、相互补充、互相促进，充分激发教育信息化企业的竞争活力和创新潜力，逐渐探索形成了"政府政策支持、企业参与建设、学校持续使用"的发展机制。从教育信息化服务的供给侧看，参与主体更加多元，政策机制逐渐成熟，企业的专业化服务优势得到更大彰显。

（二）多元主体参与教育信息化建设案例

1. 政府购买服务，学校免费使用

为有效解决教育信息化面临的主要问题，提高教育信息化发展水平，从转变政府职能入手，推进政府购买服务、学校免费使用是近年来我国教育信息化建设的主要路径。吉林省和湖北省武汉市从本地教育信息化建设实际情况出发，进行了摸索和实践。

为解决全省教育信息化"小、散、弱"等问题，2016年，吉林省教育厅通过与吉视传媒公司合作，建立了以"一网、一平台、双云、六体系、N种应用"为内容的教育信息化应用体系。该信息化应用体系提供教育信息化全流程服务，并通过政府购买服务的方式，由企业向全省各级教育管理机构、学校和师生提供，即统筹建设覆盖全省各级教育行政机构和各级各类学校的千兆接入、万兆汇集教育光纤专网，统筹建设满足国家规划要求、统一门户、统一标准、数据互通、资源共享的教育公共服务平台（含管理与资源双平台），统一标准建设高清音视频专递课堂优质资源共享服务体系，通过互动、直播、点播等三种课堂，让名师这个最重要的优质教育资源惠及全省每所学校、每个班级和每个家庭，惠及全省每名学子。[①] 在合作中，吉林省充分发挥吉视传媒公司的网络技术优势，由其负责建设吉林省教育信息化基础平台等；吉林省教育部门则主要负责调动各级学校参与教育信息化建设的积极性，多方协同推进教育信息化，促进教育信息化建设与应用的持续、健康发展。

湖北省武汉市大胆创新教育信息化工作模式，"政府购买服务、学校免费使用"是其极具前瞻性的创新模式之一。武汉市通过采购程序先后购买了武汉天喻信息产业股份有限公司（以下简称武汉天喻公司）的教育云平台和教学助手、家校帮、互动课堂等应用软件。老师们在使用教育云平台和应用软件中遇到问题，或者有新的教学构想需要技术支持时，技术人员可以随时进行在线指导或入校服务。

2012 年 11 月，武汉市被教育部批准为国家教育资源公共服务平台规模化应用专项试点城市。为引导社会力量，尤其是信息技术领域企业的积极参与，武汉市邀请了教育部有关专家和来自清华大学、北京师范大学、华中师范大学等高校的研究者，共同组成专家小组，对武汉市教育信息化购买项目、标准、程序进行详细调研和严格论证，形成了具体操作方案。按照该方案，武汉市教育局每年对武汉天喻公司所提供的教育云平台、应用软件的使用效果和服务质量进行逐项考核，按考核结果定价，再依照政府购买服务的相关规定和流程进行采购。在此基础上，技术人员与教师的互动沟通交流日益加深，双方共同探索信息化环境下的新教学模式，已成为武汉市推进教育信息化工作中的新常态。

此后近 4 年间，武汉市、区两级政府共计投入 8 亿多元用于改善信息基础环境和购买平台、资源、软件与服务。除武汉天喻公司的教育云平台外，武汉市还采用同样的方式购买了人民教育出版社数字资源、网络运营等服务，基本建成了基于云构架的"三通两平台"，促进了教育创新转型，加快了武汉教育的现代化进程。[②]

① 赵准胜，齐林泉，时晓玲. 吉林：找准振兴经济的教育节奏 [EB/OL]. (2017-09-16)[2020-03-03]. http://www.jyb.cn/zcg/xwy/wzxw/201709/t20170916_770530.html.

② 政府购买服务 学校免费使用：武汉模式创新加速教育信息化进程 [EB/OL]. (2016-11-25)[2020-03-03]. http://www.moe.gov.cn/s78/A16/s5886/s7822/201612/t20161201_290608.html.

2. 政府购买服务，分级分类负担

教育信息化建设需要持续的经费投入。为了保证教育信息化的顺利、有效推进，有些区域采取了"省级统筹协调、政府购买服务、分级分类负担"的办法，通过明确职责分工，整合各级力量，推动了教育信息化工作的高效、有序实施与整体发展。

在教育资源公共服务平台和教育管理公共服务平台的建设过程中，安徽省充分激发市场的资源配置活力，创新资金筹措方式，依据"事权与财权相统一"的原则，确定了省、市、县（区）分级分类负担教育信息化项目建设资金的办法。安徽省明确了省、市、县（区）和学校在"三通两平台"等信息化项目中的建设重点和资金承担要求。省级财政承担"两平台"基础环境、管理平台业务应用系统、"人人通"存储空间以及在线课堂项目等方面的建设资金。市、县（区）财政承担"校校通""班班通"设备以及"两平台"资源应用等方面所需资金。学校承担日常信息化运行维护的资金，安徽省规定各中小学按照不低于公用经费 10% 的比例建立信息化专项资金[①]。在具体实施中，一方面将教育应用方和企业运营维护方分开，使教育部门能够精心指导建设和应用，学校能够一心一意抓应用；另一方面继续发挥好政府的主导作用，加强对规划执行、学校需求了解和企业管理过程的监控，建立政企协议框架内的工作联系机制，定期研究会商建设与应用过程中的问题，做到互补合作、互利共赢。[②] 依托"所有权、监管权、应用权在教育部门，建设维护事务在企业"的原则，采取政府购买服务的方式，由安徽省教育厅提出应用服务需求、进行过程监管，企业负责建设和技术托管，有力地推动了教育信息化建设。

3. 企业垫资建设，用户付费使用

由于地理位置、自然资源、历史发展等因素的不同，我国不同区域的经济发展水平也有所差异。有些区域由于经济社会发展相对落后，教育信息化经费紧张，经过科学谋划，确立了"变革投资体制，拓展融资渠道"的新

① 教育信息化建设助推农村义务教育质量提升 [EB/OL]. (2019-06-31)[2020-06-18]. http://www.moe.gov.cn/jyb_xwfb/xw_zt/moe_357/jyzt_2016nztzl/ztzl_xyncs/ztzl_xy_dxjy/201906/t20190603_384189.html.
② 安徽教育信息化 从无到有并跻身全国前列 [EB/OL]. (2019-01-08)[2020-06-18]. http://www.edu.cn/xxh/focus/df/201901/t20190108_1640711.shtml.

思路。

2011 年 10 月，贵州省教育厅经过权衡比较，选择中国电信贵州分公司为合作对象，双方签署了战略合作协议，通过"企业垫资建设，用户付费使用"方式推进全省教育信息化建设，仅用 1 年时间便实现乡镇以上中小学互联网接入 4316 所，占全省乡镇中小学总数的 95%。此外，贵州省还在遵义、麻江、贵定等 5 地进行"班班通"试点。由企业垫资接通互联网光纤线路，建好校园局域网，并负责设备维护；项目学校则按使用协议，利用生均公用经费逐年偿还企业垫资。[①] 在实施的过程中，贵州省还总结出"政企合作""校企合作"和"校校合作"等不同合作模式。

贵州省在面临经费困境时，不等、不靠、不要，积极开拓思路，通过企业垫资建设的思路，促进了教育信息化的优先部署、优先实施，不仅使本省的教育信息化稳步推进，更充分发挥了教育信息化的优势，使其成为有效改变本省教育落后现状的主要途径。在与中国电信贵州分公司合作后，贵州省教育厅又陆续与科大讯飞、中国移动贵州有限公司黔西南分公司、武汉天喻公司等多家教育信息化企业签订了教育信息化战略合作协议，更深入地推进企业参与教育信息化建设工作。

三、日益完善的引导监管

（一）评估监管，发挥政府职能

我国的教育信息化建设坚持政府和市场两条腿走路，既要调动企业的积极性、推动全社会参与教育信息化建设，又要发挥政府监管、评估的职能。2019 年 2 月，中共中央、国务院印发《中国教育现代化 2035》，要求创新教育服务业态，建立数字教育资源共建共享机制，完善利益分配机制、知识产权保护制度和新型教育服务监管制度。

为了促进教育信息化健康有序发展，实现数据互通、资源共享，我国非常重视教育信息化标准体系的建立，在政策文件中强调"研制教育信息化设施与设备标准、软件与数据标准、运行维护与技术服务标准、教育网络安全

---

① 贵州"政企合作模式"加快教育信息化建设步伐 [N]. 中国教育报，2012–11–27(1–2).

标准、教育信息化业务标准、在线教育和数字教育资源标准"①,"推广应用教育信息化标准。完善和发展教育信息化技术类和管理类标准、信息化环境设备配置规范、教育信息化发展水平的评估类指标等系列标准规范。建设教育信息化标准测试与认证机构,加大标准推广应用力度"②,"建立国家数字教育资源公共服务体系联盟,发布系列技术和功能标准规范"③。2017 年,教育部先后发布基础教育教学资源元数据、交互式电子白板教育行业标准等。

我国明确了政府在购买服务中的评估监督职能,政府要在各个企业竞争提供服务的过程中进行评估、确定准入机制,再由学校自主选择,从源头上为学校选择服务把好关。目前,教育信息化行业仍然缺乏明确的市场准入机制和市场退出机制,为此应从机制上加以完善,应进一步加强对教育信息化企业的综合评估。

(二) 规范引导,保障健康有序发展

随着信息网络的迅猛发展,在线学习逐渐成为人们日常生活的一部分。教育移动互联网应用程序(即教育 APP)成为很多在线教育的实施载体,教育 APP 以教职工、学生、家长为主要用户,以教育、学习为主要应用场景,服务于学校教学与管理、学生学习与生活以及家校互动等。教育 APP 在给用户带来便捷、高效的体验的同时,也因广告植入、含有有害信息、强制使用等问题给用户带来困扰,产生了不良的社会影响。

2018 年 12 月,教育部办公厅发布《关于严禁有害 APP 进入中小学校园的通知》,第一次对教育 APP 的排查监管进行了部署。2019 年 7 月,教育部等六部门发布《关于规范校外线上培训的实施意见》,首次就规范开展面向中小学生、利用互联网技术实施的学科类校外线上培训活动提出了意见。2019 年 8 月,教育部等八部门发布了国家层面上第一个全面规范教育 APP 的政策文件《关于引导规范教育移动互联网应用有序健康发展的意见》,对象覆盖了各学段教育和各类教育 APP。同月,李克强总理主持召开国务院常

---

① 教育部关于完善教育标准化工作的指导意见 [EB/OL]. (2018–11–14)[2020–03–03]. http://www.moe. gov.cn/srcsite/A02/s7049/201811/t20181126_361499.html.

② 教育部关于印发《教育信息化十年发展规划 (2011—2020 年)》的通知 [EB/OL]. (2012–03–13) [2020–03–03]. http://www.moe.gov.cn/srcsite/A16/s3342/201203/t20120313_133322.html.

③ 教育部关于印发《教育信息化 2.0 行动计划》的通知 [EB/OL]. (2018–04–18)[2020–03–03]. http:// www.moe.gov.cn/srcsite/A16/s3342/201804/t20180425_334188.html.

务会议，会议指出：为满足群众教育服务需求、推动优质教育资源共享、更好惠及边远贫困地区、增进教育公平，推进"互联网＋教育"，鼓励符合条件的各类主体发展在线教育，为职业培训、技能提升搭建普惠开放的新平台。①2019 年 9 月，经国务院同意，教育部等十一部门发布《关于促进在线教育健康发展的指导意见》。2019 年 11 月，教育部办公厅印发《教育移动互联网应用程序备案管理办法》。这些有关在线教育的重磅政策文件的发布，可谓加强在线教育监管的组合拳。通过这些政策文件我们可以看出，国家对"互联网＋教育"背景下的教育 APP、在线教育等是持鼓励与支持态度的，对于其在教育中发挥的作用也给予了充分的认可。针对目前教育 APP 使用中出现的问题，5 个文件均特别强调应充分遵循教育规律，并制定了一系列监管措施（见表 6–1），包括对目前使用教育 APP 情况进行全面排查、对市场准入进行全面审查、对应用过程进行全面监管、对违规操作进行惩罚等，体现了国家规范引导在线教育健康有序发展的坚定决心。从供需两端的责任分配看，文件强调了供给侧应按照要求做好产品的品质把控、备案登记、行业自律，作为需求侧的教育行政部门和学校则要切实履行对相关产品的推荐、选择、审查、应用责任。

表 6–1　在线教育 5 个文件要点分析

发布时间	文件名称	监管措施要点
2018 年 12 月	《关于严禁有害 APP 进入中小学校园的通知》	1. 对进入中小学校园的 APP 进行全面排查 2. 按照"凡进必审""谁选用谁负责""谁主管谁负责"的原则建立"双审查"责任制 3. 加强学习类 APP 日常监管。各地教育行政部门和中小学要建立健全日常监管制度，明确监管责任和办法 4. 探索学习类 APP 管理使用的长效机制
2019 年 7 月	《关于规范校外线上培训的实施意见》	1. 实施备案审查制度 2. 开展排查整改 3. 强化综合治理，公开投诉举报方式，联合相关部门现有执法队伍开展综合执法 4. 建立黑白名单

---

① 2022 年所有学校接入互联网！国务院大力推进"互联网＋教育"，鼓励各类主体发展在线教育[EB/OL]. (2019–08–29)[2020–04–15]. http://www.gov.cn/xinwen/2019–08/29/content_5425524.htm.

发布时间	文件名称	监管措施要点
2019 年 8 月	《关于引导规范教育移动互联网应用有序健康发展的意见》	1. 建立备案制度 2. 建立多部门协同联动的监管机制 3. 加强合作，建立常态化的监测预警通报机制 4. 省级教育行政部门应当建立教育移动应用的选用退出机制、负面清单和黑名单制度
2019 年 9 月	《关于促进在线教育健康发展的指导意见》	1. 建立规范化准入体系。明确准入条件与资质认证流程，建立健全在线教育资源的备案审查制度，制定在线教育准入负面清单 2. 加大在线教育机构信息强制公开力度，发挥外部监督作用 3. 通过信息监测、在线识别、源头追溯等方式，识别行业风险和违法违规线索，实现以网管网。强化对在线教育机构的实时监测和风险预警，建立在线教育机构和从业人员信用记录 4. 加强监管部门协同和区域协同，提高监管效能 5. 加大对在线教育机构基本信息和各类许可信息的归集力度，加强部门间数据共享，形成管理合力
2019 年 11 月	《教育移动互联网应用程序备案管理办法》	1. 通过公共服务体系公布提供者和使用者备案信息供社会公众查询。在公共服务体系建立投诉举报通道，接受社会公众的投诉举报 2. 教育部对各地教育移动应用备案情况进行检查，定期通报教育移动应用备案工作进展。同时，将教育移动应用备案情况纳入网络安全责任制等相关考核评价 3. 建立教育移动应用提供者黑名单

根据上述政策，截至 2019 年 12 月 31 日，教育部已对在全国校外线上培训管理服务平台上提交了备案材料的 718 家校外线上培训机构、115622 名培训人员、3463 门课程完成了备案排查，对存在问题的培训机构提出了整改要求。[①] 截至 2019 年 12 月 16 日，共有 1321 家企业提交了 2279 个教育 APP 的核验申请。各省份教育行政部门对所提交的材料进行了审查，首批 152 个教育 APP 通过了核验。首批通过备案的教育 APP 覆盖课堂教学、课后练习、

---

① 全国校外线上培训机构已基本完成备案排查 [EB/OL]. (2020−01−09)[2020−04−15]. http://www.moe.gov.cn/jyb_xwfb/gzdt_gzdt/s5987/202001/t20200108_414675.html.

网校直播等多种类型。2020 年 1 月，教育部又公布了两批教育 APP 备案名单，完成 845 家企业的 1776 个教育 APP 的备案工作。截至 1 月底，共完成 1928 个教育 APP 备案。① 自 2020 年 2 月 1 日起，公共服务体系向社会公众提供备案信息查询服务。②

第二节 "互联网＋教育"创造教育信息化服务供给新业态

2015 年 7 月，国务院印发《关于积极推进"互联网＋"行动的指导意见》，将"互联网＋"明确为"把互联网的创新成果与经济社会各领域深度融合，推动技术进步、效率提升和组织变革，提升实体经济创新力和生产力，形成更广泛的以互联网为基础设施和创新要素的经济社会发展新形态"。自此，"互联网＋"开始渗透到我国的各行各业，互联网由消费领域向生产领域拓展，"互联网＋"在教育中的渗透带来了在线教育行业的兴起，"互联网＋教育"应运而生。

2018 年政府工作报告要求"发展壮大新动能。做大做强新兴产业集群，实施大数据发展行动，加强新一代人工智能研发应用，在医疗、养老、教育、文化、体育等多领域推进'互联网＋'"，"互联网＋教育"再次受到强烈关注。新兴信息技术的快速发展，为人们带来工作、生活、学习等方方面面的变革，人们必须不断学习才能适应信息社会的发展，学习将伴随每个人的一生。2015 年 11 月，联合国教科文组织在巴黎总部通过并发布了《教育 2030 行动框架》，提出教育 2030 的总目标——确保全纳、公平的优质教育，使人人可以获得终身学习的机会。③ 终身学习成为全球教育关注的重点之一。

---

① 2020 年 1 月教育信息化和网络安全工作月报 [EB/OL]. (2020−02−26)[2020−03−18]. http://www.moe. gov.cn/s78/A16/s5886/s6381/202002/t20200226_424395.html.

② 赵秀红. 首批教育 APP 备案结果公布：152 个教育 APP 获通过 [EB/OL]. (2019−12−20)[2020−03−18]. http://www.moe.gov.cn/jyb_xwfb/s5147/201912/t20191220_412908.html.

③ 《教育 2030 行动框架》解读 [EB/OL]. (2018−09−14)[2020−03−15]. https://www.sohu.com/ a/253676139_589051.

当前的"互联网＋教育"并非传统学校教育与互联网教育的简单叠加，而是以终身学习理念为指导，促使全民学习的新教育体。[①]"互联网＋教育"借助强大的互联网技术，为人们提供一切有利于学习发展的途径和方式，不仅将促进教育变革、提升教育质量效率，更将满足人们终身学习及全面发展的需求。

早在 2000 多年前，我国古代思想家、教育家孔子便提出了"因材施教""有教无类"的教育思想。800 多年前，我国著名理学家朱熹曾说过："无一事而不学，无一时而不学，无一处而不学。"随着"互联网＋教育"的发展，古代圣贤的教育理想正逐渐成为现实。2019 年 5 月 16 日，习近平在致国际人工智能与教育大会的贺信中提到，要"加快发展伴随每个人一生的教育、平等面向每个人的教育、适合每个人的教育、更加开放灵活的教育"，这既是对信息技术赋能教育的期盼，也是对"互联网＋教育"时代创新教育服务供给业态的最新要求。随着人工智能、移动互联网、云计算、大数据等信息技术的不断发展，信息生产和传播方式正在对传统教育带来冲击和挑战。信息技术在教育领域的应用范围不断扩大、与教育领域的融合不断深入、在教育领域的应用对象不断增加，教育信息化服务供给业态获得创新性发展。与传统的教育服务供给相比，教育信息化服务供给呈现出供给形式多样化、内容丰富化、渠道便捷化的特点，且具备以学习者为中心，为学习者提供个性化、定制化、有针对性的教育服务的优势。从国家层面看，近年来"三通两平台"建设是我国教育信息化建设的主要抓手，不仅促进了互联网在班级课堂教学中的渗透，也为广大师生提供了个性化的自主学习平台。从教育信息化企业看，借助于新兴技术，教育信息化企业充分发挥企业优势和创新活力，面向学校、师生、家长、公众提供了丰富、多样的教育信息化服务。

一、个性化、定制化的教育信息化服务触手可及

（一）多样化的教育信息化服务供给引发学习方式变革

技术是教育发展的助推器，教育手段和学习方式的每一次变革与发展

---

① 张彦通，张妍."互联网＋教育"的本质与内涵[J].国家教育行政学院学报，2018（1）：62–68.

都是对技术发展的回应。在"互联网+"时代，数字技术、云计算技术、互联网技术等新兴科技快速发展，成为人类社会变革的技术基础。与此同时，以新兴信息技术为基础的教育信息化服务形式也在实践探索中日益多样化。2012年，我国国家教育资源公共服务平台开通运行，它充分依托现有公共基础设施，利用云计算等技术，逐步加强与区域教育资源平台和企业资源服务平台的互联互通，共同服务于各级各类教育，为资源提供者和资源使用者搭建起网络交流、共享和应用环境。2015年，"互联网+教育"逐渐兴起，在线教育行业创投热潮开启，大量资金和人才涌入。伴随着2017年网络直播的兴起，在线教育获得规模化发展。

如今，在线课程、教育APP、慕课、学习平台、微信应用、互动社区等多样化的教育服务供给形式大放异彩，并以此推动了亿万人学习方式、学习习惯的改变。随着教育APP的快速发展、智能手机性能的不断提升，以智能手机为终端的移动学习蓬勃发展，为学习者提供了更自由、自主的学习体验。基于互动社区、微信应用、学习平台的"轻学习"带来了学习内容、学习时间、学习地点、学习动机的深刻变革，实现了从"他主学习"到"自主学习"的转化，促进了无缝连接的泛在学习的生成。移动化、规模化、创新化、媒介化和跨界化成为新型学习方式的特有形态，每一种形态都赋予了新型学习方式新的时代价值。[①]

（二）丰富的教育信息化服务供给满足个性化需求

根据服务对象的不同，教育信息化服务供给可以分为面向学校、教师、学生的服务和面向社会公众的服务两类。

面向学校、教师、学生的教育信息化服务，目的在于服务于学校管理、教师教学、学生学习。从此类服务的内容范围看，在管理、教学和学习的各个环节都有相应的教育信息化服务支持，包括应用于学校管理的智慧校园系统、智能排课系统、智慧电子班牌，应用于教师教学的教研系统、备课系统、授课系统、资源服务、学情分析，应用于学生学习的在线辅导、在线题库、评估诊断。例如，珠海学友教育科技股份有限公司研发的小海螺K6智慧教育云平台，致力于为小学教师打造课堂信息化应用的解决方案和基于互

① 李红梅."互联网+"时代"新"学习方式的价值逻辑[J].中国电化教育，2017（6）：102–107.

联网的备课授课平台。教学资源由一线名师和 Flash 原创设计师联合设计开发，一线名师根据国家课程标准撰写脚本，Flash 原创设计师设计制作原创动漫资源。公司针对不同的用户设计了不同的子品牌及产品，包括帮助教师开展课堂教学的小海螺金牌助教；帮助学生预习、做作业及提供个性化辅导的小海螺快乐学童；帮助家长成长、陪伴和辅导孩子的小海螺金牌家教；等等。目前小海螺 K6 智慧教育云平台已与全国 105 个教育平台实现了互联互通，在 14 个省份 60 个地级市 3000 所以上学校成功应用。批改网是一个基于云计算的英语作文在线自动批改系统，通过计算学生作文和标准语料库语料之间的差距，即时生成学生作文的得分和语言及内容分析结果。一秒批作文、提交即批改是批改网的主要特色，教师可以用批改网自动扫描学生作文的各种参数，进而做出更精准、更客观的判断和点评，学生也可以借助此平台对作文进行评价并获得修改建议。截至 2020 年 3 月 13 日，平台已经批改英语作文 6.19 亿篇。

面向社会公众的教育信息化服务，目的在于满足社会公众的个性化学习需求，包括面向青少年儿童的课外兴趣拓展课程、语言课程，面向成人的职业培训、考研培训、继续教育、大学慕课、语言培训、兴趣学习、技能培养、学习交互工具等。例如，近两年发展迅速的儿童英语在线学习课程，充分发挥互联网突破空间限制的优势，实现英语母语外教对中国孩子的线上教学。

（三）便捷的教育信息化服务与学习生活无缝连接

教育信息化服务的获取渠道是否畅通、获取方式是否便捷，直接影响了人们的应用体验。习近平总书记在致国际教育信息化大会的贺信中提出"建设'人人皆学、处处能学、时时可学'的学习型社会"的目标。对于个人来说，即要求实现能够在任何地点、任何时间通过任何设备对任何内容进行一种无缝连接的学习。[①] 为了实现这一目标，需要做到对教育信息化服务的"随需随取"。虽然目前"互联网＋教育"尚不能完全实现这一美好目标，但在"任何地点、任何时间进行无缝连接的学习"方面已经取得了很大的进展。首先，智能手机成为我国越来越多人的上网工具。有研究统计，与 5 年前相

---

① 李红梅."互联网＋"时代"新"学习方式的价值逻辑 [J]. 中国电化教育，2017（6）：102–107.

比，手机上网流量资费水平降幅超 90%。手机网民规模的增长、移动宽带下载速率的成倍提升、流量资费的大幅降低，为基于智能手机、平板电脑的移动学习提供了前提条件。其次，教育 APP 的普及应用，为人们便捷地获取教育信息化服务、随时随地地学习提供了可能。为了便于应用，教育 APP 几乎成为教育信息化企业提供教育信息化服务的"标配"。教育 APP 的开发应用，对教育信息化企业来说，可以提升品牌知名度、挖掘潜在用户、提高用户黏性；对用户来说，可以利用碎片时间自主学习，不受时间、地点等的限制。基于以上两点，在"互联网 +"时代，各类教育信息化服务日益渗透到人们的日常生活中，人们对教育信息化服务的便捷获取又进而带动了更大规模的信息化学习。

二、在线教育平台促进人人皆师、知识付费、知识变现

（一）在线教育平台的诞生与发展

在线教育平台是为教育内容提供者与需求者提供中间媒介的互联网第三方教育平台。与在线课程不同，在线教育平台并不直接提供教育内容，其主要任务是在教师 / 机构和学生之间搭建一座桥梁，为在线教育提供支持和服务；通过专业的审核、监管等机制，实现对知识资源和课程的聚合，并在此基础上对教育产品进行运营，实现课程商业化。2013 年，在线教育作为互联网产业的一个细分行业，开始受到互联网巨头的重视，数以百计的新兴互联网教育企业进入这个市场。同年，阿里巴巴在淘宝教育培训类产品的基础上，推出了课程平台"淘宝同学"，后改名为"淘宝教育"，定位为付费培训视频平台，由教师或者教育机构作为卖家在平台上发布课程视频，用户付费学习。2014 年，腾讯推出"腾讯课堂"。此外，百度传课、网易云课堂、优酷学堂等多个在线教育平台先后上线。

在线教育平台为学习者和教育者搭建了一座桥梁，将二者通过平台连接起来，为学习者提供了自由选择、自主学习的机会，为教育者提供了分享资源、自我实现的机会，让所有有知识、技能、经验且愿意分享的人在这个平台上成为教师，让所有希望获得知识、技能和经验的人都能够在平台上找到合适的课程。与慕课相比——慕课更注重正式学习，强调学习的完整性和组织性——通过第三方在线教育平台进行的学习，更加随意、更强调自主性。

根据平台的定位，在线教育平台可分为两类：一类是专注于教育、从成立之初起就是以服务在线教育为目的的在线教育平台，如淘宝教育、腾讯课堂、沪江旗下的CCtalk、淘课网等；一类是起初并非聚焦于在线教育但在发展过程中逐渐萌生出来的教育应用，如快手、今日头条等。

（二）专业化的在线教育平台为课程提供者和学习者搭建了桥梁

腾讯课堂是专业化的在线教育平台之一，聚焦于职业培训和能力提升，由腾讯公司于2014年正式推出。腾讯课堂通过聚合大量优质教育机构和名师，打造教师在线教学、学生及时互动学习的课堂。从腾讯课堂的课程分类看，它采取了"三级类目+授课内容"的分类方式。一级类目包括IT·互联网、设计·创作、考试·考证、电商·营销、职业·职场、兴趣·生活、语言·留学，其中每个一级类目下又分了二级类目。以兴趣生活为例，下设播音主持、人文社科、音乐乐器、生活百科、运动健康、投资理财等六个二级类目。每个二级类目下再分三级类目，三级类目下可选择授课内容。学习者可以根据自己的需求在腾讯课堂搜索、选择需要的课程，课程分为免费课和付费课两种。从教育内容的提供者来看，腾讯课堂支持个人和机构在平台上开设课程。从课程的形式看，有录播课、直播课等，还可以选择是否支持回放、可否试听。腾讯课堂的一个优势在于充分依托QQ客户端，实现在线即时互动教学，并借助QQ群实现群内的课程学习互动交流。

为了保证课程质量，腾讯课堂为教师和机构设计了扶持政策。针对每家已开课的机构，综合其上课人数、准点开课率、课程好评度等进行评分，按照机构、教师的分数情况按周进行排名，对其中优秀的机构或教师进行奖励。腾讯课堂会根据不同机构和教师的发展情况，优化扶持政策，让更优秀的教师和机构脱颖而出，让机构和教师专注于提供优质的课程，自己则负责技术平台及用户服务，各自发挥所长，形成正向循环，实现互利共赢。

（三）短视频社区支持下的泛在化"轻学习"

快手的前身叫"GIF快手"，诞生于2011年3月，最初是一款用来制作、分享GIF图片的手机应用。2012年11月，快手从纯粹的工具应用转型为短视频社区。随着智能手机的普及和移动流量成本的下降，快手在2015年以后发展壮大，截至2019年5月，快手的活跃用户已经超过2亿人。

与腾讯课堂不同，快手的初衷是为用户提供记录、分享生产和生活的短视频社区，并未将教育作为发展的重要方向。快手的教育生态始于用户间的自发互动，很多优秀的教师或个人在课外开始系统化地分享知识、经验和技能，然后衍生出了更多的互动和交流。快手在看到这种自发萌生的教育生态后，于2018年6月正式推出"快手课堂"，通过专有页面连接知识创作者与粉丝，并通过精选内容付费，让教育内容创作者在快手上劳有所获。2019年10月，快手大数据研究院发布报告，首次对快手教育生态做出系统盘点。报告显示，快手教育生态的多项数据已达到亿级。教育类短视频累计生产量高达2亿条，作品日均播放总量超过22亿次，日均点赞量超过6000万人次，教育短视频作者超过99万人，教育直播日均观看人数累计高达1亿人次，日均直播评论超过2000万条。① 目前，快手教育生态里有超过160万名付费学员，付费转化率高达95%，付费学员月均增长率也达到95%。② 素质教育、"三农"、职业教育、学科教育支撑起庞大的知识内容池。

与快手类似的还有抖音、今日头条等互联网应用。现在，无论有什么样的兴趣爱好、学习需求，学习者都可以在这些平台上找到想学的内容。云南省的小杨是个专门教粉丝种菜的小伙，其口号是"种菜是门艺术"，他把自己看作种菜的"手艺人"。由于内容实用，他在快手上有40多万名粉丝。通过将自己的种菜经验进行系统化传授，他成为快手上的"老师"，课程受到很多学习者欢迎。③ 君山是一位教师，他利用业余时间在今日头条上分享学生管理经验、教育评论文章等。在今日头条平台上，他获得了与工资基本等量的收入。在这个过程中，君山老师不仅亲身体会了知识变现，也获得了自我的提升。

基于这些平台上的教育应用，生成了互联网时代"轻学习"的学习方式。"轻学习"的"轻"在于，对学习者来说，学习内容有非常强的针对性、直接有效，没有冗余的信息；学习过程愉悦轻松、没有过多的压力；学习时间没有刻板的要求，可随时随地用较短的时间学习。在"轻学习"中，教师和学

---

① 快手发布《2019教育生态报告》，教育生态合伙计划人升级 [EB/OL]. (2019-10-18)[2020-03-18]. http://www.xinhuanet.com/tech/2019-10/18/c_1125122516.htm.

② 快手教育将补贴66.6亿元助教育类账号在平台冷启动 [EB/OL]. (2019-11-25)[2020-03-18]. https://www.sohu.com/a/355912661_112831.

③ 快手教育露出"冰山一角" [EB/OL]. (2019-10-22)[2020-03-18]. https://www.sohu.com/a/348670415_114837.

生的身份不是固定不变的，某一门课程中的教师，到了另外一门课程中就转变为学生。人人皆可为师，大家在互相学习的过程中取彼之长、补己之短。

第三节　"停课不停学"时期的教育信息化服务

2020 年 1 月，一场新冠肺炎疫情突如其来。为阻断疫情向校园蔓延，确保师生生命安全和身体健康，教育部下发通知，要求 2020 年春季学期延期开学，并做出了"停课不停学"的部署安排。2 亿多名学生开始了"停课不停学"的学习生活，基于互联网进行在线学习成为在特殊时期代替线下课堂教学的首要选择，一场迄今为止最大规模的在线学习活动就此展开。对于提供教育信息化服务的供给侧来说，"停课不停学"带来了前所未有的需求增长，因此既是提高产品知名度、扩大用户的机遇，又是一次对教育信息化服务产品的实战检验。

一、特殊时期的部署与实施

（一）政府的政策与措施

2020 年 1 月 29 日，教育部表示正在统筹整合国家、有关地方和学校的教学资源，计划于多数地区原计划开学日期开通国家网络云课堂，利用网络平台组织学生开展网上学习，"停课不停学"，同时希望社会力量积极参与配合，提供更多样的公益性优质学习资源。

2 月 4 日，教育部应对新型冠状病毒感染肺炎疫情工作领导小组办公室发布《关于在疫情防控期间做好普通高等学校在线教学组织与管理工作的指导意见》，针对高等学校停课不停教、停课不停学，做出了包括"面向全国高校免费开放全部优质在线课程和虚拟仿真实验教学资源"等 9 项安排。

2 月 4 日，教育部新闻办公室发布通知，专门提醒各级教育行政部门、中小学和校外培训机构，在各地原计划的正式开学日之前，不要提前开始新学期课程网上教学。

2 月 6 日，教育部应对新型冠状病毒感染肺炎疫情工作领导小组办公室发布《关于疫情防控期间以信息化支持教育教学工作的通知》，对支持学校延期开学期间线上教学工作进行了部署，包括改善网络支撑条件、汇聚社会各方资源、采取适宜教学方式等。

2月12日，教育部办公厅、工业和信息化部办公厅发布《关于中小学延期开学期间"停课不停学"有关工作安排的通知》，对中小学"停课不停学"工作进一步提出指导性意见，要求各地自主选择使用教育部免费开放的各类学习资源，防止各地各校不顾条件组织教师录课，要求坚持学校教师线上指导帮助与学生居家自主学习相结合，限时限量合理安排学习。

3月6日，教育部办公厅印发《关于深入做好中小学"停课不停学"工作的通知》，就有序、有效、深入开展"停课不停学"工作再次提出指导意见。

在"停课不停学"的筹备、开展过程中，教育部制定了系列政策文件，"停课不停学"的方向定位、实施路径、注意事项逐渐清晰和明了。从政策文件中可以看出，为了做好"停课不停学"工作，教育部依托国家体系统筹了多方资源，并强调汇聚社会各方资源、鼓励社会力量积极参与配合，提供更多样的公益性优质学习资源。

（二）教育信息化服务企业积极响应

在教育部做出"停课不停学"的部署后，各类教育机构、互联网公司等教育信息化服务企业迅速响应，发挥各自的优势，通过不同的方式为全国学生和社会公众提供了多元化的教育信息化服务。由社会力量提供的教育信息化服务大概包括以下四类。

一是提供免费的课程和资源。有些企业提供了与2020年春季学期安排同步的课程，还有些企业将自主研发设计的原收费课程免费开放。从课程和资源的内容看，既涵盖了学校同步课程，也有丰富的生命教育、科学教育、健康教育、艺术教育类课程。从学习服务的形式看，包括当前应用较广泛的题库、搜题、口算等核心功能。101教育免费向全国各地中小学开放101智慧课堂。科大讯飞旗下的智学网校免费公益课程于2020年2月2日正式上线，面向全国初高中免费开放春季同步直播课程。学大教育推出面向全国中小学的各学科免费线上直播课程。三好网向全国的中学生免费开放原付费课程"三好大师课"，涵盖范围为初高中所有年级。洋葱学院向全国中小学校师生、医护人员子女免费赠送校内同步网课，平台内限时免费的742节网课将长期免费供全国所有中小学生学习。猿辅导为全国中小学生免费提供全年级全科目直播课，并开放旗下猿辅导网课、斑马 AI 课等产品的核心功能。51Talk 为全国幼儿园及中小学学生免费提供全方位中外教英语精品在线课程。免费提供课程资源的还有掌门教育、作业帮、网易有道、西瓜创客、叽里呱啦等。

二是与其他提供优质课程、资源的企业合作，将各类课程、资源汇聚在一个平台上，方便社会公众选择、使用。中共中央宣传部主管的学习强国平台推出了"在家上学"专题，同上一堂课、猿辅导、掌门少儿等 20 多家教育机构在学习强国平台上进行网络直播。学生进入学习强国平台"在家上学"专题后，可以看到每个机构的课程安排，并根据需要学习相关课程。与此类似的还有今日头条的"在家上课"专题，同样汇聚了国内主要知名教育机构的免费直播课程，为公众提供了一个对各类资源进行比较、选择的途径和学习的入口。

三是提供在线直播平台、远程教学平台，供全国的中小学和教育机构开展在线教学。网易有道旗下 AI 开放平台——有道智云宣布向全国中小学校及培训机构免费提供远程教学系统。腾讯教育旗下在线教育平台腾讯课堂免费为各学校搭建线上直播教室，并提供各类线上直播工具。北京四中网校为全国中学免费开通在线智慧教学平台和教学资源，教师可以通过在线智慧教学平台发布课程、练习等教学任务，学生可以在任课教师引领下完成网络班级学习以及个性化自主学习。阿里巴巴旗下钉钉（DingTalk）联合优酷发起了"在家上课"计划，教师可以借助平台对本班学生进行在线授课。

四是提供系统性的在线教学解决方案，为各学校覆盖教学各个环节的、整体性的在线教学服务。科大讯飞作为国内教育信息化行业的龙头企业，在"停课不停学"期间提供了面向湖北省和全国的两种解决方案，为全国中小学提供人工智能教育产品和服务，为教师提供同步课程服务，以及配套的备课系统、课堂教学环境和授课智能应用等。此外，科大讯飞还通过提供完整的、与教材配套的学习资源和基于知识图谱的个性化学习应用等支持学生自主学习。

（三）教育信息化服务价值得到深度彰显

2020 年 2 月 17 日，由教育部整合国家、有关省市和学校优质教学资源开通的国家中小学网络云平台开始运行，免费供各地自主选择使用。为了保障云平台的运行，工业和信息化部部署百度、阿里、中国电信、中国移动、华为等企业全面提供技术保障支持，协调 7000 个服务器、90T 带宽，可供5000 万名学生同时在线使用。截至 2 月 19 日 12 时，国家中小学网络云平台网页浏览量达 2300 万次，访问人次为 1500 万，覆盖全国 31 个省（区、市）[①]。按照教育部安排，"停课不停学"工作由省级统一部署、因地因校制宜实施。各地结合实际，充分利用国家中小学网络云平台、本省教育资源平台对"停课不停学"进行了精心的设计。从 1 月 29 日发布通知部署"停课不停学"，到 2 月 17 日"停课不停学"正式开始，在短短不到 20 天的时间里，我国完成为全国 2 亿多名学生提供高质量居家学习支持的所有筹备工作，我国的教育工作经历了一场严峻的考验。

二、教育信息化服务的问题与不足

在疫情防控的特殊时期，不论是由政府、教育主管部门和学校还是由社会力量提供的教育信息化服务，都在"停课不停学"中发挥了重要的作用，同时也在应用的过程中显露出潜在的问题与不足。2020 年 3 月，北京师范大学智慧学习研究院发布了《弹性教学手册：中国"停课不停学"的经验》。手册提出超大规模互联网教育组织的 7 个核心要素：流畅的通信平台、适切的数字资源、便利的学习工具、多样的学习方式、灵活的教学组织、有效的支持服务、密切的政企校协同。[②] 从以上 7 个核心要素出发，我们对"停课不停学"期间的教育信息化服务进行了反思，将其存在的不足总结如下。

（一）部分教育信息化服务准备不充分

此次大规模的在线教学活动史无前例、没有经验可循，从"停课不停学"的实际开展情况看，部分教育信息化服务存在准备不足的问题，主要表现在：一些平台的资源老旧，质量不高，无法满足学生的学习需求。一些并

---

① 延期开学日也是成长时：各地结合实际推进中小学"停课不停学"纪实 [N]. 中国教育报，2020–02–21 (1).

② 分享"停课不停学"中国经验，助力全球教育"新形态"："教育战疫，停课不停学"国际网络研讨会召开 [EB/OL]. (2020–03–15)[2020–03–18]. http://fe.bnu.edu.cn/html/002/1/202003/40454.shtml.

非专用于教育的信息化服务被应用于在线教学时，部分功能不符合教学工作的特点，在应用的过程中给教师和学生带来一些困扰，影响了师生体验。还有一些教育信息化服务商未能充分估计在线课程播放时的用户并发量，导致系统崩溃，影响了部分教师、学生、家长参与在线学习的积极性。

（二）部分平台功能有限，影响在线学习质量

疫情防控期间，各地开展"停课不停学"的主要方式包括看网络直播课、录播课、电视直播等。其中，网络直播课既有面向公众的、组织性较弱的大型直播课，也有以学校班级为单位的小班直播课。录播课和电视直播基本是单向的信息传递，网络直播课虽然有师生之间双向的互动，但仍然以教师向学生传递信息为主，师生之间的互动频率比较低，互动形式比较单一。这就导致在线教学只停留在浅层次学习的层面，难以激发和实现深层次学习。教育之美在于交流，在线教学中互动不充分，既有教师在线教学能力和经验不足的原因，也有教育信息化服务设计存在短板的原因。

（三）部分教育信息化服务企业对教育教学缺乏深刻理解

不论是在线教学还是线下教学，都是教育的实现方式，都需要遵循教育规律。在此次"停课不停学"期间，为社会公众提供教育信息化服务的既有在线教育机构，也有从线下临时转移到线上的教育机构。两者中都有相当比例的机构对教育教学基本规律缺乏深刻认识和理解。在线教学既打破了时空的限制，同时又受到师生时空不一的制约，在线教学必须充分利用信息化的教学平台、工具和资源，创新性地开展教学活动。在线教学并不是简单地将网络作为知识传播的途径，不是把线下课堂原封不动地搬到线上，也不是让学生在线被动观看教师授课。网络环境下的在线学习，更需要注重交互与反馈，需要教师更为精心、科学的设计。

三、社会化大协同背景下对教育信息化服务未来发展的思考

新冠肺炎疫情期间的特殊教育需求加速了大规模社会化协同的教育服务新业态的形成。[①] 教育服务资源不再局限于学校或区域内部，海量的学习资源和教育服务来源于校外，并向所有教师和学生开放；提供教育服务的主体不

---

① 余胜泉，汪丹，王琦. 大规模社会化协同的教育服务变革 [J]. 电化教育研究，2020（4）：5–12.

再仅仅是中小学一线教师，还有大规模的社会群体；教育系统的关键业务呈现出一种大规模社会化协同的形态。[①] 在社会化大协同的背景下，按照国家教育信息化发展宏观政策，我国将更加注重发挥市场在教育信息化行业中的作用，迫切需要构建起教育信息化的社会化协同机制，实现教育信息化内部协调机制、内外协调机制和应用协调机制的重构。

疫情防控期间的"停课不停学"，既是教育信息化服务的发展机遇，又是一次严峻挑战。各教育信息化服务企业要充分反思产品与服务的不足；要深入思考如何找到新兴技术与教育教学的结合点，将技术发展的成果更加充分地体现在教育教学中，比如利用技术实现在线教学中的知识积累、数据分析、对学生有针对性的反馈与支持等，实现技术在教学中的深度应用；要深刻理解教育教学的基本规律，进而精确把握在线教学的特点、模式，充分考虑利用在线教学资源全面、丰富、优质以及教学组织形式灵活等优势，提供更加科学、规范、系统的在线教学服务。此外，在此次"停课不停学"的过程中，包括教师、家长、学生在内的社会公众对在线教育的误解和偏见也暴露出来，教育信息化服务企业要在产品和服务的设计与开发中考虑引领人们对在线学习的思想认识。如果说丰富的教育信息化服务帮助人们实现了从"要我学"到"我要学"的转变，那么在今后的发展中，还应考虑如何引领人们实现从"我要学"到"我会学"的提升。

---

① 余胜泉，汪丹，王琦. 大规模社会化协同的教育服务变革 [J]. 电化教育研究，2020（4）：5-12.

第七章　教育信息化在进步中应对挑战

第一节　信息化促进落后地区基础教育质量提升

一、"这块屏幕"撬动供给侧变革，打造教育新生态

（一）"互联网+"时代我国边远、民族地区正发生一场远程教育革命

21世纪以来，在我国西部发生了一场"互联网+"时代教育供给侧结构性变革，通过卫星、网络等现代信息技术，城市学校文化和优秀教师的智慧被辐射到边远、民族地区，创建了城乡600多所学校24万多名学生"异地同堂"共享城市名校优质教育资源的新生态，开启了该地区学生"健康成长、实现梦想的幸福之门"。

这场供给侧结构性变革是有其深刻历史背景的。21世纪初，为了应对日趋激烈的国际竞争，我国做出重大战略抉择，提出以信息化带动教育的现代化、努力实现基础教育跨越式发展的战略方针。[①] 这一政策方针的核心就是要通过信息技术将城市名校优质教育资源引到边远、民族地区学校，从而带动当地教育跨越式发展。

教育公平是社会公平的重要基础。我国是一个发展中国家，教育发展不均衡。《国家贫困地区儿童发展规划（2014—2020年）》显示，我国贫困地区还有4000多万名儿童的教育和健康发展水平低于全国平均水平。另外，

---

① 陈至立.抓住机遇，加快发展，在中小学大力普及信息技术教育：在全国中小学信息技术教育工作会议上的报告［N］.中国教育报，2000-11-06（1）.

据教育部公布的数据，我国有 400 多万名儿童在教学点上学。由于缺少教师，这些教学点连国家规定的课程都开不齐。如何让这些孩子就近接受良好的教育，与城里孩子一样享有优质教育资源，是党和政府最为关心的重大现实问题，直接影响到我国全面建成小康社会目标的实现。在实践探索中，国家又进一步提出："要通过整合、重组、结对帮扶等多种途径，打破校际和城乡之间的分割，促进区域内优质学校与薄弱学校之间形成稳定的共建机制。"①

在我国西部发生的这场供给侧结构性变革中，"互联网 +"发挥了重要作用。有人认为，"互联网 +"代表一种新的经济形态，即充分发挥互联网在生产要素配置中的优化和集成作用，将互联网的创新成果深度融入经济社会各领域之中，提升实体经济的创新力和生产力。其实，"互联网 +"不仅是技术上的"+"，也是思维、理念、模式上的"+"，其核心是以人为本、联通一切、融合创新。"互联网 +"具有以下特点。

第一，**新引擎**。以信息化带动边远、民族地区教育跨越式发展，是我国迈入小康社会的迫切需要与必然抉择。从世界范围来看，信息化是后发国家和地区实现经济社会跨越式发展的必由之路。

第二，**新生态**。"互联网 +"是一种革命性力量，它将互联网作为基础设施和创新要素，促进跨界融合，创造教育新生态。正如我国知名企业家马化腾所说，利用互联网平台，利用信息通信技术，把互联网和包括传统行业在内的各行各业结合起来，能够在新的领域创造一种新的生态。②

第三，**新智慧**。"互联网 +"正在创造出新智慧。有学者指出，互联网革命对于人类的影响，已经远远超过了工业革命。与工业革命增强人类的力量和扩展人类的视野不同，互联网极大地增长了人类的智慧、丰富了人类的知识，而智慧和知识恰恰与大脑的关系最为密切。③

第四，**新空间**。"互联网 +"以互联网为基础，进行多维度的跨界融合，

---

① 刘延东：优化资源 促进公平 加快义务教育均衡发展 [EB/OL]. (2009-12-01)[2020-03-04]. https://www.chinanews.com/edu/edu-zcdt/news/2009/12-01/1992962.shtml.

② 李雁争，姜隅琼．"互联网 +"行动路径划定 锁定 11 个目标 [N]. 上海证券报，2015-06-05 (1).

③ 刘锋. 图解"互联网大脑"与"互联网 +"[EB/OL]. (2016-06-08)[2020-02-22]. https://blog.csdn.net/huawei_eSDK/article/details/51612702.

形成了虚拟与现实互联互通的新的学习空间。

（二）全日制远程教学是我国独创的一种新的教育形态

千百年来，人类教育基本上是小规模的信息传播过程，几名、几十名、上百名学生跟随一名老师学习，而在信息时代这一状况正在发生改变，卫星、网络技术可以使优秀教师的身体与智慧相"分离"，让优秀教师的智慧跨越时空，到达最需要的地方。成千上万名学生可以在同一时间，在不同地区、不同学校，向同一名优秀教师学习，从而成百倍、上千倍甚至上万倍地放大了优秀教师的智慧，极大拓展了优质教育资源的覆盖面，有效解决了贫困地区学校开不齐课和教学质量低下的问题。

全日制远程教学模式是我国独创的一种新型教学形态：通过卫星、网络等现代信息技术，在边远、民族地区学校实况直播、录播或植入城市名校教师课堂教学，以实现城乡学生"异地同堂"、共享城市优秀教师的智慧和优质教育资源的目的。

要想深入了解全日制远程教学模式，首先需要了解什么是模式。模式是人们在理论研究与实践中广泛使用的一个专业术语，具有独特的作用。模式既是人类思考、把握复杂问题的思维方法与工具，又是理论应用于实践的一个抓手。实践中，人们按照模式要求的基本规程和路径开展工作，可以减少重复劳动，大大提高工作效率。查有梁认为："教育模式是在一定教育理论指导下，对教育过程组织方式作的简要表述。"[①]也有学者认为，模式就是"大方法"或新思路、新途径。美国当代建筑大师亚历山大（Christopher Alexander）在他 1979 年出版的著作《建筑的永恒之道》（*The Timeless Way of Building*）中，对模式进行了系统总结。他认为，每一个模式都描述了一个在我们周围不断重复出现的问题，以及该问题解决方案的核心。模式的构成要素具有不可或缺性、不可替代性，图 7-1 显示了模式的五个基本要素。

---

① 查有梁.教育模式 [M].北京：教育科学出版社，1993：8.

图 7-1　模式五要素

全日制远程教学主要采用三种教学模式：普通高中采用直播方式，即城市名校学生与民族地区学生同时上课；初中采用录播方式，即民族地区学校教师先学习名校教师课堂实录，一般延迟 1—3 天后，用录像上课；小学采用植入教学方式，即民族地区学校教师先学习名校教师课堂实录，然后根据自己的教学设计需要，部分或全部使用名校教师课堂实录。

以高中为例。为了有效带动边远、民族地区学校发展，针对远端学校教学特点，成都七中网校对原有教学模式进行了再造，创造性地提出了"四同时"教学模式，即"同时上课、同时备课、同时作业、同时考试"。该模式要求名校各科教师与远端教师每周共同完成一次备课；然后，由名校教师上课，远端教师协同教学；同时，要求城乡学生实行统一的课程表，完成相同的作业和相同的试卷。通过这些举措，城乡学校实现了一体化要求，教学、管理融为一体，从而确保了远端学生能够真正享受到名校教师原汁原味的教学。为了加强前端、远端师生间的沟通与交流，全日制远程直播教学实施了"实时交互、虚拟交互、替代交互、转移交互"四种交互方式。

为了保证直播教学高质量、高效率运行，该模式还采用了"四位一体"的教师协作管理方式，即由名校授课教师、远端教师、名校把关教师和技术教师组成教师协作团队，在相同的时间、不同的空间分工完成授课和教学质量把关工作。

在小学，全日制远程植入式教学模式主要是根据小学阶段的教育教学特点，要求远端学校植入前端学校的"四观"：教学观——以学生为主体，以活动促发展；管理观——以人为本，以事育人；育人观——以雅育雅，自主发展；发展观——立己立人，达己达人（见图7-2）。

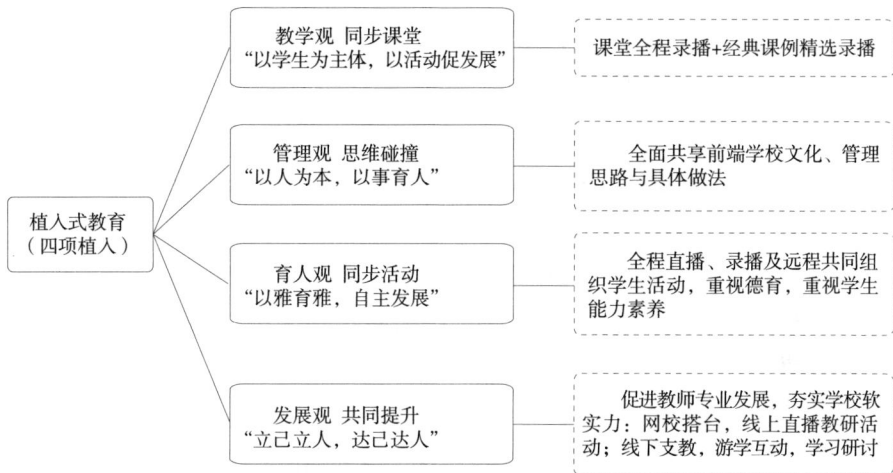

图7-2　远程植入式教学的"四项植入"

二、"这块屏幕"取得的成效

为了进一步了解全日制远程教学的效果，我们对云南、贵州、四川、重庆、甘肃5省份11个地市开展全日制远程教学的边远、民族地区学校的2600多名学生、教师和校长等进行了问卷调查。结果表明，全日制远程教学有效解决了长期困扰我国边远、民族地区教育发展的五大核心问题。

（一）大幅度提高了学生综合素质和学业成绩

许多教师反映，远端学生与名校学生相比，差距主要在于综合素质，如自信心、意志力、学习习惯等。全日制远程教学有效地提高了远端学生的综合素质。调查结果显示，66.7%的教师认为，经过两年多的学习，远端学生的自信心等综合素质有了大幅度提高。52.3%的学生认为自己的自信心有了大幅度提升，67.9%的学生反映自己的意志品质得到了良好的培养，67.7%的学生认为自己的自主学习能力有了较大提高，62.0%的学生认为自己养成了良好的学习习惯，57.1%的学生认为自己掌握了良好的学习方法。

随着远端学生综合素质提升，其学业成绩也有了较大提高。调查结果显示，47.1%的学生认为自己的学习成绩有了大幅度提高，62%的学生表示自己现在与成都七中学生的学习成绩差距同两年前相比缩小了20分以上。与此同时，一大批学生在当地的中考、高考中脱颖而出，原来连省内知名学校都很难有学生考入的一些学校，接连实现了零的突破——学生考入北京大学、清华大学等全国名校。

（二）有效提升了教师专业水平，培养了一批优秀教师

一般来说，一名新教师成长为一名合格教师、优秀教师、名师，需要经历一个漫长的发展过程。美国学者休伯曼把教师的职业生涯归纳为5个时期：入职期（第1—3年）、稳定期（第4—6年）、实验和歧变期（第7—25年）、平静和保守期（第26—33年）、退出教职期（第34年以后）。全日制远程教学创造出"在工作中学习，在学习中工作"的"师徒制"环境，有助于远端教师专业发展，大大缩短了其成长期。像在入职期参加远程教学项目的新教师，大概经过三四个月就能完成这一时期的成长任务。在访谈中，成都七中一位化学老师说："远程直播教学为青年教师创造了最快、最佳的成长途径！"成都七中原副校长、网校负责人罗清红认为："直播教学对远端教师的专业发展影响是巨大的，一般在个人比较努力的情况下，一位远端教师只要从高一到高三跟着直播教学走过一轮，各种课型都了解了，就基本可以达到成都七中优秀教师的标准。"对于这一观点，调查结果显示，72.1%的远端教师表示高度认同。在实地访谈、座谈中，大多数远端校长、教师也高度认同这一观点，并且认为远程直播教学给远端学校带来的最大变化反映在教师身上。正因如此，许多学校将远程直播教学作为提高本校教师专业素养的最重要途径。

远程直播教学改变了千百年来教师专业成长的途径和模式，创造了在职前培养、在职培训和校本教研之后，借助信息技术开辟的第三条教师专业发展道路。全日制远程教学相当于为民族地区提供了大规模、长周期、低成本、高水平的教师在职培训，已经培养了一大批优秀教师。调查结果显示，83.9%的远端教师认为，远程直播教学是目前民族地区一条比较现实、经济、有效的教师专业发展途径。

（三）"链式发展"促进优质教育资源得到有效利用

如何为民族地区学校提供能够用得上、用得有成效的优质教育资源，一直是困扰教育界的难题。全日制远程教学采用"链式发展"方式，直接将优质资源"送抵"远端教师手中，有效地解决了教学资源生产与使用严重背离、教师难以找到合适的教学资源的问题。调查结果显示，89.8%的远端教师认为自己得到了成都七中大量的优质教育资源（见图7-3），83.5%的远端教师表示他们得到的是马上就可以使用的教学资源。四川康定中学陈军校长说："直播式远程教育的开通，使地处偏远山区、康巴高原的康定中学学生也能同步聆听几百公里外成都七中教师的授课，享受百年名校的优秀教育资源。这就一下子缩短了因地区和距离造成的差距，提升了康定中学课堂教学的质量。"

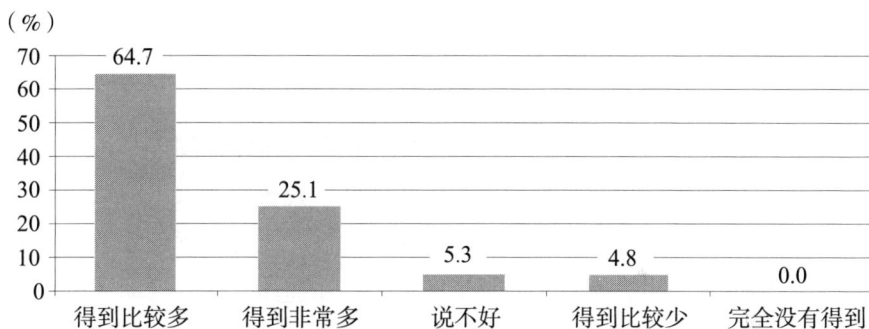

图7-3　远端教师获得的教学资源的调查结果

"链式发展"是产业为了促进资源、信息等要素共享，提升自身竞争力，而采取的将生产、加工、应用等上下游企业相关联，形成产业链条的举措。这一方式在教育中的应用，实现了名校与远端学校教育资源一体化的生产、使用、管理与评价，对解决边远、民族地区学校优质教育资源短缺问题具有重要的现实意义。

（四）以现代文化为引领，塑造一代新人

边远、民族地区学生成才、教师成长和学校发展，从根本上来说，是文化的发展。全日制远程教学让城市名校与远端学校形成了一种"血脉相连，血气相通"关系，有益于跨地域跨文化的知识、技术、思维方式、生活方式等引入，促进学生思想文化、心理、学业等各方面全面健康发展。远程教学

中"课前三分钟分享感受""课间十分钟",以及名校与远端学校共同举办主题活动、"大班会"、文体活动,远端学生到名校"留学"活动等,促进了不同地区或民族学生间的跨文化交流。调查结果显示,经过两年多的学习,大部分学生对国家和民族的认同感都得到了提升。

与此同时,这种交流还促进了边远、民族地区学校文化的发展。像以"雅文化"特色闻名全国的成都市实验小学,其典雅的建筑、儒雅的教师、文雅的学生、清雅的管理等给远端民族学校师生留下了深刻的印象,其雅文化的理念和实践成为他们学习的榜样。通过学习、思考、创新,大部分远端学校创造出具有自身特色的学校文化,像"洁雅文化""精雅文化"等。这种交流整体提高了民族地区学校校园文化水平,增强了中华民族文化的向心力,让民族学生充分认识到本民族文化的价值,提高了他们文化自觉的水平。同时,这种交流还对城市学生、教师产生了积极影响,使他们对我国文化的多样性、对多彩的少数民族文化有了更多了解,增强了中华民族自豪感。

(五)让边远、民族地区学校教育驶入国家"信息高速路"

在名校的引领、示范和推动下,民族地区学校教育驶入了国家"信息高速路",实现了快速发展。康定中学陈军校长说:"全日制远程教学让民族地区学校发展由县乡级公路一步跨上了国家信息高速路,这种带动作用是其他任何方式无法达到的。"调查结果显示,87.8%的校长、76.5%的教师、89.0%的学生和84.4%的家长认为,全日制远程教学是促进民族地区教育跨越式发展的一条有效途径。

目前,全日制远程教学已经覆盖了云、贵、川、晋、甘、赣、渝等省份的700多所学校,让中西部100多万名学生和6万多名教师受益。这种模式普遍受到民族地区广大师生、家长和当地政府的欢迎。2012年9月,在全国教育信息化工作电视电话会议上,四川省介绍了实施全日制远程教学取得的成绩与经验。2015年5月,杜占元副部长在教育部与联合国教科文组织共同举办的国际教育信息化大会上,向各国代表介绍了该模式取得的成功经验。也有外国专家称这种模式是"中国奇迹"。

三、"这块屏幕"何以改变学生命运

(一)引入城市优秀教师智慧,提升优秀教师授课占有率

"教师是教育之本。有好的教师,才会有好的教育。"[①]民族地区教育要实现跨越式发展,教师是关键。卫星、网络等现代信息技术可以使优秀教师的智慧跨越时空进入边远、民族地区,实现远程智慧服务。全日制远程教学将城市优秀教师的智慧辐射到边远、民族地区,使城乡学校实现一体化教学,让优秀教师的智慧服务更多的学生,从而改变了我国现有优秀教师智慧资源分布不均衡的状况,极大地释放出优秀教师智慧的价值与作用,大幅度提升了优秀教师授课占有率,提升了民族地区学校教育质量。

(二)构建出城乡学生共同学习与成长的"第二学习空间"

全日制远程教学将优秀教师课堂教学嵌入了边远、民族地区学校教育中,从而为远端学生创造出一个崭新的"第二学习空间"。"第二学习空间"也称"拟态环境",是指传播媒介通过对象征性事件或信息进行选择和加工、重新加以结构化以后向人们展示的环境。[②]早在20世纪初,美国著名新闻学家李普曼就注意到人们对世界的认知并非都来自直接的经验性接触,大部分是通过传播媒介构建的"拟态环境"完成的。[③]"拟态环境"虽然不是真实环境,但它形成了人们头脑中"关于外部世界的图像",并由此影响人们的行为。"第二学习空间"会给远端学生带来哪些影响呢?

第一,与城市名校学生成为"同学",大幅度提高了远端学生的自信心。人们常说,"扶贫先扶志",改变边远、民族地区教育面貌的根本,在于树立学生的自信心。在"第二学习空间"中,城乡学生成为"同学",共享一流教育资源,这对远端学生来说是一种莫大的鼓舞,激发和唤醒了他们的自信心。

第二,改变了远端学生对自身的定位。与城市学生"朝夕相处"后,多数远端学生改变了他们对自身的认知。调查结果显示,40.6%的远端学生

---

① 温家宝强调提高农村教师待遇 把农村教育办得更好 [EB/OL]. (2011-09-09)[2019-10-08]. http://china.cnr.cn/yaowen/201109/t20110909_508482613_1.shtml.

② 郭庆光. 传播学教程 [M]. 北京:中国人民大学出版社,1999:127.

③ 郭赫男,解天滋. 李普曼的"拟态环境"理论的传播学意义探微 [J]. 井冈山学院学报(哲学社会科学版),2005(6):9-12.

认为自己是成都七中学生。一位远端学生写道："我走进了（成都）七中，并以她为我的第二母校而骄傲。……我会尽最大努力来面对接下来的高中学习。"[①]

第三，向榜样学习。"第二学习空间"为名校优秀学生展现他们的才华提供了宽广的舞台，因此，他们往往也成为远端学生关注的对象和崇拜的偶像。美国著名心理学家班杜拉认为，"观察学习"是人类学习的重要途径。所谓"观察学习"，是指一个人通过观察他人的行为及其强化结果而习得某些新的反应，或使他已经具有的某种行为反应特征得到矫正。[②] 调查结果显示，59.6% 的学生表示，他们已经把一些"同学"当成自己的偶像或学习的榜样[③]。偶像具有感化、激励、指引和目标推动等作用，在对偶像的观察学习中，远端学生重塑了自身行为，改变了原有的一些错误认识。如原来远端学生往往认为成都七中学生个个都是天才，通过观察了解，他们发现，"上帝并不偏爱（成都）七中学生，他们比自己更刻苦、更加努力"。

第四，大幅度提高了远端学生的综合素质和学业成绩。调查结果显示，分别有 67.9%、67.7%、62.0% 和 57.1% 的学生认为，他们在意志品质、自主学习能力、学习习惯和学习方法等方面有了较大提高[④]。综合素质的提升最终带来了学业成绩的提高，调查结果显示，有 47.1% 的学生认为自己的学习成绩有了大幅度提高，一大批学生在中高考中脱颖而出[⑤]。

（三）创造出"师徒制"环境，加快远端教师专业发展

美国著名风险投资家和技术作家保罗·格雷厄姆（Paul Graham）在《黑客与画家》（*Hackers & Painters*）一书中提出一个问题：达·芬奇、米开朗琪罗等艺术大师为何都是由"师傅"带出来的，而不是像今天的艺术家一样毕业于艺术院校？他认为，他们能够成为大师，主要是由于在"师徒制"下得到了一对一的指导教学。

教师的教学在某些方面与画家的工作有着较高的相似性。教师的教学是

---

① 张杰夫.全日制远程教学研究："互联网+"时代中国边远、民族地区教育创新模式 [M].北京：北京师范大学出版社，2018：119.
② 高申春.人性辉煌之路：班杜拉的社会学习理论 [M].武汉：湖北教育出版社，1999：124.
③ 同① 120—121.
④ 同① 125—126.
⑤ 同① 128.

一种实践性创造性很强的工作,"教学就是'即席创作'"①。知识管理研究揭示,隐性知识是创造之源。青年教师与优秀教师相比,最缺乏的就是隐性知识。然而,由于隐性知识是存储于人们头脑中的属于个人经验、诀窍、灵感的知识,常隐含于人的行动之中,所以难以通过"正规的""直接的"方式加以传递,特别是难以在以"客观知识"为主要内容的现代教育体系中直接传递。

全日制远程教学相当于为远端教师创造了一种"在工作中学习,在学习中工作"的远程"师徒制"环境。在远程教学中,远端教师既配合名校优秀教师教学,又在观看他们的教学,这相当于为远端教师请来一位"师傅",天天演示、教他们如何教学,由此,远端教师可以学习到优秀教师的高级思维技能和策略性知识。调查结果显示,在全日制远程教学中,有35.8%的远端教师直接将名校教师看作自己的"师傅"或"导师";高达91.1%的远端教师认为,在这种"师徒制"环境中,他们的专业能力有了大幅度提升。② 在教师职前培养、在职培训与校本教研之后,全日制远程教学借助信息技术为远端教师开辟了第三条专业发展道路。

(四)形成了城乡学校命运共同体

有学者在对中西部教育的调查研究中发现,"薄弱学校几乎很少与外界打交道",它们面临的最为严重的问题是变成"孤岛"③。全日制远程教学项目的开展,使城乡学校结成发展共同体,名校对远端学校起着示范、引领和推动作用,带领它们发展。

第一,理念引领。名校对远端学校的影响首先体现在理念方面。如成都市实验小学在远程植入教学中注重理念层面的"四项植入",即教学观、管理观、育人观和发展观的引入。

第二,文化的交流与融合。边远、民族地区学生成长、教师进步和学校发展体现的是一种文化的发展。受一些客观条件的限制,边远、民族地区学校之前较难与其他地区学校开展全方位、跨时空、多层次的交流与融合,容

---

① 范梅南.教学机智:教育智慧的意蕴[M].李树英,译.北京:教育科学出版社,2001:209.
② 张杰夫.全日制远程教学研究:"互联网+"时代中国边远、民族地区教育创新模式[M].北京:北京师范大学出版社,2018:9.
③ 鲍传友.农村薄弱学校的信心缺失与信任重建[J].中国教育学刊,2017(3):50-53.

易囿于一套特定的行为规范、价值观念体系等，限制了当地教育快速健康发展。全日制远程教学通过信息技术营造"拟态环境"，将跨地域、跨时空、跨民族的文化引入边远、民族地区，大大促进不同地区文化的开放、交流，从而为教育理念、文化的融合发展提供了有力支撑。

第三，资源的"链式发展"。长期以来，如何提供用得上、用得有成效的优质教育资源，一直是困扰边远、民族地区教育发展的一个难题。为此，国家投入大量人力物力，制作了海量教育资源，但许多资源"叫好不叫座"，常常被一线教师称为"死资源"。全日制远程教学采取"链式发展"方式，直接将名校优质资源"送抵"远端教师手中，实现了名校与远端学校教育资源一体化的生产、使用、管理与评价，有效地解决了当地教学资源生产与使用相脱离、教师难以找到合适的教学资源的问题。

第四，形成了学校发展共同体。全日制远程教学打破了学校发展校际和城乡间的分割状态，创造出城乡学校相互依存、共同发展的新生态。

（五）改变了远端学校社会文化生态

边远、民族地区教育文化生态比较脆弱。有学者在对中西部农村薄弱校的调查中发现，农村学校的一个共同特征就是不自信，教育行政部门对农村学校的发展普遍表现出一种悲观的情绪，家长和所在社区成员对农村薄弱学校也表现出极度不信任，很少有人相信它们会给孩子更好的教育[①]。在开通全日制远程教学前，一些学习比较优秀的学生家长，通常会在孩子小学或初中毕业后，将其送到城市上学，甚至自己也会调到城市工作。这在一定程度上影响了当地教育生态。调研中，有校长说："一所学校如果留不住学优生，其他学生和学生家长就会对学校失去希望，学校也就快办不下去了。"

全日制远程教学改变了这一状况。一些远端学校校长反映："引进直播教学就是引进希望！上了直播班就看到了希望。"2012 年，康定中学直播班学生毛鑫以 631 分的优异成绩被清华大学录取，整个康定城被震动了。康定中学陈军校长说，这对整个甘孜州的教育事业来说具有十分重要的意义，它增强了全州上下、社会各界和教育业内人士对甘孜本土教育的信心，让干部

---

① 鲍传友. 农村薄弱学校的信心缺失与信任重建 [J]. 中国教育学刊，2017（3）：50—53.

群众看到了甘孜教育的未来和希望。^① 调查结果显示，82.9% 的校长认为，全日制远程教学坚定了边远和民族地区政府、学校与百姓对教育的信心^②。

第二节 "互联网 +"驱动职业教育现代化

一、"互联网 + 职业教育"适应产业升级

与其他类型教育相比，职业教育与社会、经济的联系更为紧密。国务院印发的《国家职业教育改革实施方案》提出，要对接科技发展趋势和市场需求，完善职业教育和培训体系。实体经济与数字经济融合创新是信息时代产业转型升级的要求，大力推进"互联网 + 职业教育"是现代职业教育发展的必然选择。2013 年德国提出"工业 4.0"战略，实施重点在于信息互联技术与传统工业制造的结合，将制造业向智能化转型。新型制造业的发展对以信息素养为核心能力的职业技术人才提出了紧迫的需求，通过"职业教育 4.0"支撑"工业 4.0"成为德国构建新型职业教育体系的显著特征。^③ 2016 年日本经济产业省发布"新产业结构蓝图"，指出"工业 4.0"将引发产业结构与就业结构变革，要求构建新的适应"工业 4.0"需求的教育系统。^④《国务院关于积极推进"互联网 +"行动的指导意见》指出，"互联网 +"是把互联网的创新成果与经济社会各领域深度融合，推动技术进步、效率提升和组织变革，提升实体经济创新力和生产力，形成更广泛的以互联网为基础设施和创新要素的经济社会发展新形态。面对信息时代产业变革的机遇和挑战，我们需要构建"互联网 + 职业教育"新体系，主动适应产业转型升级的要求。

二、"互联网 + 职业教育"全面服务终身学习

2019 年我国政府工作报告提出，将实施职业技能提升行动，用于 1500

---

① 何小平，唐小波.吹尽狂沙始到金：我州学子考进清华大学 [N].甘孜日报，2012–08–07（3）.

② 张杰夫.全日制远程教学研究："互联网 +"时代中国边远、民族地区教育创新模式 [M].北京：北京师范大学出版社，2018：11.

③ 赵文平.德国"职业教育 4.0"的数字化发展形态分析 [J].中国职业技术教育，2017（6）：61–65.

④ 张进宝，张晓英，赵建华，等.国际教育信息化发展报告（2013—2014）[M].北京：北京师范大学出版社，2014：76–78.

万人次以上的职工技能提升和转岗转业培训；高职院校大规模扩招 100 万人，鼓励更多应届高中毕业生、退役军人、下岗职工、农民工等报考。由此可以看出，职业教育还承担着促进就业和稳定社会的功能。职业教育提供新的供给模式，全面服务终身学习是必然选择。这包括两个方面的含义：一是构建"学习—工作—再学习—再工作"的终身教育模式，达到任何人随时随地都可以发展自身职业能力的目标；二是构建职业教育与其他类型教育相互衔接、相互贯通的大教育模式，实现任何人在不同教育之间灵活转换的目标。①

可以看出，仅仅依靠传统的职业教育模式显然无法满足规模如此庞大、工学兼顾、动态变化、高度异质群体的终身学习需求，迫切需要创新职业教育供给模式，突破原有学校教育的范畴，借助互联网基础设施和创新要素，融通多元职业教育和培训供给方，促进教育和培训理念更新、模式变革、体系重构，形成基于互联网的多样化、专业化、终身化、扁平化的职业教育和培训新生态，满足个性化的终身职业发展需求。

三、"互联网 + 职业教育"促进信息技术与教学深度融合

互联网的普及应用使实体与虚拟共存的生活、工作、学习空间得以产生，人们的行为方式发生了重要变化，知识生产、传播、使用、分享的方式也随之变化。个人的认知转变为基于互联网的群体认知和组织认知，个体内部的认知过程拓展为"人 + 机"的分布式认知过程。要实现"互联网 +"对业态的重构，不仅需要职业教育人才培养目标和内容的变革，还需要职业教育在虚实融合的空间中探索新的教学模式。基于互联网的优势，构建校企跨界合作、教学环境与工作场所相结合、虚实环境融合的新型职业教育教学方式，将是职业教育教学的发展趋势。

四、"互联网 + 职业教育"推进资源共享和均衡发展

由于地域分布、发展历史等因素的影响，我国职业教育学校发展存在明显的不均衡问题。信息时代职业教育不仅仅需要推进优质教育资源的建设

---

① 韩锡斌，陈明选.互联网 + 教育：迈向职业教育现代化的必由之路：《国家职业教育改革实施方案》（职教 20 条）学习启示 [J].中国职业技术教育，2019（16）：27-31.

与共享，更为重要的是借助互联网创新要素，实施职业教育均衡发展的系统工程，培育持续的动力机制和常态化的支持机制，促进学校、培训机构、企业、社区、政府和研究机构等多方参与，在教育理念、基础设施、人员发展、体制机制、合作伙伴协同、研究与评估等方面统筹施力，构建发展共同体，并与当地社会、经济、产业以及人力发展相融合，形成基于互联网的职业教育均衡发展新生态。

第三节　信息化激活高等教育

一、建设新工科、新医科、新农科、新文科

自 2016 年提出"新工科"后，我国先后奏响了"复旦共识""天大行动""北京指南"新工科建设的三部曲。2018 年 1 月，首批 612 个新工科研究与实践项目获批，在各高校探索中涌现出了新工科建设的"天大方案""F计划""成电方案"等。高等教育专业结构不断优化：2019 年新增设数据科学与大数据技术专业点 196 个；撤销网络工程专业点 8 个，共调整了 416 个专业点；布局建设了 4 个国家集成电路产教融合创新平台。2018 年全年累计有 1073 所本科高校与 498 家企业合作立项 17608 项，企业提供经费及软硬件支持约 77.44 亿元。[①]2019 年 4 月，"六卓越一拔尖"计划 2.0 启动大会召开，要求以新工科建设为龙头，全面推进新工科、新医科、新农科、新文科建设，提高高校服务经济社会发展能力，全力打赢振兴本科教育攻坚战。

当今世界正在发生着深刻变革，中国高等教育要超前识变、积极应变、主动求变，加快从"质量意识"走向"质量革命"，最终建成"质量中国"。我国要发展新工科助力国家硬实力提升，发展新医科助力全民健康力提升，发展新农科助力生态成长力提升，发展新文科助力文化软实力提升。通过发展"四新"，全面提升高校服务经济社会发展能力。

新工科建设，是应对新经济的挑战，从服务国家战略、满足产业需求和

---

① 三年内打造万门国家一流本科课程：全力打赢全面振兴本科教育攻坚战 [EB/OL]. [2019–11–01]. http://www.moe.gov.cn/jyb_xwfb/xw_fbh/moe_2606/2019/tqh20191031/mtbd/201911/t20191101_406385.html.

面向未来发展的高度，在"卓越工程师教育培养计划"的基础上，提出的一项持续深化工程教育改革的重大行动计划。新工科建设要以应对变化、塑造未来为理念，以继承与创新、交叉与融合、协同与共享为主要途径，培养多元化、创新型卓越工程人才。在新工科建设实践中，截至 2020 年 2 月，天津大学开设了研究生新工科课程 30 门，覆盖 49 个教学班、6383 名研究生，开展研究生混合教学模式应用实践与示范推广，支持和培育研究生"精品在线课程"15 门，先后搭建 13 个学科交叉平台，推动 10 个一流学科领域建设，持续向优质学科群和科研平台投放研究生资源。天津大学还按照"对接需求、导师结对、联合培养、提高质量"的原则，开发设计了实践课程内容和实训环节，以项目制形式与企业联合培养工程博士，目前已搭建 9 个面向新工程专业学位的校内工程实训平台，着力推动研究生工程实践能力提升。[①]新工科建设，正在通过优化本科专业结构、创新组织模式和课程资源、深化产教融合等方式再深化。从轰轰烈烈到扎扎实实，新工科建设正在改变高校教与学的方式，正在改变高校人才培养方案，正在改变学校的评价体系与资源配置方式，正在改变工科学生的人生命运，正在改变产业的竞争格局，正在重塑国家竞争力。

新医科建设，是指在以人工智能、大数据为代表的新一轮科技革命和产业变革背景下，医工理文融通，发展精准医学、转化医学、智能医学等医学新专业。随着诊疗手段的不断发展和高精尖技术在医学领域的广泛应用，具有多学科背景的复合型医学人才培养势在必行。以上海交通大学医学院为例，该学院主动适应医学新发展、健康服务新需求，紧密对接精准医学、转化医学、智能医学新理念，大力促进医学与其他多个学科的交叉融通，前瞻性探索和实践了"医学 +"复合型人才培养改革，在全国范围内招录理工科优秀本科毕业生开展临床医学专业"4+4"模式培养，在学校致远荣誉计划中设立了生物医学科学专业，规划和开设了大数据分析、医用机器人技术等医工、医理交叉课程 20 余门，加快培养多学科背景的创新医学人才。[②]

---

① 天津大学积极构建研究生拔尖创新人才培养体系 [EB/OL]. [2020−02−17]. http://www.moe.gov.cn/jyb_sjzl/s3165/202002/t20200217_421839.html.

② 上海交通大学：大力推进新医科建设 着力培养有灵魂的卓越医学创新人才 [EB/OL]. [2020−04−29]. https://news.sjtu.edu.cn/mtjj/20190502/102083.html.

　　高等农林教育面对国家重大战略要求、新一轮科技革命和产业变革以及自身发展的深层次问题，迫切需要创新发展，加快建设新农科。新农科建设肩负重要使命：主动服务好脱贫攻坚、乡村振兴、生态文明和美丽中国建设，面向新农业、新乡村、新农民、新生态，推动我国由农业大国向农业强国迈进，助力乡村成为安居乐业的美好家园，让山更绿、水更净、林更茂、田更沃、湖更清、草更丰；积极探索实践融合发展、多元发展、协同发展新路，加快培养创新型、复合应用型、实用技能型农林新才，高标准建设好农林"金专""金课"和"高地"，为国家农业农村现代化和中华民族伟大复兴贡献力量，为全球农业可持续发展、服务"一带一路"沿线国家和地区、共建美丽地球村贡献中国智慧、提供中国方案。我国新农科建设正通过"安吉共识""北大仓行动"与"北京指南"持续推进。以甘肃农业大学为例，该校对接了教育部一流本科专业建设"双万计划"、一流本科课程"双万计划"，启动学校一流本科专业和课程建设工作，着力培育 10 个一流本科专业建设项目，进行混合式教学模式改革；同时通过"安宁五校战略联盟"推动多层次、多方位合作育人，拓展学生知识结构，努力培养更多知农、爱农新型人才。

　　新文科建设首先需要落实和扩大学校自主权，建立现代学校制度，推进学校进行现代治理，实行教育家办学。同时，新文科建设应当着力培养一流文科人才，消除功利、浮躁的办学风气，倡导学术自治、教授治学，建立学术共同体评价体系，重视教师的真实教育能力与教育贡献，重视文科专业的办学质量和特色。我国一直在推进学科交叉，但一些学科交叉存在形式主义倾向，有的学科交叉甚至只是为了获得项目和资源，拿到项目和资源后仍各行其是。有鉴于此，新文科建设要以培养拔尖人才为目标，推进人文社会科学和医学、生物科学、信息科学等学科更深广意义上的交汇融通，推动形成覆盖高等教育全领域的"质量中国"品牌，打赢全面振兴本科教育攻坚战。以山东大学为例，在新文科建设方面，山东大学计划增设一批文理结合、文医结合的新专业，打造汉语言文学、外国语言文学等"老"专业的新知识体系，依托高质量发展战略、乡村振兴战略、海洋强国战略、军民融合战略等国家重大战略为学生建设更多的实践基地，联手实施校地合作、校企合作等新模式，进一步提高人才培养质量。

二、推出具有世界影响力的慕课

从 2013 年教育部大力推动中国慕课建设，到 2019 年教育部认定推出第二批 801 门国家精品慕课，中国慕课在这六年间经历了从无到有、从小到大、从弱到强的发展进程，形成了"大带小、强带弱、同心同向、共同发展"的良好局面，开辟了一条满足全民多样化需求的信息化学习道路，为学习型政党、学习型社会、学习型国家的建设做出了重要贡献。截止到 2019 年 4 月，我国已有 12500 门慕课上线，超过 2 亿人次在校大学生和社会学习者学习慕课，6500 万人次大学生获得慕课学分。[①] 作为互联网发展的产物，慕课自诞生起就被寄予了打破传统教育时空界限和学校围墙、催生新的教育生产力的厚望。

在六年的慕课建设过程中，中国为推出具有世界影响力的慕课积累了宝贵的经验。中国慕课的建设坚持集中最好的大学、最好的团队、最好的教师原则，从面广量大的公共课、通识课入手，逐步拓展到专业基础课、专业课和实验课，慕课内容更加丰富、结构更加合理、类别更加平衡。中国慕课建设坚持有质量的公平和有公平的质量的原则，开展跨地和跨校的慕课协同教学，创新应用模式，为教师提高专业能力服务，为消除区域与学校之间的教育教学水平差异服务。中国慕课建设坚持积极促进慕课与课堂教学有机结合，让优质教学资源惠及每一位学生。中国慕课建设着力使技术更先进、界面更友好，增强慕课吸引力，让更多社会学习者更加便捷地获取高品质的课程学习资源。中国慕课建设坚持"以学生为中心"的教育理念，致力于让学生"学得更好"，激发其学习兴趣和潜能，突出结果导向和持续改进。课程设计和学习支持服务充分考虑新一代大学生作为"网上原住民"的认知学习和接受特点，注重课程育人，注重学生全面发展，注重学生的获得感和满意度，促进个性化学习。中国慕课坚持以教师为主体的建设和使用目标，努力提升教师信息素养，激励优秀教师建设慕课，动员广大教师使用慕课。创新教师团队组建模式，通过强强合作、强弱协同等方式，推广在线学习、翻转课堂、混合式教学，改革教学内容、方法和模式。重视学习反馈与评价，促进慕课迭代，提升教学工作的有效度和教学质量的保障度。中国慕课坚持开

---

① 中国慕课行动宣言 [EB/OL]. [2020-04-18]. http://edu.people.com.cn/n1/2019/0409/c1053-31020138.html.

放共享的建、用、学方式。建立跨区跨校慕课联盟，打造提高质量利益共同体，增强慕课应用活力。推动慕课平台扩大资源开放力度，为学习型社会、学习型政党、学习型国家建设提供支撑。中国一直致力于推动慕课上的国际合作与交流，在国际著名慕课平台上上线了一批优秀的中国慕课供全世界学习者分享。中国慕课建设坚持高校主体、社会参与、政府支持的合作共赢机制，慕课数量井喷式发展、质量飞跃式提高，慕课建、用、学、管井然有序的良好局面已经形成。

中国慕课，要围绕育人建、立足专业建、依靠教师建，创新方法用、联合共同用、注重实效用，推进学生学、服务全民学、拓展国际学，管质量、管服务、管安全。《中国教育现代化 2035》为高等教育慕课确立了发展蓝图与目标。未来，中国慕课发展的五大愿景是：一是要把推进高等教育区域和校际公平作为基本价值取向，充分发挥"互联网 +"的作用，用优质慕课资源补齐区域和校际人才培养质量差异短板；二是破解制约共享的体制机制难题，打通影响共享的脉络，让慕课资源的流动畅通无阻；三是要致力于研究新方法、开发新技术，努力提升个性化、精准化服务水平，使学习者开展更有价值的深度学习；四是践行教育新理念，进一步融合人工智能、VR 等技术，创新慕课学习内容、模式和方法，开辟慕课未来发展新境界；五是加强教师之间、高校之间、慕课平台之间、中国与世界各国之间的交流合作，在分享世界慕课发展先进经验与最新成果的同时，努力为世界慕课发展贡献中国经验、中国标准、中国方案。

目前，我国慕课的数量和应用规模位居世界第一，领跑全球。慕课数量成倍增长、结构更加合理、应用更为广泛，推动"互联网 + 教育"与"智能 + 教育"齐头并进。截至 2019 年 4 月，我国已有 1000 余所高校开设慕课，其中 200 余门优质慕课先后登陆美国、英国、法国、西班牙、韩国等国的著名课程平台。[①]当前，我国慕课在发展理念、推广方式、学习模式、管理机制等方面形成了自己的特色，创造了中国经验，为世界慕课的发展贡献了中国智慧。面向未来，中国要把慕课建设作为落实立德树人根本任务、提高人才培养质量的重要抓手，积极推进慕课质量管理和学分认定、开展跨地区和跨校的协同教学、创新教师团队组建模式、重视学习反馈与评价、建立跨区跨

① 张烁.中国慕课，大有可为 [N].人民日报，2019-04-11（8）.

校慕课联盟，大力推进慕课的建、用、学、管，推出具有世界影响力的中国慕课。

三、打造"双创"教育国际升级版

站在"两个一百年"的历史交汇点上，我们比以往任何时候都更接近中华民族伟大复兴的目标，我们对高等教育的需要比以往任何时候都更加迫切，对卓越创新人才的渴求比以往任何时候都更加强烈。新时代，面对激烈的国际科技竞争和经济高质量发展的新要求，如何为实现国家现代化提供一流创新人才支撑，是高校创新创业教育必须回答好的时代命题。

我国经过多年探索，在大力推进"双创"（创新、创业）教育方面已经形成广泛社会共识。创新创业教育无论是认识论还是方法论都日趋深入和完善，并初步形成了一批可复制、可推广的制度成果和经验。但同时，"双创"教育与专业教育"两张皮"、重理论传授轻实践教育等问题依旧突出，已成为制约"双创"教育进一步发展的瓶颈，促进"双创"教育升级势在必行。

打造"双创"教育升级版，要解决好创新创业和立德树人的关系。立德树人是教育的根本任务，创新创业教育更应如此。习近平总书记在给第三届中国"互联网＋"大学生创新创业大赛"青年红色筑梦之旅"的大学生的回信中指出："希望你们扎根中国大地了解国情民情，在创新创业中增长智慧才干，在艰苦奋斗中锤炼意志品质，在亿万人民为实现中国梦而进行的伟大奋斗中实现人生价值，用青春书写无愧于时代、无愧于历史的华彩篇章。"青年人要按照习近平总书记的重要指示，将创新创业"青春梦"自觉融入实现中华民族伟大复兴的"中国梦"中。高校要充分学习改革开放先锋人物身上所展现的可贵精神，充分挖掘建功立业背后的成才规律，充分运用学生喜闻乐见的讲述方式，努力增强学生为国家创新发展努力奋斗的使命感和自豪感。

打造"双创"教育升级版，要解决好创业和创新的关系。习近平总书记指出，创新始终是一个国家、一个民族发展的重要力量，也始终是推动人类社会进步的重要力量。要打破高校"重创业，轻创新"的思维窠臼，将创新教育贯穿教育全过程，融入人才培养全过程。当前，高校一方面应谋划建设更多数字化时代的创新创业金课，另一方面也要重视挖掘已有专业课程的创新创业内涵；既要重视部分创业学生的实践能力训练，更要重视学生创新素质的培养。只有两条腿走路，才能真正推动高校创新创业人才培养。

案例：南京信息工程大学打造"双创"教育升级版

2019 年 12 月，南京信息工程大学入选 2019 年度全国创新创业典型经验高校。这是该校继获评全国首批深化创新创业教育改革示范高校、全国深化创新创业教育改革特色典型经验高校以来，在创新创业工作上取得的又一标志性成果。南京信息工程大学将"双创"教育融入人才培养全过程，以学科竞赛为抓手，实施"一专业一品牌、一学院一精品"学科竞赛计划，所有专业学生在校期间都能"参与一个项目，经历一次创新，参加一次竞赛，体验一次创业"。学校开设了藕舫学院竞赛实验班，对标有影响力的学科竞赛项目，构建基于"学科群"的竞赛体系。在学校每年举办的 100 多项校内外学科竞赛及选拔赛中，约 1.3 万人参与，受益面极广。近三年，在校学生获省级以上竞赛奖励达 5245 人次。竞赛助推学生"双创"能力提升效果显著，2019 届毕业生中获省级及以上竞赛荣誉者占比达34.49%，学校涌现出万俊波、宁梓傲、叶思、曹扬等 20 多位创业先进典型。

打造"双创"教育升级版，要解决好走进课堂和走出校门的关系。发展"双创"教育，课堂教学固然重要，但它本身极强的实践性对实践教学提出了更高的要求。然而，目前创新创业教育师资力量匮乏、师资队伍结构不合理等问题，导致一些高校的创新创业教育仍沿用大班制授课，"双创"教育陷入纸上谈兵的尴尬境地。为此，高校应重构"双创"教育场景，基于校企、校地协同，着力重塑未来教育新生态。只有"打开校门、打开脑门"，校企协同，产教融合，才能更好地推动人才培养，助力国家创新发展。

打造"双创"教育升级版，还要处理好课程和师资的问题，让教学转变为以学生为中心的智慧教学。例如，打造一系列"双创"金课，以必修课为抓手，线上线下同步设置；对既有专业课程进行改造，改变课程的"基因"。同时，"双创"教育还可在校企融合中探索新空间，如联合跨国公司共同打造课程，帮助学生了解行业前沿、捕捉行业机会。创业者带来的榜样力量，能帮助青年人少走弯路，这是课堂教学无法提供的宝贵经验。

案例：第五届中国"互联网＋"大学生创新创业大赛在杭州落幕

2019 年 10 月 15 日，第五届中国"互联网＋"大学生创新创业大赛在杭州落幕。大赛构建了"高教、职教、国际、萌芽（中学生）"四大版块，实现了"更全面、更国际、更中国、更教育、更创新"的办赛目标。来自全球 124 个国家和地区 4093 所院校的 457 万名大学生、109 万个团队报名参赛，参赛项目和学生数接近前四届大赛的总和。其中，国际版块有来自 120 个国家和地区 1153 所院校的 6000 多名大学生参赛，使大赛成为一场"百国千校"大学生创新创业盛会。大赛产生了"破壁"效应，逐步成长为项目与产业、资本的对接平台，推动创业项目飞得更远、飞得更高。

创新创业教育不只是开一门或者几门课程，甚至不一定开设创新创业课程，而是将创新创业融入教学体系，使创新创业成为结果。通过各方"众创"，高校的教师不再只是讲授"双创"课程，而是从创新创业的角度去关注问题、研发课程、培养学生，将教育改革进行到底。

第八章　人工智能时代的教育新生态

第一节　智能时代蓄势待发

长久以来，人类一直梦想造出能模拟甚至超越自己独特智能行为的机器。在电子计算机发明以前，各种简单或复杂的机械结构式的工具就已经出现。今天，我们终于可以利用电子计算机的超强运算能力在更广阔的空间探索认知科学和智能科学的未来。作为进化终极产物的人脑创造出一个人工大脑——人工智能，这一壮举必将成为地球历史上的伟大奇迹。

科幻文学和电影描绘了想象中的人工智能，它们具备异常强大的能力，然而在现实中，我们身边的人工智能与这些完美的形象相去甚远。但无论如何，它们已经在我们身边，改变着我们的生活方式。从语音输入法到扫地机器人，从人脸识别到自动驾驶，人工智能技术正在向更广阔、更复杂的应用场景迈进。

一、从达特茅斯启程

1956年夏，约翰·麦卡锡（John McCarthy）、马文·明斯基（Marvin Minsky）、克劳德·香农（Claude Shannon，信息论的创始人）等科学家在美国达特茅斯学院开会研讨"如何用机器模拟人的智能"，首次提出"人工智能"这一概念，标志着人工智能学科的诞生。其实，电子计算机时代的先驱们在1946年第一台真正意义上的电子计算机爱阿尼克（ENIAC）诞生以前，就以天才的睿智对人工智能问题进行了阐述，并引领了后续研究。

作为计算机科学领域的开创者，艾伦·图灵（Alan Turing）从 1940 年起就开始思考计算设备如何具备和人一样的智能。1950 年，他发表了《计算机器与智能》（Computing Machinery and Intelligence）这篇具有里程碑意义的文章，首次给出判别一台机器是否具有真正智能的标准。图灵认为，如果直接问"机器是否能够思考"这样的问题，就很难获得解答，因为"思考"很难被定义。图灵设计了一个测试来回答"机器是否能够思考"这一抽象问题：让一台机器通过电子设备与人交谈，如果设备另一端的人无法分辨与他们交谈的是人还是机器，那么这台机器就应该被认为是智能的。这就是著名的"图灵测试"。图灵的天才思想体现在，以对智能行为的研究来替代对智能本质的探索，为人工智能提供了一种可实现、可度量的标准，并对日后人工智能学科的发展产生了深远影响。

达特茅斯会议之后，人工智能进入了一个黄金发展期，以约翰·麦卡锡为首的计算机科学家，并未局限于仿真生物智能（尤其是人），而是强调人工智能行为，深入发展了以形式逻辑推理为代表的机器定理证明、自然语言翻译、博弈等研究领域，并取得了重大成果。约翰·麦卡锡这样解释他的思想："（我们的目标）是远离对人类行为的研究，将计算机作为解决某种难题的工具。这样一来，人工智能就会成为计算机（科学）而非心理学的分支学科。"① 这一点和图灵的想法是一脉相承的。这一派的研究方法被称为人工智能的符号主义理论方法。

如果把智能看作处理人类面临的众多问题的终极答案的话，那么人工智能能否通过模拟人类智能产生的生物过程来形成呢？

人类的大脑大约有 860 亿个神经元，平均每个神经元与其他神经元之间的连接超过 1000 个，我们的智能就是在这些数量庞大、连接复杂的神经元通过信号传递信息的过程中产生的。于是，有科学家主张，通过模拟人类神经网络连接的方式开发人工智能。这一派的研究方法被称为人工智能的连接主义理论方法。

1974 年，连接学派的杰夫里·辛顿（Geoffrey Hinton）提出多层感知机

---

① AI 发展史：从通用计算机到通用学习机 [EB/OL].（2019-10-19）[2020-02-22]. https://wap. sciencenet.cn/blog-3282433-1201170.html.

模型，为神经网络的研究树立了里程碑。几乎同时，又有若干个神经网络模型先后被提出，这些模型有的可以完成模式聚类，有的可以模仿联想思维，有的具有深厚的数学物理基础，有的则模仿生物的构造。到了 20 世纪 80 年代，新的问题又出现了。一方面，人工智能面对的现实问题是错综复杂的，需要借助复杂的神经网络模型求解；另一方面，当时的计算设备的计算能力和存储空间都非常有限，互联网才刚刚起步，用于模型处理和优化的数据不足。这些问题一直到 21 世纪初才得到解决，到 2010 年以后，新一代人工智能技术兴起，神经网络模型是其中的中坚力量。

相比于复杂的人脑，一些相对低等的生物的神经系统要简单得多，但是它们仍然能完成一些智能动作，例如飞行、觅食、躲避攻击等。包括人类在内，动物的行走、翻越障碍、奔跑、跳跃等动作都是"下意识"实现的。受到这种由环境自适应产生的智能现象的启发，一些科学家从动物的行为入手理解智能，并取得了巨大的成功。这一派的研究方法被称为人工智能的行为主义理论方法。

行为主义理论方法可以追溯到 20 世纪 40 年代产生的控制论思想。行为主义学派早期的研究重点是模拟人在控制过程中的智能行为和作用，如对自寻优、自适应、自镇定、自组织和自学习等控制论系统的研究，并进行"控制论动物"的研制。20 世纪 80 年代智能控制和智能机器人系统诞生①，到 20 世纪末，基于"感知-动作"模型的模拟昆虫机器人出现，标志着行为主义学派走向成熟。进入 21 世纪以后，以美国波士顿动力公司（Boston Dynamics）研制开发的一系列四足、两足机器人（见图 8-1）为代表，行为主义理论方法在应用领域取得明显进展。

---

① 关于人工智能三种主义与派别的冲突与相互融合的思考与疑问 [EB/OL]. (2019-03-24)[2020-03-26]. https://zhuanlan.zhihu.com/p/60205639.

图 8-1　轻松跨越障碍物的机器人 ①

二、"阿尔法狗"变成"阿老师"

2015 年底，世界围棋界流传着一个消息：一个由谷歌深度思维（Google DeepMind）公司开发的名叫 AlphaGo 的人工智能围棋软件战胜了欧洲围棋冠军樊麾二段。

自从 1998 年国际商用机器公司（IBM）的国际象棋对弈程序深蓝战胜棋王卡斯帕罗夫以后，围棋就成了众所瞩目的尚未被机器超越的最后堡垒。围棋比国际象棋复杂得多，棋盘以及行棋规则的差异，使得在围棋棋盘的不同部分可能同时发生战役，不同战役之间存在长期的相互作用，即使是顶级人类棋手也常难以判断。围棋的合法棋局总数是 10^{170}，远远超过宇宙中的原子数量，诸如暴力搜索、Alpha-Beta 剪枝、启发式搜索的传统人工智能方法在围棋中很难奏效。对围棋界来说，围棋程序和棋手对弈早已不是什么新闻，但在以往，围棋程序最终都是铩羽而归。

在 AlphaGo 大杀四方以后，围棋大师聂卫平回忆说："因为在更早的时候，三四十年前，也有人研究人工智能和人类棋手下棋的，那会儿 AI 和职业选手水平差得很远很远，所以给我们造成一种错觉，我们都以为我们这一

---

① 波士顿动力十年对比刷屏，网友：以后该不会变成终结者吧？ [EB/OL]. (2019-04-16) [2020-03-26]. https://www.pingwest.com/a/186419.

代人根本看不到人工智能能和职业棋手来下（打）比赛。"①

在这种乐观情绪驱动下，围棋界一开始并没有把 AlphaGo 放在眼里，虽然 AlphaGo 击败了欧洲的围棋冠军，但是那场比赛的水平低于世界最高水平，因此大家取其谐音用中文称之为"阿尔法狗"，其中不无轻蔑的意思。但是有一个细节大家似乎没有注意到，AlphaGo 与以往的程序不同，使用了一种名为"深度学习"的人工智能算法。

接下来的事情颇有些戏剧性。2016 年 3 月，AlphaGo 与 18 次世界冠军获得者韩国棋手李世石进行了 5 场比赛。3 月 9 日、10 日和 12 日的对战均为 AlphaGo 获胜，而 13 日的对战则为李世石获胜，15 日的最终局则又是 AlphaGo 获胜，因此对弈结果为 AlphaGo 以 4∶1 的总比分战胜了李世石。

这场人机巅峰对决受到了广泛关注，AlphaGo 获胜的消息更是震惊了全世界。深度学习的开创者之一特伦斯·谢诺夫斯基（Terrence Sejnowski）认为这一胜利可以和人类历史上其他伟大时刻媲美："这让我回想起 1966 年我在电视机前关注'勘测者 1 号'探测器降落在月球上，并传回了第一张月球照片。我亲眼见证了这些历史时刻。AlphaGo 的表现远超出我和其他许多人的期待"②。所有人都意识到，人工智能时代终于到来了。

2017 年 5 月 23—27 日，在乌镇围棋峰会上，最新的强化版 AlphaGo 和世界第一棋手柯洁对弈。在 AlphaGo 与柯洁的最后一场比赛接近尾声的时候，聂卫平半开玩笑地总结道，"又被阿老师上一课，柯洁可以收子了"③。回首 AlphaGo 横空出世的传奇历史，聂卫平认为人类跟 AlphaGo 完全不在一个等级上，帮助人类进步，或许是人工智能未来的发展方向。④

深度学习在 AlphaGo 中的应用取得了巨大成功，然而它却不是一种新的方法。作为一种神经网络算法，深度学习的思想在 20 世纪 80 年代就已经出

---

① Udacity 专访聂卫平：昨天的棋局，我输得很冤 [EB/OL]. (2019−11−24)[2020−03−26]. https://zhuanlan.zhihu.com/p/24739694.

② 对话"世界 AI 之父"特伦斯：世上最快的计算机为何比不上一只苍蝇 [EB/OL]. (2019−07−28)[2021−02−22]. https://www.shobserver.com/news/detail?id=166193.

③ 聂卫平：又被阿老师上一课 柯洁可以收子了 [EB/OL]. (2017−05−27)[2020−03−26]. http://sports.sina.com.cn/go/2017−05−27/doc-ifyfqvmh9247468.shtml.

④ 棋圣聂卫平叹"阿老师"不可战胜 [EB/OL]. (2017−05−31)[2020−03−26]. https://sports.huanqiu.com/article/9CaKrnK3doi.

现。深度学习模型模拟人脑的多层次神经网络，利用多层网络节点（就是所谓"深度"）间的信息计算和传递实现对现实事物的"理解"（见图8-2）。与大多数机器学习算法一样，当时的深度学习并没有表现出特别突出的能力。这是由于当时既没有足够强大的计算能力，也缺乏有效训练深度学习所需的海量数据，后者恰恰是深度学习展现强大能力的关键。

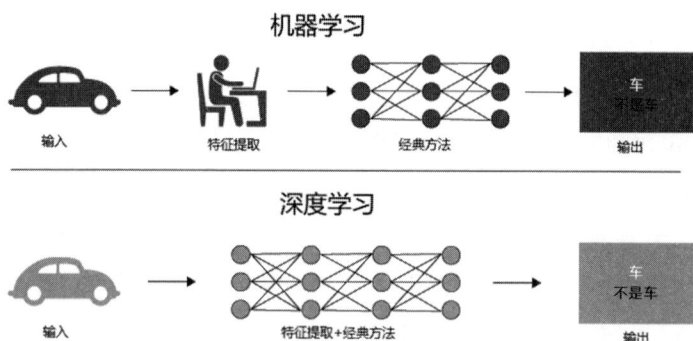

图8-2 机器学习与深度学习①

2000年以后，由于计算能力和测试数据量的大幅提升，辛顿团队的深度学习模型引起了学界的注意。特别是2009年，辛顿团队的深度学习模型在语音识别中取得重大成果，转换精度已经突破了世界纪录，错误率比以前降低了25%。苹果公司将其成果应用到iPhone手机的Siri语音助手上，取得了良好效果。

从那以后，深度学习模型在自然语言处理、计算机视觉、博弈等领域取得了一系列让人印象深刻的成果。2009年，微软研究院语音识别专家邓立、俞栋与辛顿合作创建了一个巨大的深度学习神经网络模型，该模型在Switchboard标准数据集上识别错误率比以往的最低错误率降低了33%。在语音识别领域，这个数据集上最低的错误率已经多年没有更新了，这是自机器学习出现30多年以来，由单项技术使语音识别精确度获得的最大提升。2011年，谷歌X实验室在吴恩达领导下，从YouTube网站上搜集了1000万张图片，组成超大数据集对"谷歌大脑"——一个采用深度学习神经网络模型的分类

---

① What is the difference between deep learning and usual machine learning? [EB/OL]. (2018-04-05)[2020-03-26]. https://www.quora.com/What-is-the-difference-between-deep-learning-and-usual-machine-learning#.

系统——进行了训练。三天后，谷歌大脑从数据集中成功识别出了猫。2014年，香港中文大学团队的 DeepID2 采用基于卷积神经网络的学习方法，在户外人脸识别数据集上的人脸识别正确率达到了惊人的 99.15%，已经超过人类在该数据集上的识别正确率。[①]

可以说，深度学习算法的快速发展和广泛应用促成了新一代人工智能技术的崛起。深度学习算法还远不算完美，例如，标记数据的特征学习仍然占据主导地位。如何对真实世界中存在的海量无标记数据进行学习，如何平衡模型规模和训练速度、训练精度之间的矛盾，如何与其他机器学习算法相融合以达到更优的结果，等等，解决这些问题还有待科学家继续努力，但是人类已经看到了智能时代的曙光。

三、迈向人机协同的新时代

自从人工智能概念被提出以来，人们对于智能本质是否可以描述、是否可用数字刻画就有不同观点。如果我们能够彻底弄清楚人类智能产生和运作的机理，并将其模拟制造出来，我们就将获得真正能推理和解决问题的智能机器，这样的机器甚至能够有自我意识，这就是所谓的"强人工智能"。然而，大脑实在太复杂了，思维和意识如何产生仍然是未解的科学之谜。著名的物理学家、诺贝尔奖得主理查德·费曼（Richard Feynman）曾说过："我无法创造我不能理解的东西。"用这句话形容强人工智能领域的困难非常恰当：要想赋予机器相关的能力，我们首先得深刻理解我们人类的自然智能到底是什么。

回到图灵的思路上，只要让人造机器能够实现某种智能行为，就可称之为"弱人工智能"。弱人工智能又可以分为通用人工智能和专用人工智能。通用人工智能是指要让造出的机器体现通用的智能，或者说泛化能力：既可以下围棋，又可以翻译和驾车；而专用人工智能是指针对每一种不同的智能行为，制造专用的机器，如 AlphaGo 用来下棋，谷歌 Waymo 自动驾驶程序用来开车，等等。当前人工智能取得的进展，主要在专用弱人工智能上，通

---

① Sun Y, Wang X, Tang X, Deep learning face representation by joint identification-verification [EB/OL].[2020–06–18]. http://www.ee.cuhk.edu.hk/～xgwang/papers/sun WTarxiv14.pdf.

用弱人工智能和强人工智能几乎没有革命性的突破。

那么在智能时代，人工智能究竟能协助我们完成哪些工作？人与机器的关系会如何？

首先是和视觉有关的工作。例如，原来需要质检员肉眼观察才能进行的检测工作现在可以交给人工智能质检员来做。2017 年，人工智能科学家吴恩达成立了新公司 Landing.ai，利用计算机视觉协助全球最大的信息技术代工制造企业——富士康公司做电路板的检测工作。在一个电路板上，密密麻麻地排放着几百个小元件，若有一处是损坏的，人眼很难识别。之前是几千名工人在工厂中做质量检测，而现在机器仅仅花费 0.5 秒就可以快速识别次品。[①]

自动驾驶比人工智能质检复杂一些，也更富有挑战性。以特斯拉公司的自动辅助驾驶系统 Autopilot 为例：通过可见光摄像头和毫米波雷达，同时辅之以超声波雷达，特斯拉电动汽车可以实时感知周围环境变化，并自主进行并线、超车、紧急避险等动作。2014 年发布以后，Autopilot 凭借完善的功能定义、依靠众包数据不断学习的算法，以及通过远程联网实现的自动软件升级，成为全球范围内部署规模最大、运行里程最长的（单一）自动驾驶系统。Autopilot 被默认搭载在每一辆特斯拉电动汽车上，并可以通过不断学习车主的真实驾驶行为数据提升自动驾驶的准确度。

在自然语言处理领域，人工智能语音助手能够在更广阔的领域内帮助我们完成一些听上去不可思议的工作。2018 年 5 月，谷歌公司发布了 Duplex 语音助理，它可以给饭馆、发廊等打电话，帮用户预约时间。令人振奋的是，在与真实世界中的陌生人对话时，Duplex 不仅应付裕如，而且能做到感知对方语气、发出感叹等"类人"行为，让电话另一端的人类接线生无法察觉自己正在和人工智能对话。有评论指出，这表示 Duplex 已经"部分"通过了图灵测试。[②]

人工智能的发展历史表明，一切智能系统都不可能与周围的环境隔离，只有在开放的环境下人工智能才能表现出真正的智能。试想一下，如果没有

---

① 刘泓君. 人工智能 0.5 秒取代上千质检工人 吴恩达联手富士康改变制造业 [EB/OL]. (2017−12−15) [2020−03−26]. http://news.163.com/17/1215/11/D5MMT5N200018AOR.html.

② 谷歌：AI "Duplex" 部分通过图灵测试 [EB/OL]. (2018−05−13)[2020−03−26]. https://new.qq.com/omn/20180513/20180513A0XDNJ.html.

开放环境中的知识积累以及"培育"工作，人工智能如何能够取得飞跃式的发展？同样地，人工智能要想在未来获得更大进步，也不可能脱离人类控制的环境。从某种意义上说，人工智能作为一种特殊的工具，必然会像人类历史上发明的其他工具一样，为人类做出贡献。虽然未来人机关系可能存在局部的紧张，但更大的可能应该是协同配合、人机共进。

世界各国高度重视人工智能的发展，纷纷制定发展规划和产业政策。欧盟于 2013 年提出了人脑计划（Human Brain Project），该计划为期 10 年，欧盟和参与国将提供近 12 亿欧元经费，使其成为全球范围内最重要的人类大脑研究项目。该计划旨在通过计算机技术模拟大脑，建立一套全新的、革命性的信息通信技术平台，以促进相应研究成果的应用性转化。2015 年，日本经济产业省发布了《日本机器人战略：愿景、战略、行动计划》，提出了日本机器人发展的五年规划，宣称要实现日本"机器人革命"的目标。2016 年，美国政府推动成立了机器学习与人工智能分委会，专门负责跨部门协调人工智能的研究与发展工作，并就人工智能相关问题提出技术和政策建议，同时监督各行业、研究机构以及政府的人工智能技术研发。2017 年，我国发布了《新一代人工智能发展规划》，明确提出新一代人工智能发展分三步走的战略目标，到 2030 年使中国人工智能理论、技术与应用总体达到世界领先水平，让中国成为世界主要人工智能创新中心。

美国艾伦脑科学研究所所长克里斯托弗·科赫（Christof Koch）曾经在《机器意识终会诞生?》[1] 一文中引述如下两段话作为当前人工智能发展水平的判语：

> 自从人工智能取得重大的突破性进展之后，全世界的科学家一直期待着利用这种"人工智能"推动技术的进步。但时至今日，即使是最复杂的人工智能程序，依然无法实现当时设定的目标。
>
> 即使是现在，我们依然在今天的智能范畴内，探究新的人工智能程序能胜任哪些任务。目前，大部分人工智能程序还只能基于相对少量的数据，完成一些简单的决策和操作。

---

① 科赫.机器意识终会诞生? [J].环球科学，2020（1）：60-63.

令人倍感鼓舞的是，克里斯托弗·科赫声称上述两段话是由语言机器人 GPT-2 写下的。当他输入该文的第一段文字后，GPT-2 输出了这两段话。GPT-2 能完成的任务似乎非常简单：根据提供的任意文本，预测后续的文本信息。虽然 GPT-2 似乎对人工智能的未来持谨慎的态度，但是这些文字本身就意味着人工智能具有远大的前途。

第二节 人工智能为教育带来新机遇与新挑战

一、世界迎来"人工智能 + 教育"的新时代

（一）人工智能赋能教育教学

随着人工智能在教育领域的应用日益广泛，人工智能将通过整合心理学、哲学、神经生理学、计算机技术等学科知识，更新教育教学模式。人工智能必将引发教育模式、教学方式、教学内容、评价方式、教育治理、教师队伍等方面的一系列变革和创新，助力教育流程重组与再造，推动教育生态演化，促进教育改革发展。由此，教育教学将迈入新纪元，教育教学效率将得到显著提升。人工智能赋能教育教学主要体现在以下几个方面。

1. 教学场景更加丰富，师生互动更密切

"人工智能 + 教育"带来的学习革命，将重塑传统的学习场景和学习环境，学生的学习场景不再单一，而是融合了更多学习资源，更加贴合学习发生的一般规律。人机结合促进了教学环境的深刻改变。人工智能技术的导入将全面改变教室形态、课堂教学环境、校园环境等，线上线下一体、课上课下衔接的高度数字化、智能化的教学环境将全面普及。同时，人工智能促进了师生互动。教学交互是促进学习者学习、提高学习效果的重要方式。当前人工智能系统已具备与学习者交互的功能，并能通过技术手段进一步促进交互的发生，以及利用交互信息为学习者提供更有针对性的学习服务。因此，教师需要熟悉人机协同的智慧教学环境，开展注重"育人"的教学活动，同时培养学生人机协同的意识和能力，为人工智能时代的人才培养打下良好基础。

2. 个性化教学将借由人工智能真正实现

个性化教育是当前备受关注的话题。工业化的规模化教学已渐渐不能满足社会对人才培养的需求，人工智能技术通过对学习者学习全过程数据的采集和分析，提供个性化学习服务。人工智能赋能基础教育的重要路径就是以智能教学系统的形式为学习者提供个性化支撑和辅导。在正式的学校教育中，教师以混合式教学的方式将智能教学系统整合到常规教学中，促进学生的学习。在非正式的在线教育中，智能教学系统对学习者的适应和帮助不仅体现在知识和能力上，更重要的是在情感和态度、方法与过程方面。未来人机协同的智能教育将实现对多样化的学生进行用户画像，对冗杂的课程内容进行提炼并形成知识图谱，结合与学习者的交互信息，为学习者规划学习路径，推荐个性化学习资源；通过对学习者的知识追踪，了解学习者的知识水平，结合知识间的关联顺序，进一步优化推荐机制，为不同水平的学习者推荐不同水平的学习资源。

3. 教育教学评价将更为精准高效

教育评价是教育教学过程中不可或缺的一环，不管是学生的学业发展还是教师的职业发展，都离不开评价。人工智能技术既可以将传统的纸笔测试电子化，又可以全过程记录学习者作答过程，分析学习者特点，还可以实现纸笔测试不具备的功能，即开展含有交互功能的计算机评价。随着社会对人才高阶思维能力的要求越来越高，传统的纸笔测试已不能满足评价的需求，人们也越来越抵制来自单一数据源的评价，而希望借助多模态数据进行评价。借助人工智能与大数据技术，人们可以方便地采集和汇聚学生成长的各类数据，并通过综合建模评价技术，更加科学地反映学生学业情况、身心健康状况和各类素养。利用人工智能技术，评价者可以开展更加多元的过程性教学评价，使评价手段更加丰富、评价过程更加科学、评价结果更加准确。评价者还需要协同智能教学助手和智能评测系统，为学生提供全面的学习诊断，并配之以及时、精准的学习干预，从而真正实现教学的规模化与个性化。

（二）人工智能促进教育改革

人工智能正在加快促进教育模式、教育形态的变革。全面推进智能教育发展，对提升教育治理水平、重新定义教师角色、重建学习体系有重要意义。

1. 人工智能将提升教育治理水平

人工智能在教育管理领域的深度应用将让管理服务更聪慧。教育管理信息化和智能化可有效支撑教育管办评分离，提升教育公共服务水平，促进教育治理能力和治理体系现代化。立足教育大数据的人工智能，通过对教育教学过程数据的采集、建模、智能分析，实现教育教学决策的科学化、资源配置的精准化。

2. 人工智能将重新定义教师角色

由于人工智能与教育的深度融合，教师角色被赋予了新的时代内涵。人工智能不会直接取代教师，但通过人机融合，教师可以从繁重的知识传授任务中解放出来，从事更具创造性的德育和能力培养等工作。智能时代对教师能力的要求也发生了巨大变化，对教师信息素养的要求被提升到前所未有的高度，教师能力标准将被重新定义，教师的职业要求将全面更新。

3. 人工智能将重建学习体系

在人工智能时代教育要关注人的核心素养培养。未来教育应致力于培养面向人工智能时代的创新人才，引导学习者在学习和工作中发展关键能力与核心素养，培养创造力而不仅仅是记忆知识，使学习者能更好地适应未来社会的发展。人工智能时代的教育要关注学生的灵魂和幸福，为学生一生的成长和幸福奠基。随着智力劳动的解放，教师有更多的时间和精力关心学生心灵，跟学生平等互动，实施更加人本的教学，使得学生更具有创造性，更加幸福。在人工智能时代，教育要关注人机协作，应借鉴吸收学习科学领域的最新研究成果，在借助人工智能技术更科学全面地了解学习过程的基础上，建立更科学的学习模型，提供更具个性化的学习服务。

（三）人工智能助力教育决策

大数据与人工智能技术使人类第一次能够在教育领域运用科学计算的方式分析、监督和评价教与学的过程，进而使得教育管理更加精准，教育决策更加科学有效。通过对大数据的收集和分析建立起智能化的管理手段，使管理者与人工智能协同，形成人机协同的决策模式，以洞察教育系统的问题本质与发展趋势，实现更高效的资源配置，有效提升教育质量并促进教育公平。要通过对行为数据和管理数据的分析，准确呈现教育教学及学习的状态，助力精准管理和科学决策。新时代的教育治理需要充分利用公共数据，顺应"放管服"公共治理改革的新要求，实现为学生提供精准的服务以及精准地配置教育资源。在人工智能技术的支撑下，政府、学校、科研机构、社会机构、家长、学生等各类教育相关利益群体关于教育活动、教育现象和教育问题的观点与意见能够被智能捕捉、快速分享、深入挖掘和分析，从而实现资源配置、教育质量监控、教育投入评估、教育问题预警、突发问题响应、业务协同创新等方面人机协同的精准、高效的教育治理。

二、"人工智能＋教育"依旧面临诸多问题和风险挑战

（一）"人工智能＋教育"落地发展面临技术难题

目前，"人工智能＋教育"尚处在初始阶段，离真正实现根本性的教育变革还有很长的路要走。"人工智能＋教育"技术尚未成熟，学习数据稀少、学习模型以偏概全等问题亟待解决。首先，"人工智能＋教育"面临数据量不足的难题。人工智能需要海量经过精选和标记的数据，但目前有效的教育数据普遍缺少。此外，"人工智能＋教育"面临的主要障碍是教育行业的学习数据还未形成闭环，某些重要环节仍然缺失，比如学习过程和知识点掌握情况等数据缺乏，所以现阶段还无法利用人工智能形成有效评估来推动学习改进。传统教育系统对于人工智能落地教育场景的接受度将成为"人工智能＋教育"面临的棘手问题。以 K-12 教育为例，学生大部分时间在学校，传统教育体制下的学校还保持传统的教学模式，"人工智能＋教育"的落地需要学校、教师、家长和学生一起配合。在应用领域，人工智能技术与教育的结合还不够紧密，目前大多数产品仅关注自适应学习这一单一领域，对学生成长、综合能力发展、身心健康等方面关注较少。这些问题还需要进一步研究探索。

（二）"人工智能＋教育"应用面临风险挑战

人工智能技术在带来便利的同时，也衍生出了复杂的伦理、法律和安全问题，如数据泄露、数据鸿沟等问题。教育大数据在获取、存储、传输以及云计算过程中，容易被黑客以及不法分子截留、攻击和篡改传播。互联网中的软硬件及其传输信道，都是病毒和黑客攻击的对象；而机器学习，也常被黑客予以智能攻击。黑客利用人工智能技术进行攻击和威胁的成本更低

廉、方法更简单、攻击力更强大、隐蔽性更强，而与此同时，"人工智能 + 教育"中的安全问题却一直不被重视。为推进人工智能与教育的深度融合，我们还需要应对一系列新的挑战。要正视和应对由人工智能广泛应用所带来的问题，如数据安全与个人隐私保护、知识产权保护、人机关系的伦理困境、可能加大的数字鸿沟等。这些并不是技术本身的问题，而是与人工智能技术合理、有效应用相关的伦理、社会等问题，是推动技术应用所必须配套解决的支撑环境的问题。上述问题将影响"人工智能 + 教育"应用的价值导向、正确认知、社会接受度和受益范围等。这些问题的解决需要社会学、信息科学、教育学、心理学等多学科专家的深入研究，以及政府相关部门基于有关研究成果的政策研究与制定、教育机构相关教育项目与课程的建设与推广等。

"人工智能 + 教育"还有可能加大教育不平等。如慕课被看作全球课堂的雏形，但是这种教育资源并非均匀地在不同地区中"扩散"，特别是在教育数据的获取方面，不同教育系统、平台间的数据没有开放和共享，国家和地区之间的"数据鸿沟"更加凸显。数据获取的不平等也就决定了数据使用的不平等，这最终会使地区间的教育差距扩大。

（三）"人工智能 + 教育"面临的价值问题

"人工智能 + 教育"给我们带来的机遇与挑战并存。技术不是万能的，技术变革教育系统的力量需要正确的价值观与理论来引导。在符合新时期教育需求的先进教育价值观和理论引导下，推动人工智能与教育的深度融合，是成功推动教育变革、重构教育生态的关键。人工智能的应用带来了效率的提升，但同时也对教育价值提出了挑战。

1. 对教育价值取向的忽视

教育离不开对价值的判断和选择，任何教育资料在呈现给学生之前都需经过必要的价值审视。但人工智能因其特性，无法对所有的数据进行价值审查。"人工智能 + 教育"不可避免地对学生的行为方式、思维习惯、价值观念产生影响，其负向价值会对教育产生干扰，与教育应然的正向价值产生冲突。因此，"人工智能 + 教育"必须始终坚持教育的正向价值取向，仔细审视并正确处理人工智能隐藏的负面价值。

2. 忽视教育工作中人的价值

提供精准的个性化服务以及将难以理解的知识精准、清晰地表示出来是"人工智能＋教育"的目标。也就是说，人工智能在具有育人价值的教育面前，只是一种工具性的存在。技术是服务于教育的，是为人类更好地生存和发展服务的，技术本位的思想尤其值得审视与反省。事实上，教育领域对人工智能顶礼膜拜、盲目乐观的苗头已经显现，人工智能甚至成为教育中的一种新的"意识形态"。人工智能的"意识形态"地位一旦确立，其工具价值也就僭越了教育的育人价值。所以，必须将教育的育人价值作为价值判断的标准。人工智能与教育的深度融合不仅要符合技术伦理、教育伦理，更要符合教育的发展规律和学生的认知规律。

第三节　智能教育的推进路径

当前，新一代人工智能进入技术创新的活跃期，而教育仍未摆脱"工业化"的印记，以至有人认为"我们把机器制造得越来越像人，却把人培养得越来越像机器"，这不仅制约着教育功能的充分发挥，而且导致经济社会转型面临危机。所以，我们要有一种时代紧迫感，全面深化教育改革，推动"工业化教育"向"智能型教育"转变，运用人工智能促进学习环境、教学方式和教育管理的转型升级，在普及化的学校教育中提供适切的学习机会，形成精准、个性化、灵活的教育服务体系，最大限度地满足学生的发展需要。

一、学习环境重构：从"教育工厂"到"学习村落"

如果把原来的学习环境比作"教育工厂"的话，那么智慧学习环境就是"学习村落"。在这里，每个学习者都掌握学习的主动权，人工智能可以帮助他们找到志同道合的伙伴，推送适配的学习资源，提供精准的学习支持，使之开展积极主动的个性化学习。它不是为了"统一的教"，而是为了"个性化的学"，利用数据和算法的力量来读懂学生、发现学生、服务学生。

（一）营造全面感知的学习场所

现在，校园只是一个开展教学的物理场所；未来，校园将变成万物互联的智能空间。人工智能会把冷冰冰的机器设备变成充满温情的"私人助理"，通过不断学习人类的行为和习惯，创造具有针对性的辅助策略，帮助学生开展积极主动的个性化学习。一是利用物联网技术对温度、光线、声音、气味等参数进行监测，自动调节窗户、灯具、空调、新风系统等相关设备，主动响应校园安全预警，保障学校各系统绿色高效运行，为学生创设安全舒适的学习环境；二是借助情境感知技术在自然状态下捕获学习者的动作、行为、情绪等方面的信息，精准识别学习者特征，全面感知学生的成长状态，提供学习诊断报告、身高体重走势图、健康分析报告等，为学生身心健康发展提供有力支持；三是利用大数据技术对学习过程进行跟踪，了解学生的认知水平以及学习存在的优势和不足，提供量身定制的最优学习路径。

（二）探索灵活创新的学校布局

学校的环境布局一直延续着工业时代的设计标准，目的是满足统一集体授课的需要。随着人工智能时代的到来，教育理念和教学组织形式都在发生深刻变化，学习空间的呈现形式也将随之改变。未来的学习空间将从"为集体授课而建"转向"为个性学习而建"，即把千篇一律的教室变成灵活创新的学习空间，把单调乏味的建筑打造成智慧的育人环境。一是创新教室布局，打破工厂车间式的教室设计，配备可移动、易于变换的桌椅设施，支持教师开展多样化的教学活动；二是扩展学校的公共空间，加强学习区、活动区、休息区等空间资源的相互转化，给学生提供更多的活动交往空间，促进学生的社会性发展，弥合正式学习与非正式学习之间的鸿沟；三是优化校园空间，给学生提供动手实践的场地，建立创客空间、创新实验室、创业孵化器等新型学习环境，培育有共同兴趣爱好的实践社群，鼓励学生把创新想法转化为实际作品。

（三）创建深度交互的网络学习空间

网络教育的真谛在于实现人文交互环境下的个性化学习。近五年来，全国师生网络学习空间开通数量从 60 万个激增到 6300 万个，覆盖各级各类教育，很多地方利用网络学习空间进行个人成长记录和综合素质评价，带动了教育理念变革和教学模式创新。[①] 但是，网络学习空间的活跃程度并不让人乐观，交互行为仍停留于较浅层面。未来，网络学习空间将从课堂教学的延伸走向教育形态的重塑，构建群体个性化的学习共同体和实践共同体。[②] 一是开发智能学习助手，根据学生的学习需求、学习路径和检索痕迹，按需推送学习资源、提供学习支持，过滤无关的信息，减轻认知负荷，使学生可以随时、随地、随需进行高质量学习；二是强化成员间的关系网络，加强对互动数据的收集、分析和处理，精准识别师生、生生互动关系，提供更加匹配的组合方案，促进深度交互的发生；三是提供远程协作、社会网络、同步课堂等方面的工具，鼓励跨学校、跨区域、跨国别的协同学习，扩大优质教育资源覆盖面，突破用常规手段难以解决的教育均衡问题，让亿万孩子同在蓝天下共享优质教育。

二、学习方式变革：从"学以致用"到"用以致学"

随着人工智能时代的到来，以知识为中心的学习已经无法满足时代发展的需要，学习越来越呈现出实践性、情境性和个性化的特征，仅靠死记硬背就可以掌握的知识或技能逐渐失去价值。我们要加快推动学习方式变革，从"学以致用"走向"用以致学"，鼓励学生在解决问题的过程中学会解决问题，成为能够适应未来复杂挑战的人才。

（一）稳步探索深度学习

在人工智能的语境下，深度学习指的是一种新的算法，它通过模拟人类神经网络，构建具有多个隐含层的机器学习模型和海量的训练数据，让机器自动学习有用的特征，从而提升分类或预测的准确性。[③] 语音识别、图像识别、自然语言处理等领域在采用深度学习算法之后，其准确性都得到了极大的提升。正是这种算法模型的突破，引发了新一代人工智能的崛起。巧合的是，深度学习既是人工智能兴起的关键，也是影响未来教育发展的重要因

① 雷朝滋.教育信息化：从 1.0 走向 2.0：新时代我国教育信息化发展的走向与思路 [J].华东师范大学学报（教育科学版），2018（1）：98–103.
② 郭绍青，张进良，郭炯，等.网络学习空间变革学校教育的路径与政策保障：网络学习空间内涵与学校教育发展研究之七 [J].电化教育研究，2017（8）：55–62.
③ 余凯，贾磊，陈雨强，等.深度学习的昨天、今天和明天 [J].计算机研究与发展，2013（9）：1799–1804.

素。学习绝不能停留于知识的表面理解和重复记忆，学生要在已有知识的基础上，将所学新知与原有知识建立联系，获取对知识的深层次理解，建立一套自己的思维框架，并有效迁移到其他的问题情境。深度学习包括五个环节：一是还原知识的丰富情境，知识从哪里来，深度学习就应该从哪里开始；二是开展面向实践的学习活动，鼓励学生用所学知识解决实际问题，以任务驱动的方式组织学习，提供接近专家及其工作过程的机会；三是用不同视角透视学习，提供社会化软件及其他认知工具来支持学习，允许共同体成员拥有不同的角色和身份，鼓励提出不同观点，让学生在对话和互动中建构知识[1]；四是提供成果展示及表达的机会，促使思维清晰化，引导学生进行反思，实现对知识的深度理解；五是开展更加立体的评价，把关注点从教师的教转向学生的学，强调学生在学习活动中的参与程度、积极性和创造力，利用学习分析、课堂观察等技术手段，为不同的学生制定不同的标准，让每一位学生都有出彩的机会。

（二）积极开展跨学科学习

人工智能的兴起，得益于计算机科学、电子工程、神经生物学等多个学科的交叉融合。现行的分科教学有利于系统知识的习得，但不利于完整知识体系的形成和综合思维能力的培养。近年来兴起的 STEM 教育和创客教育，都把跨学科学习作为重点，强调通过不同学科的交叉融合，培养学生的创新精神和实践能力。跨学科整合有三种取向：一是学科知识整合取向，即分析各学科的知识结构，找到不同知识点之间的连接点与整合点，将分散的课程知识按跨学科的问题逻辑结构化；二是生活经验整合取向，即从让儿童适应社会的角度选择典型项目进行结构化设计，让学习者在体验和完成项目的过程中，习得其中蕴含的多学科知识与技能；三是学习者中心整合取向，这种模式不是由教师预设问题，而是由学习者个体或小组提出任务，完成任务需要学习并运用跨学科知识。[2] 值得说明的是，没有学科就没有跨学科，两者相辅相成、互为依存，我们要处理好分科学习和跨学科学习的关系，从更广阔的视野认识学习的本质。

---

① Herrington J, Oliver R. An instructional design framework for authentic learning environments[J]. Educational technology research and development, 2000，48：23-48.

② 余胜泉，胡翔. STEM 教育理念与跨学科整合模式 [J]. 开放教育研究，2015（4）：13-22.

（三）构建无边界学习生态

学校应该是一个开放的组织系统，要建立与真实世界的联系，充分利用外部社会资源开展教育，把整个社会变成学生成长的大课堂。美国的密涅瓦大学（Minerva Schools）就是"一所没有校园的大学"，校区分布在全球七大城市，包括旧金山、香港、孟买、伦敦等。学校通过与当地高校、研究所、高新技术企业建立合作，使学生可以使用一流的图书馆、实验室等进行学习。学校利用一切可利用的社会资源开放办学，实现了高等教育的结构性创新。[①]无边界学习包括以下内容：一是把知识学习和现实生活连接起来，学生的学习场所不再固定，随着课程的不同，学生既可以在教室，也可以在社区、科技馆和企业学习，甚至可以去不同城市游学，任何可以实现高质量学习的地方都是学校；二是建立实践共同体，加强学校与产业行业之间的合作，共建创新创业实践基地，鼓励学生动手实践，引导他们运用知识去解决现实问题，从而获得真正的本领；三是开展技术增强的泛在学习，利用混合现实技术，将虚拟场景融入真实世界，让学生有机会观察微观世界、感知抽象概念，使学习变成一种丰富情境下的亲身体验。

三、管理流程再造：从科层机构到弹性组织

当前的教育管理大多采用科层制，这种模式有利于提高工作效率，但在人工智能时代却暴露出缺陷：原本充满智慧的教育，变成了按部就班的机械操作，学校和教师逐渐失去自主性和创造性，异化为教育的机器。未来教育管理要改变这种局面，更加关注人的完整实现，从科层机构走向弹性组织，增强组织运行的灵活性，从根本上激发和释放学校的办学活力。

（一）改变"效率至上"的评价导向

教育是培养人、发展人、成就人的事业，所有的外在指标都应服务于这一根本目的。现在普遍存在的分数、升学率等量化指标，设计初衷都是为了提高教育效率，保障教育质量，在过去也确实发挥了重要作用。但在人工智能时代，这种围绕效率而构建的工业化教育体系正面临危机。由于过于强

---

① 尚俊杰，曹培杰."互联网+"与高等教育变革：我国高等教育信息化发展战略初探[J].北京大学教育评论，2017（1）：173-182.

调效率，学生的创新意识、完备人格以及兴趣志向的培养受到了不应有的忽视。未来教育一定要遵循学生身心发展规律，破除"效率至上"的痼疾。一是坚持立德树人，避免用单一片面的标准评价学生，把品德、行为习惯、身体健康、社会实践等方面的表现全面纳入评价指标，利用人工智能对定性数据进行分析，更加科学全面地评价学生。二是综合考虑学生的起点水平，引导学校不过分拔高、不恶性竞争，把增值性作为评价学校的基本原则，重点关注学校提供高质量课程的水平和满足学生个性化学习需要的程度。三是基于大数据推进教育管理优化，动态模拟学校布局、教育投入、入学形势、就业渠道等方面的变化，更加关注教育公平和教育均衡，着力解决教育发展不平衡不充分问题。

（二）充分激发学校的办学活力

管理转型是未来教育成功的关键，我们必须解决传统管理与学校创新之间存在的不协调问题，从根本上激发学校的办学活力。一是落实学校的办学自主权，形成政府宏观管理、学校自主办学、社会广泛参与的教育格局，推动教育、财政、人事等管理部门向学校下放权力，让学校享有教师评聘、经费使用、课程安排（包括大小课、长短课、阶段性课程等）、修业年限（包括弹性学期、混龄编班等）、育人方式（包括社会实践、参观考察、研学旅行等）等方面的自主权，从根本上激发学校的办学活力。二是完善学校的内部治理结构，利用信息化手段提高教育治理的现代化水平，促进"管理本位"向"服务本位"转型，建立普通师生、家长、社区以及相关利益方参与学校管理的机制，形成依法办学、自我约束、多元参与、社会监督的网状治理结构。三是增加学术团体的权利，形成新的治理单元。通过职能重新定位，明确划分行政事务与专业事务的边界，强化教师领袖的专业影响力和学术领导力，激发教师的主动性和创造力，构建行政管理和学术引领相融合的学校治理体系。

（三）构建全社会参与的教育生态

未来要从构建良好生态的高度进行教育改革，建立学校与外部社会的协同机制，形成校内外相互沟通、资源高度共享、流程无缝衔接的新格局。一是积极引导多元社会主体参与，促进和规范民办教育发展，鼓励社会力量提供多样化的教育产品和服务，适当放宽办学资格门槛，为教育公益组织的成长创造更大空间，广泛开展薄弱学校委托管理、第三方教育评价等方面的探索。二是建立行业专家驻校制度，包括科学家驻校、工程师驻校、文学家驻校、艺术家驻校等，鼓励行业专家为学生开设专题讲座、指导研究性学习、开展技能培训等。三是探索多样化的教师补充渠道，提升兼职教师评聘的灵活性，引导各行各业的专业力量参与学校教育。教学的提供者不仅是教师，也可能是科学家、工程师、工人、农民、医生、商人等，任何有专长的人都可以成为"教师"。四是加大财政支持力度，加强教育公共服务的有效供给，支持学校购买教育服务，帮助学校构建起一套覆盖面广、选择多、更加完善的课程体系，为每一个学生提供个性化的课程，最大限度满足学生多样化的学习需求。

后　记

　　以信息化带动现代化是中国教育发展的重要经验。如果说 2003 年抗击"非典"时期形成的"空中课堂"是小试牛刀，那么 2020 年抗击新冠肺炎疫情期间教育信息化则大显身手，全国大中小学实现了"停课不停教，停课不停学"。可以预见，疫情过后，线上线下教学融合发展将成为常态，从而实现对传统教育的理念重塑、价值重建、结构重组、流程再造、文化重构，进而打造新学校，设计新专业，创造新课堂，创新教育模式，转变学习方式。

　　未来已来，时不我待。编写本书的创意来自中国教育科学研究院承担的 2015 年度教育部－中国移动科研基金项目"义务教育阶段学校信息化发展状况监测、评估指标与方法实证研究"。经过政策研究和实地调研的淬炼，该项目造就了一支教育信息化研究队伍，取得了丰硕成果。项目于 2018 年顺利结题，并为我国举办的国际教育信息化大会（2015 年）、国际人工智能与教育大会（2019 年）做出了贡献。此后，项目组再接再厉，汇聚了中国教育科学研究院、教育部职业技术教育中心研究所、清华大学、北京师范大学、国家教育行政学院等单位的专家学者，研究内容也从课题扩展到教育信息化。

　　本书是集体智慧的结晶，是团结协作的结果，是在抗击新冠肺炎疫情期间坚持不懈开展研究的产物。全书由曾天山和祝新宇主编。曾天山负责全书的组织策划、提纲拟订和审稿工作，并撰写前言；祝新宇负责书稿写作的具体组织实施和统稿工作，并撰写部分章节。全书各章节的撰写人分别为：第一章，罗李；第二章，祝新宇（第一、二节）、钟静宁（第三、四节）；第三章，韩锡斌（第一、三节）、张杰夫（第二节）、曾海军（第四节）；第四章，左晓梅；第五章，张虹；第六章，魏轶娜；第七章，张杰夫（第一节）、韩锡斌（第二节）、曾海军（第三节）；第八章，张臻（第一节）、金龙（第二节）、曹培杰（第三节）。

本书编写工作得到了多方面的支持。在此衷心感谢教育部科学技术司雷朝滋司长的有力指导；感谢中国教育科学研究院崔保师院长的鼎力支持；感谢教育科学出版社李东社长、郑豪杰总编辑的大力支持，感谢刘明堂主任和方檀香编辑的努力付出。

随着越来越多的国家发布人工智能发展政策，人工智能发展迎来了新纪元。人工智能在教育领域应用日益广泛，逐渐引发教育模式、教学方式、教学内容、评价方式、教育治理、教师队伍等一系列变革和创新，助力教育流程重组与再造，推动教育生态的演化，促进教育公平，提高教育质量。在智能时代，教育将被重新定义，学生的批判性思考能力、协作沟通能力和创新能力将比传统意义上的读、写、记、算等能力更为重要，学生开阔的学科视野和对复杂问题的解决能力，以及高超的"人-技"互动水平将成为关键竞争力。教师能力标准将被重新定义，对教师的职业要求将全面更新，对教师信息素养的要求将被提升到前所未有的高度。

希望本书的出版，能够助力提升教育工作者的信息化素养，促进信息化与教育教学的深度融合发展。限于主客观条件，我们对教育信息化的把握能力有限，不当之处，敬请读者指正。

编写组
2020 年 7 月

出 版 人　李　东
责任编辑　方檀香
版式设计　郝晓红
责任校对　贾静芳
责任印制　叶小峰

图书在版编目（CIP）数据

信息化引领教育未来 / 曾天山，祝新宇主编 . —北京：
教育科学出版社，2021.12
　　ISBN 978-7-5191-2836-4

　　Ⅰ.①信…　Ⅱ.①曾…②祝…　Ⅲ.①教育工作—信
息化—研究　Ⅳ.① G43

中国版本图书馆 CIP 数据核字（2021）第 270741 号

信息化引领教育未来

XINXIHUA YINLING JIAOYU WEILAI

出 版 发 行	教育科学出版社				
社　　　址	北京·朝阳区安慧北里安园甲 9 号		**邮　　编**	100101	
总编室电话	010-64981290		**编辑部电话**	010-64981252	
出版部电话	010-64989487		**市场部电话**	010-64989009	
传　　　真	010-64891796		**网　　址**	http：//www.esph.com.cn	
经　　　销	各地新华书店				
制　　　作	高碑店格律图文设计有限公司				
印　　　刷	唐山玺诚印务有限公司				
开　　　本	720 毫米 ×1020 毫米　1/16		**版　　次**	2021 年 12 月第 1 版	
印　　　张	14.25		**印　　次**	2021 年 12 月第 1 次印刷	
字　　　数	219 千		**定　　价**	52.00 元	

图书出现印装质量问题，本社负责调换。